Monumente
Großer
Kulturen

Rom

Monumente
Großer
Kulturen

Rom

Vorwort von
Pier Luigi Nervi

Text von
Filippo Coarelli

Ebeling Verlag
Wiesbaden

Frontispiz:
Pozzuoli. Amphitheater. Zeitalter der Flavier.

Titel der italienischen Ausgabe:
Grandi Monumenti, Roma. Milano 1971

ISBN 3-921195-07-1
Deutsche Übersetzung: Erika Schindel, Frankfurt am Main
Typographie: Wolfgang Dohmen, Frankfurt am Main
Printed in Italy by A. Mondadori Editore, Verona
ISBN 90 6017 412 7

Vorwort von Pier Luigi Nervi

Filippo Coarelli hat sich bemüht, uns Schritt für Schritt das Erlebnis des antiken Rom zu vermitteln, eines Wissensgebiets, das durch die Fülle der mündlichen Überlieferungen und historischen Abhandlungen schier unübersehbar geworden ist. Er tut dies mit Hilfe von klärenden und beweiskräftigen Fakten sowie gut ausgewählten archäologischen Befunden sowohl auf dem Gebiet der bildenden Kunst als auch auf dem der Architektur.

Nicht viele Werke über Rom haben eine so reichhaltige, beredsame und überzeugende Darstellung vom intellektuellen Status seiner Bewohner, von der Entwicklung ihres Geschmacks und von ihrem Alltagsleben anzubieten. Die Lektüre des Texts erfährt durch die fotografische Dokumentation eine unmittelbare und anschauliche Ergänzung.

Das gemeinsame Kennzeichen aller römischen Kunstwerke – und das scheint mir für den gesamten Bereich der Architektur und der dekorativen Kunst, für Mosaiken, Wandgemälde, Skulpturen und Reliefs, zu gelten – ist die sorgfältige und meisterhafte Ausführung aller Details. Hier gibt es kein Mosaik, das nicht handwerklich vollendet ist, kein Ziegelmauerwerk, das nicht vollkommen gleichmäßig, kein Kapitell oder Relief, das nicht meisterlich entworfen und sachgemäß ausgeführt wäre. Diese charakteristische Eigenschaft, die bei allen in diesem Buch behandelten Beispielen ins Auge fällt, verkörpert einen Wert, der über den Einzelgegenstand hinausgeht und eine allen Künstlern und Handwerkern gemeinsame Grundhaltung darstellt. Wer mit solcher Geduld und Hingabe arbeitet, muß eine hohe Wertschätzung für seine Arbeit besitzen; er hat ihren Zweck und ihre tiefere Bedeutung begriffen.

So erhalten wir die Vorstellung von einer Gesellschaft, die sich dem Schönen verpflichtet fühlt, – einer auf der Harmonie der Formen und des Gleichgewichts beruhenden Schönheit, die von allen in gleicher Weise hoch geschätzt wird. In diesem Sinn für das Schöne findet sie den Ausgleich für die Mühen, die mit jeder vollkommenen Leistung verbunden sind. Auch die grandiosen steinernen Monumente Roms zeigen über ihre Architekturkonzeption und durchdachte Statik hinaus eine bewundernswerte Akribie der Ausführung in jeder noch so unbedeutenden Einzelheit. Sie wäre in diesem Grade nicht vorstellbar ohne die ideelle Bindung des Handwerkers an seine Arbeit und ohne das natürliche Verständnis des Einzelnen für den edlen Zweck einer Tätigkeit.

Anders ließe sich die Entstehung von Meisterwerken wie des Colosseums und des Pantheons, der mächtigen Mauerzüge der Stadtbefestigung, der Brücken, Thermen und der zahllosen öffentlichen und privaten Bauten, deren Entstehungsgeschichte wir nicht im einzelnen kennen, nicht begreifen.

Neben der Kraft der Hände bedurfte es aber auch großer organisatorischer Erfahrung und eines immensen technischen Könnens. Wir vermögen uns nur schwer klarzumachen, was es bedeutete, ohne präzise Meßgeräte und ohne Hilfe von mechanischer Energie solche großen Bauwerke zu planen und zu errichten. Fast noch bewunderswerter erscheinen uns die Meilen um Meilen römischer Aquädukte, die durch ihr exakt eingehaltenes, unmerkliches Gefälle Rom mit einem steten Wasserstrom aus den fernen Albaner- und Sabinerbergen versorgten.

Und wie war es möglich, mit den begrenzten technischen Hilfsmitteln dieser Zeit quadratische Blöcke aus dem Travertin, Marmor und Kalkstein herauszuschneiden und sie aus den weit entfernten Brüchen heranzuführen? Wie brachte man es fertig, diese Unmengen von Ziegelsteinen und Zement herzustellen und in nur wenigen Jahren gigantische Bauten zu errichten? Für das Colosseum haben die Fachleute eine Bauzeit von nur fünf Jahren errechnet. Wie vermochte man schließlich ohne Zeichenkarton und Lichtpausen Grund- und Aufrisse zu entwerfen und nicht nur die großen Linien, sondern auch die unzähligen Einzelheiten dieser umfangreichen Bauten in die Wirklichkeit zu übertragen? Wie erreichte man, daß das Gebäude am Ende nicht nur zweckmäßig, sondern auch technisch einwandfrei war?

Der Querschnitt der Kuppel und der Umfassungsmauern des Pantheons beweisen ein statisches Wissen, das in dieser Periode nur das Ergebnis von Intuition sein konnte und trotzdem den Berechnungen heutiger Kuppelkonstruktionen in nichts nachsteht. Ohne Zweifel bildete die Voraussetzung für eine solche Leistung das vorbehaltlose und koordinierte Zusammenwirken zwischen Werkleuten und Bauführern. Nur so ist es begreiflich, daß Entwurfsschemata allgemeinen Charakters und wenige Maß- und Formangaben genügten, um die detailliert richtige Ausführung des ganzen Werks zu gewährleisten.

Bei der bisher üblichen Betrachtung des antiken Rom pflegte man über seinen unaufhörlichen Kriegen, Eroberungen und innenpolitischen Konflikten, über seiner vielbewunderten Dichtung und Geschichtsschreibung leicht die Frage zu vergessen, worauf denn seine kulturellen Fortschritte beruhten; die soziale, ökonomische und organisatorische Basis, welche die Verwirklichung seiner grandiosen Planungen ermöglichte, ist immer ein wenig vernachlässigt worden.

Von dieser Erkenntnis ausgehend, legt uns der Verfasser eine Geschichte Roms an der Geschichte seiner Bauten dar. Da sie trotz weitgehenden Verfalls eine durch die Zeiten unveränderliche Dokumentation darstellen, sind sie besser als alle sonstigen Quellen dazu geeignet, uns die moralische, politische und soziale Substanz der römischen Kultur zu enthüllen.

Inhalt

Italien zur Zeit Roms

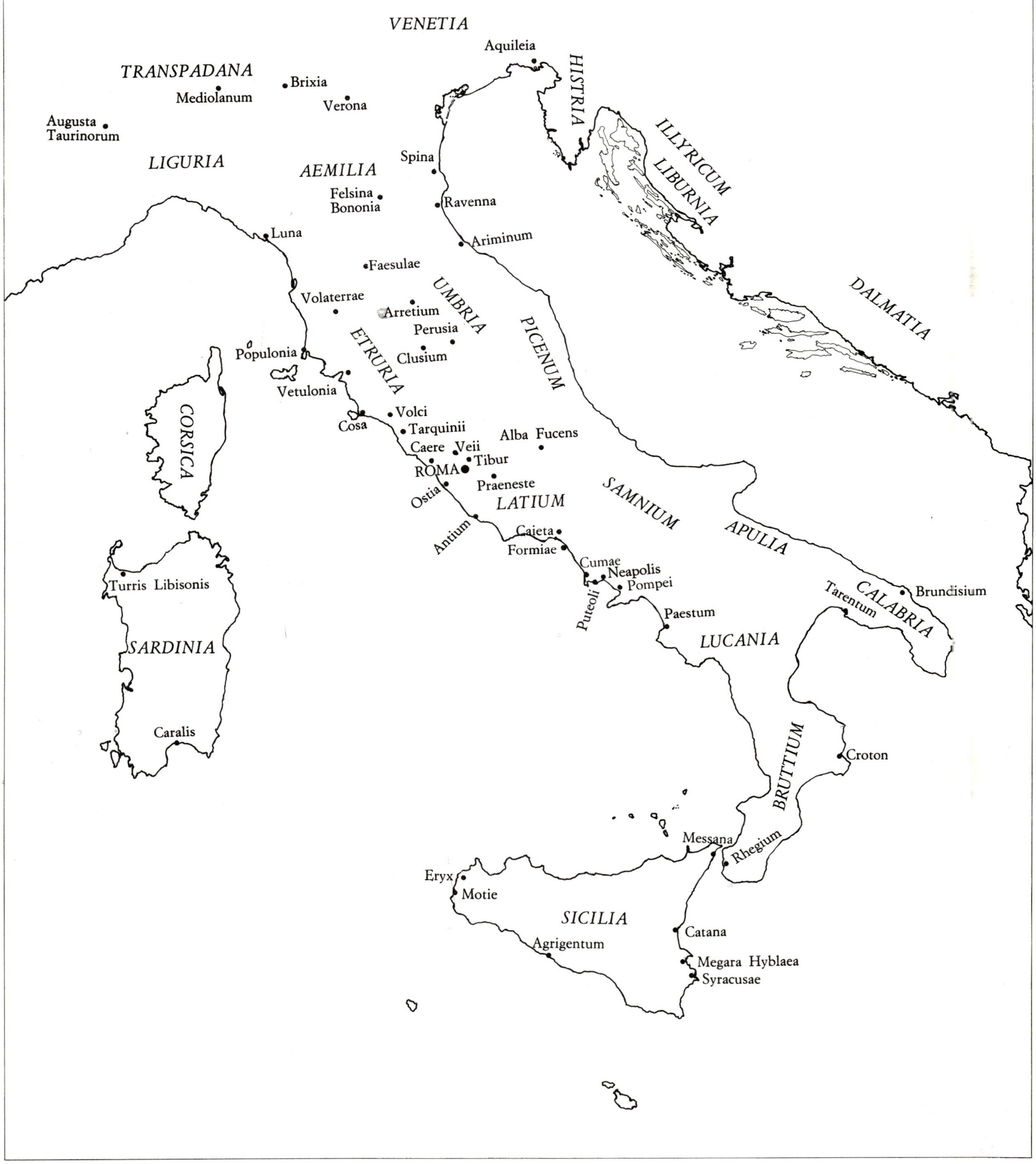

Einleitung

Die Gründe, die ein Hirtendorf in Latium in eine unbesiegbare Militärmacht verwandelt und in relativ kurzer Zeit zur Entstehung des größten Imperiums des Abendlands geführt haben, sind zu zahlreich und vielschichtig, als daß man sie mit kurzen Worten darlegen könnte. Dies würde im übrigen auch über die Absichten dieses Buchs hinausgehen. Immerhin erscheint es wünschenswert, einen dieser Gründe, nämlich die besondere Situation Italiens im Mittelmeerraum, genauer zu umreißen.

Die italienische Halbinsel bildete in der antiken Welt die Brücke zwischen Osten und Westen, zwischen den fortgeschrittenen Kulturen des östlichen Mittelmeers und den primitiven des barbarischen Westens. Die kretischen, phönizischen und schließlich die griechischen Seefahrer zog es vor allem wegen der reichen Bodenschätze an Metallen nach Westen; sie mußten mit den technischen Fortschritten dieser Länder in der Bronzezeit immer begehrenswerter erscheinen. Das Silber Spaniens, das Eisen der Insel Elba, der Alaun der Toskana und vor allem das für die Bronzeherstellung im Verein mit Kupfer unentbehrliche Zinn stellten einen Anziehungspunkt erster Ordnung für die frühen Händler und Seefahrer dar. Zinn gelangte von den fernen Inseln Britanniens entweder über See um Spanien herum in den Osten oder aber auf dem Landweg durch Gallien ins Tyrrhenische Meer. Auf diese Weise lernten die frühen Entdecker die unbekannten Länder des Westens kennen, die für diese Periode noch das mythische Eldorado darstellten. Die Abenteuer solcher Seereisen lieferten dann den Stoff für eines der berühmtesten Werke der antiken Literatur, für die «Odyssee» Homers.

Später fand das übervölkerte Griechenland eine Lösung seiner drängenden Ernährungsprobleme in der landwirtschaftlichen Kolonisation der weiten und dünnbevölkerten Gebiete Mittelitaliens und Siziliens, in denen die Griechen ein neues und größeres Vaterland in Gestalt von Magna Graecia fanden. Durch die geographische Lage Italiens war diese Entwicklung eine unausweichliche Gegebenheit. Im Zentrum des Mittelmeers vom äußersten Nordwesten bis zum tiefsten Südosten reichend, durch die Alpenpässe in Verbindung mit den Ländern Mittel- und Westeuropas, mit seiner apulischen Küste in Reichweite Nordgriechenlands und mit seinen beiden großen Inseln Sizilien und Sardinien nur etwa 150 Kilometer von Tunesien und kaum weiter von Spanien entfernt, bildete die Halbinsel mit ihren Häfen die obligatorische Zwischenstation für den frühen Seehandel. Darüberhinaus war sie das natürliche Durchgangsgebiet für die unterschiedlichsten Völker und Kulturströmungen. Schon von Anfang an wurde sie so zum Schmelztiegel von Stämmen, Sprachen und Kulturen.

In geschichtlicher Zeit, als dieser Prozeß schon Jahrhunderte angedauert hatte, können wir dann eine gewisse Stabilisierung feststellen. Ein Großteil des Küstengebiets von Sizilien und Mittelitalien war inzwischen von griechischen Kolonisten bewohnt. Der Westteil Siziliens dagegen befand sich in der Hand Karthagos, das vermutlich bereits im 9. vorchristlichen Jahrhundert als phönizische Niederlassung in Nordafrika entstanden war. Die Kämpfe zwischen Griechen und Karthagern bestimmten im wesentlichen die Geschichte Siziliens vom 5. bis zum 3. Jahrhundert v. Chr., bis die Römer die beiden Rivalen endgültig in ihre Schranken verwiesen. Seit der Mitte des 6. Jahrhunderts beherrschten die Karthager Sizilien; aber schließlich gelang es den Römern, sie zu besiegen. In jene Auseinandersetzungen mit den östlichen Kolonisatoren mischte sich auch die Stimme der einheimischen Bevölkerung aus dem Innern Italiens. Siculer, Sicaner und Elimer in Sizilien, Lucaner, Bruzen und Iapagen in Italien suchten die Kolonisten aus den Küstengebieten zu verdrängen. Ihr kulturelles Niveau näherte sich bald weitgehend dem der griechischen Eroberer an, und sie machten sich in kurzer Zeit mit der fremden Sozialorganisation und Kriegsführung vertraut. Aber auch in diesem Fall blieb der Ausgang des Kampfs unentschieden bis zum Eingreifen Roms, dem wir die endgültige Beseitigung der Vorherrschaft Magna Graecias verdanken.

In dem vom Phänomen der Kolonisation nicht unmittelbar betroffenen Zentralitalien war die Situation ganz anders. Der Appenin als schwer zu überwindende Gebirgsschranke schuf hier zwei kulturell völlig unterschiedliche Zonen. Das wesentlich umfangreichere Gebiet gegen das Tyrrhenische Meer hin war die Pflanzstätte der ältesten Gesittung Italiens, der der Etrusker. Sie wohnten in der heutigen Toskana, in Latium nördlich des Tibers und in Umbrien. Die Überlegenheit der Etrusker über die benachbarten Völkerstämme manifestierte sich nicht nur in ihrem kulturellen Einfluß, sondern auch in ihrem territorialen Expansionsstreben, das im Norden zur Besetzung eines großen Teils der padanischen Ebene und im Süden zur Besiedelung Campaniens führte. In dieser Zeit wurde selbst Rom zu einer etruskischen Stadt, was nicht ohne Folgen für die weiteren geschichtlichen Ereignisse geblieben ist.

Das antike Latium, das zwischen dem Tiber und den Albanerbergen gelegen war, stellte im Vergleich zu dem benachbarten mächtigen etruskischen Staatsverband ein relativ unentwickeltes, wirtschaftlich darniederliegendes Gebiet dar. Immerhin hatte sich bei den sabellinischen Stämmen des Appenin – und hier insbesondere bei den Samniten – eine Stammesverfassung von der Struktur einer primitiven Demokratie herausgebildet. Sie beruhte auf dem kleinen Grundbesitz, der dann zum Fundament für die spätere römische Militärmacht wurde.

Eine andere wesentliche Komponente des antiken Italien bildete eine gallische Kernbevölkerung, die schon verhältnismäßig früh in die padanische Ebene eingeströmt war und sowohl für die Etrusker eine Gefahr bedeutete als auch für Rom selbst eine ernste Bedrohung darstellte.

Dies ist der geschichtlich-geographische Rahmen, in dem wir die Entstehung und Ausbreitung Roms sehen müssen. Zu Beginn eines Buchs, das sich mit der Baukunst des antiken Rom beschäftigt, erschien es uns notwendig, diesen Hintergrund, wenn auch nur in großen Linien, zu skizzieren. In der Tat stehen in kaum irgendeiner anderen geschichtlichen Entwicklung die kulturellen Äußerungen in einem so engen funktionalen Zusammenhang mit der Gesellschaftsstruktur. Dieser Tatbestand war auch den Römern selbst weitgehend bewußt, weshalb sie sich dagegen wehrten, die ästhetisierenden Tendenzen der hellenistischen Kultur zu übernehmen. Immer wieder betonten sie mit besonderem Nachdruck und gelegentlich sogar mit einer gewissen Brutalität die soziale und politische Auf-

gabe der Kunst. In Rom bleibt sie stets ein Instrument des Staates und wird mit absoluter und rigoroser Konsequenz mit seinen Absichten in Einklang gebracht. So ist es unmöglich, die römische Architektur, insbesondere die Monumentalarchitektur, deren staatliche Funktion auf der Hand liegt, nur unter dem Gesichtspunkt ihrer stilistischen Entwicklung zu betrachten.
Dieser Band versucht deshalb, jedes der behandelten repräsentativen Bauwerke unter Berücksichtigung seiner architektonischen und dekorativen Erscheinungsform innerhalb seiner ökonomischen, politischen und sozialen Voraussetzungen zu sehen, deren Produkt es ist. Dies bedeutet, innerhalb der Grenzen des Möglichen von dem Bauwerk selbst auszugehen, nicht jedoch, es in vorgefaßte Schemata einzuzwängen. Auch die ausführliche Darstellung der Periode der Anfänge, die ja an baulichen Überresten noch verhältnismäßig wenig bietet, sollte in diesem Lichte beurteilt werden. Es geschah aus der Überzeugung, daß alle strukturellen Komponenten einleitend aufgezeigt werden sollten, die zur historischen Erscheinung der römischen Kultur beigetragen haben. In jenen ersten Seiten läßt sich das Heranziehen neuester Forschungsergebnisse und die komprimierte, aber oft auch ausführliche Mitteilung von Fakten, die nur den Spezialisten bekannt sein dürften, vielleicht durch den Wunsch rechtfertigen, grundlegend wichtige Phänomene klarzulegen, ohne deren Kenntnis ein großer Teil der nachfolgenden Entwicklung unbegreiflich oder zumindest weniger verständlich wäre.

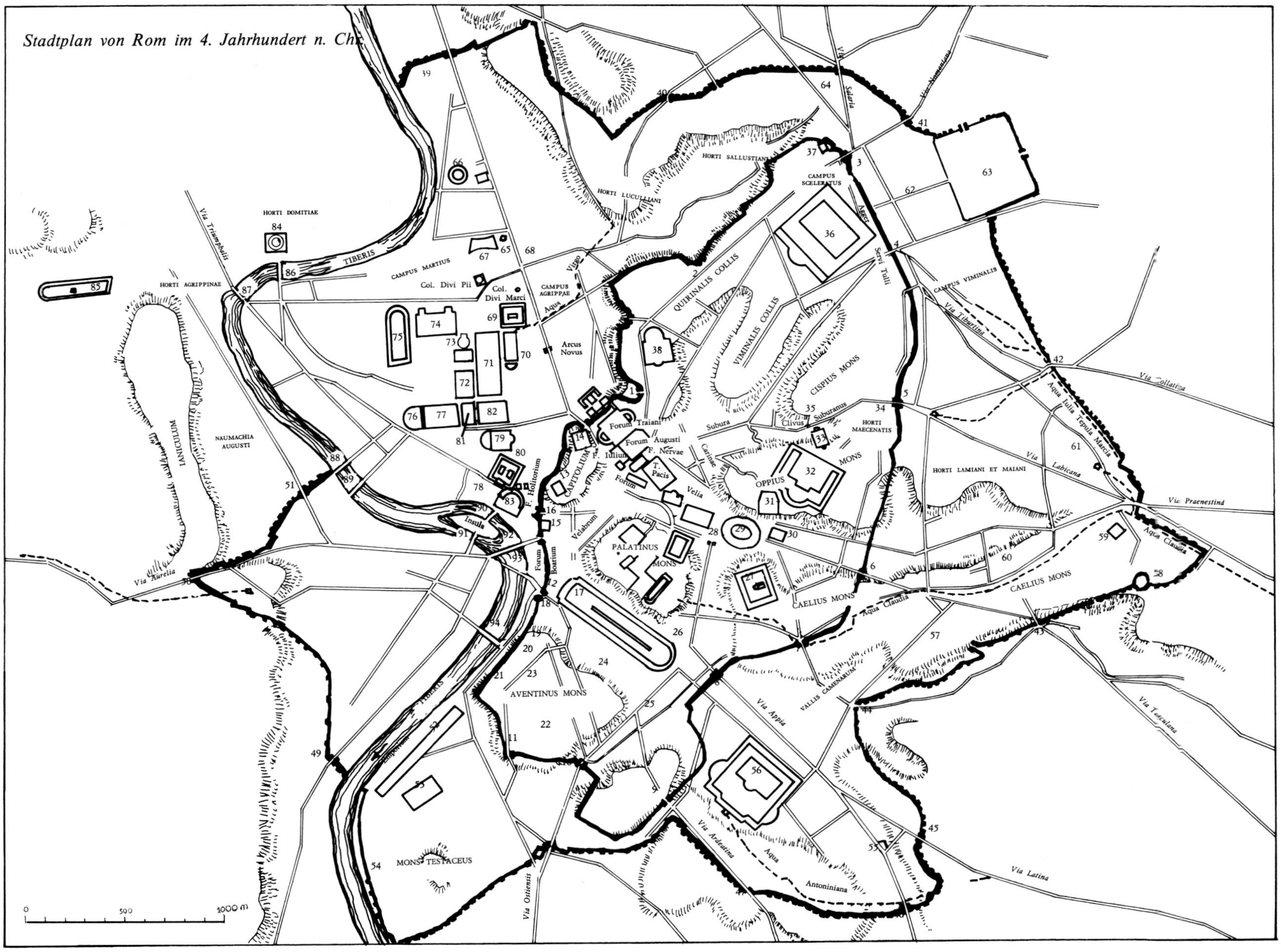

Tore der Servianischen Mauer (Nr. 1-12 und 16):
1 Porta Sanqualis
2 Porta Quirinalis
3 Porta Collina
4 Porta Viminalis
5 Porta Esquilina
6 Porta Caelimontana
7 Porta Querquetulana
8 Porta Capena
9 Porta Naevia
10 Porta Raudusculana
11 Porta Lavernalis
12 Porta Trigemina
13 Tempel des Iuppiter Optimus Maximus auf dem Kapitol
14 Tempel der Juno Moneta auf der Arx (dem Burgberg des Kapitols)
15 «Heiliger Bezirk» von San Omobono
16 Porta Carmentalis
17 Circus Maximus
18 Tempel der Ceres, Liber und Libera
19 Luna-Tempel
20 Minerva-Tempel
21 Tempel der Juno Regina
22 Decianische Thermen
23 Diana-Tempel
24 Haus und Thermen des Sura
25 Tempel der Bona Dea
26 Septizonium
27 Tempel des Divus Claudius
28 Konstantins-Bogen
29 Colosseum
30 Ludus Magnus
31 Titus-Thermen
32 Trajans-Thermen
33 Portikus der Livia
34 Gallienus-Bogen
35 Tempel der Juno Lucina
36 Diokletians-Thermen
37 Fortuna-Tempel
38 Konstantins-Thermen
Tore der Aurelianischen Mauer (Nr. 39-51):
39 Porta Flaminia
40 Porta Pinciana
41 Porta Nomentana
42 Porta Tiburtina
43 Porta Asinaria
44 Porta Metronia
45 Porta Latina
46 Porta Appia
47 Porta Ardeatina
48 Porta Ostiense
49 Porta Portuense
50 Porta Aurelia
51 Porta Septimiana
52 Aemilia-Portikus
53 Horrea Galbana
54 Horrea Lolliana
55 Grabmal der Scipionen
56 Thermen des Caracalla
57 Haus der Laterani
58 Castrensisches Amphitheater
59 Helenianische Thermen
60 Horti Lamiani
61 Nymphäum (Tempel der Minerva Medica)
62 Exerzierplatz der Prätorianerkohorten
63 Castra Praetoria (Prätorianerkaserne)
64 Tempel der Venus Ericina
65 Ara Pacis
66 Mausoleum des Augustus
67 Sonnenuhr des Augustus
68 Sonnen-Tempel des Aurelian
69 Tempel des Divus Hadrianus
70 Isis-Tempel auf dem Marsfeld
71 Saepta-Julia
72 Thermen des Agrippa
73 Pantheon
74 Thermen des Nero (später des Alexander Severus)
75 Stadion des Domitian (Piazza Navona)
76 Theater des Pompeius
77 Portikus des Pompeius
78 Circus Flaminius
79 Theater und «Crypta» des Balbus
80 Portikus der Octavia
81 «Heiliger Bezirk» von Largo Argentina
82 Porticus Minucia Frumentaria
83 Marcellus-Theater
84 Hadrians-Mausoleum (Engelsburg)
85 Zirkus des Caligula
86 Pons Aelius (San Angelo)
87 Neronische Brücke
88 Brücke des Agrippa
89 Aurelianische Brücke
90 Fabricius-Brücke
91 Cestius-Brücke
92 Aemilius-Brücke
93 Sublicius-Brücke
94 Probus-Brücke

Die Anfänge der römischen Kultur

Die Kultur Latiums und die Ursprünge Roms

Das Pomoerium als sakralrechtliche Grenze Roms

Pomoerium bedeutet den geweihten Raum, der innerhalb des durch die Auguren bestimmten Ackergebietes längs des Umkreises der ganzen Stadt hin außerhalb der Mauern durch Marksteine in bestimmten Bezirkslinien abgegrenzt ist. Das älteste *pomoerium,* das von Romulus bestimmt worden war, hatte am Fuße des palatinischen Berges seine Abmarkung. Es wurde je nach der Vergrößerung der Stadt öfters weiter hinausgerückt und umfaßte dann die vielen emporragenden Hügel. Wer immer das römische Volk um ein von Feinden erobertes Landesgebiet bereicherte, hatte das Recht, das *pomoerium* weiter hinaus zu verlegen. Deswegen hat man die Frage aufgeworfen und beschäftigt sich auch heute noch mit deren Erörterung, warum von den sieben Hügeln der Stadt, da sich doch die übrigen sechs innerhalb des *pomoerium* befinden, nur der aventinische Berg, obwohl er so nahe liegt und nicht weniger bevölkert ist, außerhalb dieses geweihten Bezirkes vor dem *pomoerium* liegt.

[Aulus Gellius, Die Attischen Nächte, XI, 14, 1-4]

Verlauf der ältesten Stadtgrenze

Ich halte es nicht für ungereimt, den Beginn der Gründung und die von Romulus festgesetzte Stadtgrenze hier zu vermuten. Beim Rindermarkt also, auf dem man das eherne Standbild eines Stieres sieht, weil die Rinder den Pflug zu ziehen haben, begann die Furche, die das Stadtgebiet so umzog, daß sie den großen Altar des Herkules mit einschloß. Dann ging sie an in bestimmten Abständen aufgerichteten Gemarkungssteinen am Fuß des Palatins entlang, am Altar des Consus (des Erntegottes) vorüber, darauf bis zu den alten Kurien und dem Larenheiligtum. Aber der Vestatempel, das Forum Romanum und das Kapitol sind nicht, wie man geglaubt, durch Romulus, sondern erst durch Titus Tatius zur Stadt hinzugekommen.

[Tacitus, Die Annalen, XII, 24]

Rom. Forum Romanum, von Westen her gesehen.

Die mythische Überlieferung von der Entstehung Roms reicht weit hinter das bekannte Gründungsjahr 753 v. Chr. zurück. Bereits das 6. vorchristliche Jahrhundert kannte die Sage von der Ankunft des Königs Aeneas in Latium, wie wir aus Funden etruskischer Statuetten mit der Darstellung von Aeneas und Anchises entnehmen können. Noch älter sind die Mythen von dem arkadischen Helden Euandros, der sich auf dem Palatin niedergelassen haben soll (noch Vergil berichtet dies in der Aeneis), und von der Landung des Herkules am Forum Boarium, wo sich nach der Überlieferung das älteste Herkules-Heiligtum Roms, die «Ara maxima», befand.

Das Datum der historischen Stadtgründung ist nach dem römischen Historiker M. Terentius Varro (116-27 v. Chr.) das Jahr 753. Es fällt also noch in die Eisenzeit Latiums. Von dieser Kulturphase können wir uns aufgrund der Ausgrabungen von Grabstätten am Forum, auf dem Esquilin und Quirinal sowie außerhalb Roms im Gebiet der Albanerberge ein ziemlich genaues Bild machen. Verglichen mit der benachbarten Kultur der Etrusker, deren besonderer Hochstand wohl mit frühen orientalischen Einflüssen zusammenhing, handelte es sich um eine verhältnismäßig provinzielle Randkultur.

Der zeitliche Ablauf in der Entwicklung der latinischen Kultur ist stellenweise noch ungeklärt, wenngleich schon die frühe historische Forschung erkannt hat, daß sich zwei deutlich unterschiedene Hauptphasen darin abzeichnen. Für die erste Phase im 9. und 8. Jahrhundert sind Brandgräber charakteristisch, wobei Urnen in Hausform verwendet werden, während in der zweiten ein allmählicher Übergang zu Leichenbestattungen in Baumsärgen stattfindet. Überdies bereichert sich nach und nach die kulturelle Einförmigkeit der ersten Phase durch Beigaben handwerklicher Erzeugnisse der östlichen Mittelmeerländer.

Diese «orientalisierende» Periode der latinischen Kultur zeigt außer ihrer Vorliebe für die Erzeugnisse des phönizisch-zyprischen und des griechisch-orientalischen Seehandels auch einen tiefgehenden Wandel in der Sozialstruktur. Die ersten Anzeichen einer Stadtkultur machen sich bemerkbar, offenbar nach dem Vorbild der griechischen Niederlassungen in Sizilien und Süditalien, und es findet der allmähliche Übergang von der egalitären Primitivität der frühen Eisenzeit zu einer komplexen Sozialgliederung statt, deren Grundlage die adlige Stammesgesellschaft darstellt. Welche ökonomischen Veränderungen hierfür maßgebend gewesen sind, ist schwer zu sagen. Sehr wahrscheinlich förderte einerseits eine erhöhte landwirtschaftliche Produktion, erreicht durch die Verbesserung der Bodenkultur und der Ackergeräte, den Bevölkerungszuwachs, anderseits kam es zur Arbeitsteilung. Einzelne Bevölkerungsgruppen übernahmen jetzt ganz bestimmte Funktionen. Damit wuchs zugleich das Bedürfnis nach zentraler Führung auf politischem, militärischem und religiösem Gebiet, die den unterschiedlichen Teilen ihren Platz im Ganzen zuwies und damit ihrerseits eine Spezialfunktion ausübte. So ähnlich hat man sich wohl die Geburt des Stadtstaates

Rom. Reste einer archaischen Hütte auf dem Palatin (8. Jahrhundert v. Chr.). Der natürliche Tuffuntergrund, der nach Bedarf eingetieft wurde, bildete den Fußboden für die ovalen Hütten, deren Dächer auf senkrechten Holzpfosten ruhten. Diese standen in den im Bilde sichtbaren Vertiefungen. Eine genauere Vorstellung von solchen primitiven Behausungen vermitteln die Hausurnen aus der auf dem Forum freigelegten Nekropole. Die über den Resten der Hütte aufgetürmten Tuffblöcke stammen von einem Bau der Republikanischen Periode.

und zugleich der Monarchie vorzustellen, deren absolute Macht durch eine oligarchische Adelsschicht die erforderliche Beschränkung erfuhr. Die Periode von der traditionellen Stadtgründung bis zum Ende des 7. Jahrhunderts stimmt zeitlich genau überein mit der überlieferten Chronologie der vier ersten römischen Könige, von Romulus bis Ancus Marcius, – sicherlich kein Zufall.

Geographische und ökonomische Situation

Schon antike Schriftsteller wie Livius und Cicero haben darauf hingewiesen, welche geographische Sonderstellung Rom in Italien einnahm und wie bedeutungsvoll diese für die fernere Entwicklung der Stadt gewesen ist. Mögen solche Äußerungen auch zum Formelschatz der rhetorischen Wendungen gehören, in diesem Fall haben sie eine reale Grundlage. Rom lag auf einer Anzahl von Hügeln über einer Furt des Tibers, der letzten vor seiner Mündung, wo eine starke Windung des Flusses einen natürlichen Hafen für die vom Meer hereinkommenden Schiffe und für die Stapelung der inländischen Erzeugnisse bildete. Hier kreuzten sich die beiden strategisch und kommerziell wichtigsten Straßen Mittelitaliens, die Wasserstraße des Tibers und der Landweg, der von Etrurien her durch die Furt des Tibers führte und sich an dieser Stelle in die beiden großen Handelsstraßen zwischen Campanien und Süditalien gabelte. Die eine (die künftige Via Latina) folgte dem Lauf des Sacco und des Liris, die andere (die künftige Via Appia) führte durch die Pontinischen Täler.

Roms glückliche Lage

Den Platz für die Stadt wählte Romulus mit unglaublichem Glück aus. Er legte sie nicht ans Meer, sondern als ein Mann von hervorragender Voraussicht spürte und sah er, daß die Meerlage nicht sehr günstig sei für die Städte, die in Hoffnung auf Dauer und Herrschaft gegründet würden, weil Städte am Meer vielen Gefahren ausgesetzt wären. Denn das Festland kündigt Heranrücken der Feinde durch viele Anzeichen selber vorher an. Jener Feind auf dem Meer aber und zu Schiff vermag da zu sein, bevor einer auch nur vermuten kann, daß er kommen wird. Wie hätte Romulus also göttlicher den Nutzen aus der Meerlage erfassen und ihre Mängel zugleich vermeiden können, als daß er die Stadt am Ufer eines ununterbrochen und gleichmäßig fließenden und breit ins Meer mündenden Stromes anlegte? Daß dadurch die Stadt vom Meer empfangen könnte, wessen sie bedürfte, und abgeben, woran sie Überfluß hätte, und daß sie auf dem gleichen Flusse die Dinge, die besonders nötig sind für den Lebensunterhalt, nicht nur vom Meer her an sich zöge, sondern auch einführe und empfange vom Lande her. So daß jener Gründer schon damals geahnt zu haben scheint, diese Stadt werde einmal der höchsten Herrschergewalt Wohnung und Heimstatt bieten. Denn eine so große Macht hätte wohl keine andere Stadt in irgendeinem Teile Italiens leichter festhalten können.
Was aber die gleichsam angeborene Wehr der Stadt selbst anbelangt, wer wäre da so unachtsam, daß er sie nicht in seinem Geiste angemerkt und völlig erkannt hätte? Der Zug und die Führung ihrer Mauer ist so durch Romulus' als auch der übrigen Könige Weisheit bestimmt worden, daß, während auf allen Seiten die Berge steil und jäh abfallen, der eine Zugang, der sich zwischen Esquilin und Quirinal befindet, nachdem ein gewaltiger Damm aufgeworfen worden war, durch den geräumigen Graben eingefaßt wurde, und daß die Burg auf einer steilen Umfassung und einem wie rings abgemeißelten Felsen so geschützt ruhte, daß sie auch in jenem schauerlichen Sturm des Gallereinbruches unversehrt und unangetastet geblieben ist. Und er wählte einen Ort aus, der Überfluß hatte an Quellen und in einer verseuchten Gegend doch gesund war. Es sind nämlich Hügel, die vom Wind durchweht werden und gleichzeitig den Tälern Schatten bringen.

[Marcus Tullius Cicero, Vom Gemeinwesen, II, 4-6 (Auszug)]

Rom. Der Tiber auf der Höhe der Tiber-Insel und des Forum Boarium. Die Insel ist rechts erkennbar. Zur Linken sieht man die Aemilianische Brücke, den heutigen Ponte Rotto. Von der ursprünglichen steinernen Brücke, die in den Jahren 179 und 142 v. Chr. in zwei Etappen erbaut wurde, hat sich nur ein einziger Bogen erhalten. An dieser Stelle befand sich auch die Tiber-Furt, in deren nächster Umgebung man die frühesten Besiedlungsspuren entdeckt hat. Außerdem lag hier das älteste Heiligtum der Stadt, die «Ara maxima» des Herkules, sowie der antike Flußhafen.

Die Gründe für die großartige Entfaltung der Urbs

Götter und Menschen haben diesen Platz nicht ohne Grund gewählt, als sie die Stadt bauten: so gesunde Berge, einen so günstig gelegenen Strom, daß er uns die Früchte des Hinterlandes heranbringt und die Zufuhr vom Meer empfängt. Das Meer ist nahe genug für unseren Vorteil und setzt uns doch nicht durch zu geringe Entfernung der Gefahr fremder Flotten aus. Es ist also eine Stelle, die als Mittelpunkt der italischen Landschaften einmalig geeignet für eine wachsende Stadt ist. Die Größe dieser noch so neuen Stadt sei der Beweis dafür!
[Livius, V, 54]

Der Vorzug dieser Lage war von Anfang an klar ersichtlich. Wie die Überlieferung berichtet, wurde bereits in der zweiten Hälfte des 7. Jahrhunderts v. Chr. unter Ancus Marcius eine erste Brücke über den Tiber geschlagen, der hölzerne «Pons sublicius». Nicht zufällig schrieb man diesem König auch die Besetzung des Ianiculum und des Aventin zu. Sie war eine strategische Notwendigkeit zur Beherrschung der von Norden her kommenden Straße, die nach dem Passieren der Brücke zwischen dem Palatin und dem Aventin durch das Murcia-Tal nach Süden führte und sich in die Via Latina und die Via Appia teilte, denen zweifellos noch ältere Handelswege vorausgingen. Auch die Gründung der Kolonie Ostia an der Tibermündung soll auf Ancus Marcius zurückgehen. Das 7. Jahrhundert war für Rom eine Periode tiefgehender wirtschaftlicher und sozialer Veränderungen, die mit einer Intensivierung der Handelsbeziehungen zum Nahen Osten und zu Griechenland sowie mit der Entstehung einer neuen Führungsschicht und einer veränderten Kultur einhergingen. In Etrurien und Latium machte sich die orientalisierende Phase stark bemerkbar. Auf die bescheidenen Erdbestattungen der vorhergehenden Periode folgten jetzt aufwendige Kammergräber, die auf die Herrschaft einer mächtigen Adelsklasse schließen lassen. Aus den Grabkammern von Cerveteri und Palestrina (Praeneste) haben die Archäologen jene Meisterwerke der Goldschmiedekunst zutage gefördert, die heute zu den größten Schätzen des Museums der Villa Giulia in Rom gehören. Wenn man auch in Rom selbst keine Zeugnisse für ein so hohes Kulturniveau gefunden hat – vielleicht wegen der tiefgehenden Zerstörungen durch die dauernde Besiedelung der Stadt –, so bleibt doch seine Schlüsselposition im Schnittpunkt der Nordsüdverbindung der Halbinsel und die damit verbundene Vorherrschaft über Latium eine unbestrittene Tatsache.

Die Bildung des Stadtstaats und das etruskische Erbe

Die drei letzten Könige Roms tragen etruskische Namen. Tarquinius Priscus (616-587) - als erster von ihnen - soll gegen Ende des 7. Jahrhunderts während der Regierungszeit des Ancus Marcius von Tarquinia nach Rom gekommen sein und sich als Befehlshaber der Reiterei einen Namen gemacht haben, sodaß er nach dem Tode des römischen Königs zum Nachfolger wurde.
Wie in vielen Fällen enthält die Überlieferung auch hier einen Wahrheitskern. Tatsächlich macht sich gegen Ende der orientalisierenden Periode, vor allem im Laufe des 6. Jahrhunderts, im Leben Roms eine auffallende Veränderung in Form einer mehr oder weniger tiefgehenden «Etruskisierung» bemerkbar. Manche Historiker bringen sie in Zusammenhang mit einer gewaltsamen etruskischen Eroberung Roms. Dies kann jedoch nicht überzeugen, da die Überlieferung nicht den geringsten Hinweis dafür enthält. Sie berichtet lediglich von der friedlichen Ankunft der Tarquinier, einer vornehmen etruskischen Familie, die sich mit den Einheimischen verschwägert und schließlich im politischen Leben Roms die Oberhand gewonnen habe. Die Etrusker müssen trotz dieser Vormachtstellung in der Minderheit geblieben sein, - sonst wäre es unerklärlich, daß Sprache, Religion und andere grundlegende Kulturelemente Roms die etruskische Periode fast intakt überdauert haben. Möglicherweise war es die gleiche Situation wie später in Süditalien während der Normannenzeit. Auch hier wurden fremde Bevölkerungsgruppen schrittweise in das Vorhandene einbezogen. Dank ihrer Überlegenheit auf dem Felde der Kriegskunst, der Politik und Verwaltung, der Architektur, der bildenden Kunst, des Handwerks und der vielbewunderten Wahrsagekunst ihrer Haruspices gaben die Etrusker der einheimischen Kultur allmählich ein neues Gesicht.
Die Fortschritte, die das Einschmelzen dieses Kultureinflusses mit sich brachte, waren beträchtlich. Sie revolutionierten die gesamte Verwaltungs- und Sozialstruktur der Stadt. Umfangreiche Entwässerungsanlagen, darunter die berühmte «Cloaca maxima», wurden zur hygienischen Verbesserung des feuchten Talgrundes gebaut. Das trockengelegte Gebiet zwischen Kapitol und Palatin erhielt ein Steinpflaster und entwickelte sich zum wirtschaftlichen und politischen Zentrum der Stadt, dem Forum. Begräbnisse in diesem Gebiet fanden nicht mehr statt. Bauten aus Mauerwerk und Holz ersetzen die bisherigen Strohhütten. An die Stelle der Heiligtümer und Altäre im Freien traten die ersten Kultbauten, die nach etruskischem Herkommen polychrome Terrakottadekorationen erhielten, und die Gottheit wurde durch anthropomorphe Darstellungen verkörpert, wie es bei den Etruskern nach der Weise der Griechen üblich war.
Die Überlieferung hebt mit besonderem Nachdruck die Bedeutung von Servius Tullius, dem Nachfolger des Tarquinius, hervor. Eine ganze Reihe von grundlegenden Neuerungen werden ihm zugeschrieben, so die Gliederung des Heeres in *centuriones,* die gebietsweise Einteilung der Bevölkerung in *tribus,* die Einführung des Geldes und die Begründung zahlreicher Kulte und Heiligtümer. Die moderne Geschichtswissenschaft hat einen Großteil dieser Daten als anachronistisch abtun wollen. Genauere Quellenstudien und archäologische Funde haben jedoch ergeben, daß die Berichte über die Persönlichkeit und das Werk des Servius Tullius weitgehend der historischen Wahrheit entsprechen. Unter anderem soll er der Überlieferung nach der Sohn einer Sklavin seines Vorgängers gewesen und durch einen ihrer Herdflamme entstiegenen Genius gezeugt worden sein. Diese Erzählung über seinen wunderbaren Ursprung war der Hauptanlaß für die - unberechtigten - Zweifel der Historiker an der wirklichen Existenz dieses Königs. Hier handelt es sich offensichtlich um eine der üblichen propagandistischen Rechtfertigungsversuche für die mit der freiheitlichen Überlieferung nur schwer vereinbare «tyrannische» Machtausübung dieses Herrschers. Sie begegnen uns auch sonst in der Geschichte, etwa in den Berichten über Cyrus, Alexander den Großen und Caesar, und es würde niemandem einfallen, deshalb die historische Existenz solcher Persönlichkeiten zu bezweifeln.
Die politische Wirksamkeit des Servius Tullius entsprach seiner obskuren Her-

Die Ankunft des Tarquinius Priscus in Rom

Unter der Herrschaft des Ankus wanderte Lukumo, ein rastloser und dank seines Reichtums einflußreicher Mann, in Rom ein, hauptsächlich in der Erwartung auf große Ehre, die zu erlangen in Tarquinia - denn dort war er auch aus fremdem Stamm entsprossen - keine Möglichkeit gewesen war.
Rom schien für diesen Zweck am geeignetsten: In einem jungen Volke, wo der ganze Adel schnell emporgekommen war und auf Verdienst beruhte, würde es Platz geben für einen mutigen und tatkräftigen Mann. Geherrscht hatte hier einst der Sabiner Tatius, hergeholt zur Herrschaft hatte man dann Numa aus Kures, auch Ankus war der Sproß einer sabinischen Mutter, und sein Adel hatte nur das eine Ahnenbild Numas aufzuweisen. Leicht überredet er sich zu diesem Wagnis, denn er ist ehrgeizig, und Tarquinia ist nur mütterlicherseits seine Vaterstadt. Lukumo und seine Frau Tanaquil nehmen daher ihre Sachen und wandern fort nach Rom. Zum Janikulum war man zufällig gelangt. Wie er da auf dem Wagen mit seiner Gattin sitzt, läßt sich plötzlich ein Adler mit schwebenden Flügeln sacht herab, nimmt ihm den Hut weg, fliegt über dem Wagen mit lautem Schwirren hin, und, als wäre er zu diesem Dienste von den Göttern selbst gesandt, setzt er ihm den Hut geschickt wieder aufs Haupt. Dann entschwindet er in die Lüfte. Tanaquil, so heißt es, nahm dies erfreut als Vogelzeichen, da sie, wie insgeheim die Etrusker, eine der himmlischen Vorzeichen kundige Frau war. Sie umarmt ihren Mann und heißt ihn Erhabenes und Hohes hoffen, denn das bedeute dieser Vogel, diese Himmelsgegend und dieser Gott, als dessen Bote er gekommen sei. Um den höchsten Scheitel des Menschen habe er sein Zeichen gegeben, aufgehoben habe er die einem Menschenhaupt aufgesetzte Zier, um sie in göttlichem Auftrag ebendemselben wiederzugeben. Mit der Fracht dieser Hoffnungen und Gedanken betraten sie die Stadt, erwarben dort einen Wohnsitz und gaben Lucius Tarquinius Priscus als Namen an. In den Augen der Römer verliehen ihm die Neuheit und sein Reichtum großes Ansehen, und er selbst förderte dies, indem er durch gütige Anrede, freundliche Einladung und Gefälligkeiten zum Freund gewann, wen er nur konnte, bis auch in den Königspalast von ihm die Kunde drang. Bald hatte er die Bekanntschaft beim König durch großzügige und geschickte Höflichkeitserweise zu Freundschaftsrechten gesteigert, so daß er an den öffentlichen in gleicher Weise wie an den persönlichen Beratungen im Krieg und im Frieden teilnahm. In allen Lagen erprobt, wurde er schließlich sogar zum Vormund für die Königskinder im Testament eingesetzt.
[Livius, I 34]

Kopf einer behelmten Göttin (möglicherweise der Minerva) aus dem Heiligen Bezirk von San Omobono (um 540 v. Chr.). Die beiden Tempel der Fortuna und der Mater Matuta, die hier identifiziert werden konnten, wurden von Servius Tullius gegründet. Bei der Datierung der Tempelterrakotten ergab sich eine genaue Übereinstimmung mit den traditionellen Regierungsdaten des sechsten römischen Königs. Rom, Antiquario Comunale.

Antefix aus Terrakotta in Form eines Silenkopfes, vom Esquilin. 6. Jahrhundert v. Chr. Rom, Antiquario Comunale.

kunft. Nach der Überlieferung, die wir aus einer Rede des Kaisers Claudius und aus Wandbildern eines bei Vulci entdeckten Etruskergrabs, der Tomba François, kennen, war er ein etruskischer Abenteurer namens Mastarna, der sich als Haupt einer bewaffneten Bande gewaltsam in Rom Eintritt verschaffte. Er stützte sich dabei in gleicher Weise wie die zeitgenössischen Tyrannen Griechenlands auf die unteren Bevölkerungsschichten, die Händler, Handwerker und Bauern, was wohl auch die Grundlage für die Legende von seiner Abstammung aus der Sklavenklasse bildete. Seine natürlichen Gegner waren wie bei allen etruskischen Königen die alteingesessenen Patriziergeschlechter und großen Grundherrn, die bis dahin die herrschende Klasse gewesen waren. Um die Macht dieser Partei und ihrer Klientel zu brechen, mußte er sowohl die Militär- als auch die Sozialstruktur grundlegend verändern, die in archaischen Gesellschaften stets unlösbar miteinander verbunden sind. Das voretruskische Rom hatte politisch und militärisch auf der Basis der drei patrizischen Tribus gestanden. Servius Tullius dagegen nahm eine Neugliederung in vier territoriale Tribus vor und zerschnitt damit die festen Bande zwischen der Staatsorganisation und den Adelsgeschlechtern. Der Beitrag jedes Bürgers zum Heeresdienst richtete sich fortan nach seinem Vermögen; so war es auch bei dem kurz zuvor in Griechenland eingeführten Klassensystem. Aus dem primitiven Kriegerverband, in dem jedes Geschlecht ein besonderes Kontingent, sozusagen eine kleine Privatarmee gestellt hatte, entwickelte sich ein unmittelbar unter dem Befehl des Königs stehendes Bürgerheer, das als wirksames staatliches Machtpotential fungieren konnte. Doch war dies infolge der Entwicklung der infanteristischen Kriegstaktik des Hoplitenheeres auch zu einer unumgänglichen Notwendigkeit geworden. Es bestand jetzt kein Bedürfnis mehr nach Kriegern des heldischen Typus, die im Zweikampf ihre Kräfte maßen, während die amorphe Masse untätig verharrte. Was der Staat brauchte, war ein schlagkräftiges Heer gleichartig bewaffneter Soldaten mit einer Ausbildung, die sie befähigte, in geordneter Schlachtreihe zu kämpfen. Diese taktische Revolution, nach griechischem Muster über die Etrusker vermittelt, ging Hand in Hand mit tiefgehenden Veränderungen im sozialen und wirtschaftlichen Gefüge. Die reichgewordene Mittelklasse stellte sich jetzt dem Besitzadel gleichberechtigt an die Seite und beanspruchte ihren Anteil an der Macht.

Eine stürmische Wirtschaftsentwicklung muß das Rom des 6. Jahrhunderts gekennzeichnet haben. Ökonomisch und strategisch hatte die Stadt eine Schlüsselposition inne, die ihr im Lauf der Jahre enge Wirtschaftsbeziehungen zu den anderen städtischen Zentren Etruriens einbringen mußte. Ihr daraus resultierender Reichtum spiegelte sich in einer lebhaften öffentlichen Bautätigkeit. Eine Reihe von Architekturterrakotten, die man auf dem Forum Romanum, dem Forum Boarium, dem Kapitol und dem Esquilin ausgegraben hat, beweisen, daß es bereits in dieser Periode zahlreiche Tempel und Heiligtümer gab. Sie bestätigen, was uns die literarischen Quellen über die vielen Tempelgründungen der letzten drei Könige überliefern. Besonders intensiv scheint die Bautätigkeit in der Regierungszeit des Servius Tullius gewesen zu sein. Die römischen Autoren schreiben ihm den Bau der Stadtmauer und einer Reihe von Tempeln zu, die meist der Fortuna geweiht waren. In dieser Periode war sie nicht nur die Glücks- und Schicksalsgöttin, sondern vereinigte auch alle die Funktionen in sich, die später auf Venus – beziehungsweise Juno – übertragen wurden. Der Bau der Befestigungsmauer, die heute noch «Servianische Mauer» heißt, wird im allgemeinen erst der Republikanischen Periode zugeschrieben. Tatsächlich sind jedoch bestimmte, heute nicht mehr sichtbare Mauerpartien aus Porphyrtuff mit Sicherheit älter. Sie entstammen bereits der Zeit kurz nach der Eroberung Roms durch die Gallier unter Brennus (um 390 v. Chr.), als die Stadtmauer, wie uns Livius berichtet, wiederaufgebaut wurde. Doch schließt dies die Existenz eines noch älteren Mauerteils nicht aus. In der Tat haben sich Mauerzüge aus feinkörnigem Tuff, dem sogenannten «cappellaccio», erhalten, der nur für die frühesten Bauten verwendet wurde. An einer bestimmten Stelle auf dem Aventin überlagert ein Mauerteil aus großen Tuffblöcken ein Stück aus diesem feinkörnigen Material, und hier haben wir fast mit Sicherheit einen Rest der ursprünglichen Servianischen Mauer vor uns. Zu solchen archäologischen Beobachtungen kommen Erwägungen allgemeinerer Art. Es ist unwahrscheinlich, daß Rom im 6. Jahr-

Rom. Teilstück der «Servianischen Mauer» unterhalb des Aventin. Die älteste Befestigungsmauer Roms wurde nach der Überlieferung von Servius Tullius um die Mitte des 6. Jahrhunderts v. Chr. erbaut. Die erhaltenen Reste stammen jedoch möglichweise erst vom Beginn des 4. Jahrhunderts, als nach dem Gallier-Einfall (390 v. Chr.) eine Erneuerung der Mauer mit Hilfe von großen Blöcken aus Porphyrtuff vorgenommen wurde. Der im Bilde sichtbare Bogen gehört einer späteren Zeit an (2. bis 1. Jahrhundert) und diente als Abschußöffnung für Katapulte.

hundert im Gegensatz zu vielen befestigten Etruskerstädten ohne irgendein Bollwerk gewesen war. Für die vorhergehende Phase der dörflichen Siedlungsgemeinschaften mochten die auf einzelne Hügel begrenzten Befestigungsmauern genügen. Doch waren sie nicht mehr ausreichend für eine größere Stadt, die auf mehreren Hügeln stand und in den Tallagen Wohnbezirke hatte, die jeder natürlichen Verteidigungsmöglichkeit entbehrten. Wir wissen, daß unter Servius Tullius der Esquilin, der Quirinal und der Viminal in die Stadt einbezogen wurden. Sie waren im Gegensatz zum Palatin und zum Kapitol keine isolierten Hügel, sondern über ein weites Hochplateau hin miteinander verbunden. So ergab sich die zwingende Notwendigkeit, die Stadt auf der Ostseite mit einer besonders starken Befestigung auszustatten. Mit großer Übereinstimmung berichten die Quellen, daß Servius Tullius es war, der sie schuf.

Heute verfügen wir auch über archäologische Beweise für die geschichtliche Existenz des Servius Tullius oder zumindest über den Wahrheitsgehalt der durch die antiken Autoren übermittelten Chronologie in Bezug auf seine Tempelgründungen. Ihre Angaben darüber gehen ins einzelne. Das Fest der jeweiligen Gottheit wurde am Jahrestag der Tempelgründung gefeiert, und man pflegte alljährlich in die Mauer des Tempels einen Nagel einzuschlagen. Dieser Brauch ist für den Tempel des Iuppiter Capitolinus bezeugt, aber man darf vermuten, daß er auch in den älteren Tempeln geübt wurde.

Unlängst hat eine Zufallsgrabung bei der kleinen Kirche San Omobono im Bezirk des ehemaligen Forum Boarium die Grundmauern zweier gleichartiger Tempelchen freigelegt, die man aufgrund von literarischen Quellen mit genauen Ortsbeschreibungen als Heiligtümer der Fortuna und der Mater Matuta identifizieren konnte. Nach der Überlieferung sind diese Zwillingstempel von Servius Tullius errichtet worden. Man stieß auf mehrere sich überlagernde Schichten, deren oberste der späten Kaiserzeit angehörte. Die unterste dagegen, die bis jetzt nur zum kleinsten Teil erforscht ist, enthielt Reste von Architekturterrakotten, die auf die Mitte des 6. Jahrhunderts oder wenig später datiert werden konnten. Auch die Scherben von griechischer Importkeramik, die in dieser Schicht gefunden wurden, gehören dem 6. Jahrhundert an. Hier wurden also die überlieferten Daten über Servius Tullius (578-535 v. Chr.) durch die archäologischen Befunde bestätigt.

Volkszählung und Stadterweiterung unter Servius Tullius

Nach Durchführung der Volkszählung, die er schnell beendigt hatte, da das Gesetz die Bewohner Roms unter Androhung von Gefängnis und Todesstrafe zu erscheinen zwang, ordnete er an, alle römischen Bürger – Reiter und Fußvolk – sollten, ein jeder in seiner Zenturie, bei Tagesanbruch auf dem Marsfelde sein. Dort entsühnte er das ganze Heer durch das Schwein-, Schaf- und Stieropfer. Dies nannte man das Schlußsühneopfer, weil damit die Schätzung endigte. Achtzigtausend Bürger sollen hierbei gezählt worden sein. Dazu bemerkt der älteste Geschichtsschreiber Fabius Pictor, dies sei die Zahl der Waffenfähigen gewesen. Entsprechend dieser großen Bevölkerungszahl schien auch die Stadt der Erweiterung zu bedürfen. So fügte er zwei Hügel hinzu, den Quirinal und den Viminal. Darauf vergrößerte er anschließend den Esquilin, und um der Gegend Ansehen zu verleihen, nahm er selbst dort Wohnung. Mit Damm und Gräben und Mauer umgab er dann die Stadt und rückte den Maueranger hinaus. Den freien Maueranger, das Pomoerium, pflegt man als Postmoerium (das, was hinter der Mauer liegt) zu erklären. Es ist aber vielmehr ein Circamoerium (das, was auf beiden Seiten der Mauer liegt). Bei der Gründung von Städten weihten einst die Etrusker dort, wo sie die Mauer ziehen wollten, innerhalb gewisser Grenzen einen Landstreifen, zu beiden Seiten unter Vogelschau, den Göttern. Auf der Innenseite durften keine Gebäude sich an die Stadtmauer anschließen – jetzt baut man sie sogar gewöhnlich hinein – und auf der Außenseite mußte ein Bodenstück von menschlicher Bebauung frei bleiben. Diesen Streifen, der weder bewohnt noch gepflügt werden durfte, nannten die Römer Pomoerium. Bei der Stadterweiterung wurden die geweihten Grenzsteine immer so weit vorgeschoben, wie die Stadtmauern vorrücken sollten.

[Livius, I, 44]

Rom. Peristyl des Hauses der Vestalinnen auf dem Forum. Seit ältesten Zeiten lag ihre Behausung in der Nähe des Rundtempels der Vesta. Die Statuen von Obervestalinnen wurden entlang der Portikusmauer aufgestellt. Einige davon sind in unserer Abbildung zu sehen.

Das bedeutendste Bauwerk, das in der Etruskischen Periode in Rom entstand, war jedoch der Tempel des Iuppiter Capitolinus, allein schon seinen Ausmaßen nach ein beredtes Zeugnis für die Macht und den Reichtum der Stadt in dieser Periode. Bereits unter Tarquinius Priscus geplant und begonnen, wurde der Bau unter Tarquinius Superbus vollendet. Das Jahr der Tempelweihe kennen wir aus den antiken Kalendern und den Konsularfasten (Listen der römischen Konsuln). Als erstes gesichertes Datum der römischen Geschichte lag es nach unserer Zeitrechnung zwischen 509 und 508. Damit fällt es jedoch mit dem überlieferten Zeitpunkt des Übergangs von der Monarchie zur Republik zusammen, und es wirkt wie eine sonderbare Fügung des Schicksals, daß nicht Tarquinius Super-

Kopf der Terrakottastatue des Apollo von Veji. Ende des 6. Jahrhunderts. Die Statue stand zusammen mit anderen Dekorationen als Akroter auf dem Firstbalken des in Veji ausgegrabenen Tempels. Die Wiederauffindung dieser meisterhaften Skulpturen zu Beginn unseres Jahrhunderts erbrachte den Beweis für die Existenz einer bedeutenden Terrakottawerkstatt in Veji. Man hat sie mit dem überlieferten Namen des Meisters Vulca in Verbindung gebracht, des Schöpfers der Terrakottadekoration für den Tempel des Iuppiter Capitolinus in Rom (509 v. Chr.). Rom, Museo di Villa Guilia.

Die Leistungen des Tarquinius Superbus

Nach der Einnahme von Gabii schloß Tarquinius Frieden mit dem Äquervolk und erneuerte den Vertrag mit den Tuskern. Alsdann wandte er sein Augenmerk städtischen Aufgaben zu. Als erstes ließ er den Jupitertempel auf dem Tarpejischen Berge fertigstellen, den er als Denkmal seiner Herrschaft und seines Namens hinterließ. Von den beiden Tarquinierkönigen hatte der Vater ihn gelobt, und der Sohn hat ihn vollendet . . .

Zu diesem Zweck bot er Handwerker von überall her aus Etrurien auf und verwendete nicht nur öffentliche Gelder dazu, sondern auch Arbeiter aus dem Volke. Diese Anstrengungen waren keineswegs gering und kamen zum Kriegsdienst noch hinzu. Gleichwohl fühlte sich das Volk weniger beschwert durch den eigenhändigen Ausbau des Göttertempels als durch die Übertragung weiterer Arbeiten, die noch wesentlich mühevoller waren, durch die Anlage von Sitzreihen in der Rennbahn und den Bau des unterirdischen Großen Kanals, des Abzugsgrabens für allen Unrat der Stadt. Diese beiden Leistungen stehen in ihrer Großartigkeit auch heute noch unerreicht da.

Während das Volk mit diesen Arbeiten beschäftigt war, suchte Tarquinius die Grenzen des Staates zu erweitern, denn er glaubte, daß eine zahlreiche Bevölkerung, falls sie sich nicht nutzbringend betätigen könne, der Stadt eine Last sei. So gründete er Kolonien in Signia und Circei, zumal dies auch zum Schutze der Urbs zu Wasser und zu Lande beitrug.

[Livius, I, 55-56]

Der Cerestempel in Rom

Damophilos und Gorgasos, berühmte Bildhauer und Maler, übernahmen die Ausschmückung des Tempels der Ceres in Rom, nahe dem Circus Maximus, mit Malereien und Skulpturen. Eine gereimte Inschrift in griechischer Sprache besagte, daß sich die Werke des Damophilos in der rechten Hälfte, die des Gorgasos in der linken Hälfte des Tempels befanden.

Varro berichtet, daß vor diesem Bau die Dekorationen aller Tempel etruskisch waren. Bei ihrer Erneuerung pflegte man die Fresken von den Wänden abzulösen und als Bilder zu rahmen, während die Giebelskulpturen verloren gingen.

[Plinius der Ältere, XXXV, 12, 154]

bus die Tempelweihe vornahm, sondern Horatius Pulvillus, einer der ersten römischen Konsuln. So wurde dieser Bau, der dazu bestimmt war, die Königsherrschaft zu verherrlichen, zum Symbol der republikanischen Freiheit.

Die Beweggründe für die Errichtung eines so repräsentativen Bauwerks liegen klar auf der Hand. Rom hatte allmählich die Vorherrschaft über Latium errungen und wollte dokumentieren, daß es sich mit jeder der größeren Etruskerstädte messen könne. Bereits unter Servius Tullius war nach dem Vorbild des Artemisions in Ephesus auf dem Aventin ein Diana-Tempel errichtet worden. Er diente als religiöses Zentrum der Lateinischen Liga, deren Sitz auf diese Weise nach Rom verlegt wurde, ein Zeichen für ihre Unterwerfung unter die Botmäßigkeit des römischen Staates. Mittelpunkt des römischen Staatskults selbst war der Jupiter-Tempel, in dem außerdem noch Juno und Minerva verehrt wurden. Bei besonderen Gelegenheiten (wie den Triumphen) bildete er den Schauplatz für die Glorifikation der königlichen Macht, wobei sich der König weitgehend mit der Gottheit identifizierte. Für solche staatlichen Siegesfeiern diente der Tempel auch weiterhin in der Republikanischen Periode und in der Kaiserzeit.

Die riesigen Dimensionen des Jupiter-Tempels, dessen Fundamente sich bis heute im Grundriß des Kapitolinischen Museums erhalten haben, sind mit 65 zu 60 Metern für diese Zeit ungewöhnlich. Mit je sechs Säulen an den Fronten und an den Seiten ist er der größte uns bekannte archaische Tempel Etruriens. Im Tempelinnern befanden sich drei Cellae zur Aufnahme der Statuen der drei hier verehrten Gottheiten. Außer dem Fundament aus Tuffblöcken war wie bei allen frühen etruskischen Tempeln als Baumaterial nur Holz verwendet; dazu kam eine reiche polychrome Terrakottadekoration. Mit der Ausführung dieser Dekoration und der Statuen, die ebenfalls aus Terrakotta bestanden, wurden etruskische Künstler beauftragt. Einer ihrer Namen, Vulca von Veji, ist uns überliefert. Vielleicht war er der leitende Baumeister des Tempels. Von seiner Hand stammte nicht nur die Statue des Jupiter, sondern auch eine Herkules-Statue, die wahrscheinlich für die Ara Maxima bestimmt war. Die Skulpturen wurden offenbar außerhalb Roms in Veji angefertigt. Plinius berichtet dies jedenfalls von einer großen Quadriga, die als Akroter auf dem Dach des Gebäudes stand.

Obwohl sich keine dieser Skulpturen erhalten hat, da sie im Verlauf von Bränden und Erneuerungen zerstört wurden, können wir uns ein recht genaues Bild davon machen. Bei Ausgrabungen im Gebiet von Veji kamen nämlich in der Nähe von Portonaccio Reste eines Tempels zum Vorschein, der aus der gleichen Zeit wie der Tempel des Iuppiter Capitolinus stammte und ebenfalls mit Terrakottaskulpturen geschmückt war. Sie sind heute im Museum der Villa Giulia in Rom zu sehen. Es handelt sich um Arbeiten von der Hand eines Meisters, der im Rahmen der archaischen Darstellungskunst der Etrusker ionisch beeinflußt war, aber eine so starke Eigenständigkeit besaß, daß er seine ionischen Vorbilder weit übertraf. Es lag nahe, beim ersten Anblick der meisterlichen Arbeiten an Vulca zu denken, und auch wenn diese Zuschreibung nicht mit absoluter Sicherheit vorgenommen werden kann, besteht doch eine so große sachliche und chronologische Übereinstimmung zwischen den beiden Aufträgen, daß diese Hypothese einiges für sich hat. Es wäre einmalig in der Kunstgeschichte, wenn ein etruskisches Werk einem Meister zugewiesen werden könnte, der uns namentlich bekannt ist. In den gleichen künstlerischen Bereich gehört die berühmte Kapitolinische Wölfin, eine etruskische Bronze vom Ende des 6. oder vielleicht auch erst aus den Anfängen des 5. Jahrhunderts. Wie beim Apollo von Veji sind hier abstrakte Elemente aus der griechisch-archaischen Tradition – etwa die streng stilisierten Löckchen der Mähne – in eine mit großer plastischer Gestaltungskraft wiedergegebene Tierdarstellung von bemerkenswerter Einfachheit der Formensprache einbezogen.

Unser heutiges Wissen über das Rom des 6. Jahrhunderts geht so ins einzelne, daß es uns berechtigt, diese Periode als eine geschichtliche zu betrachten. Die Vorstellung von einem archaischen, in prähistorischer Ungreifbarkeit verbrachten Jahrhundert, in dem Rom trotz seines engen Kontakts mit Griechen und Etruskern (denen es unter anderm sein Alphabet verdankte) dahindämmerte, gehört endgültig der Vergangenheit an. Weit entfernt von Isolation und Provinzialismus nahm «das große Rom der Tarquinier» in vollem Maß an der ökonomischen,

kulturellen und künstlerischen Entwicklung der griechisch orientierten mittelmeerischen Welt teil, und zwar auf eine höchst eigenständige und schöpferische Weise. Das gilt vor allem für seine Sozial- und Staatsorganisation. Hier erleben wir die Bildung und rasche Entwicklung einer ausgeprägten und komplexen Stadtkultur mit einer Wirtschaftsstruktur, die nicht mehr ausschließlich auf Ackerbau und Viehzucht basiert, sondern im Handel und den damit zusammenhängenden Erwerbszweigen einen neuen Ausdehnungsbereich gefunden hat. Gleichzeitig ist eine lebhafte kulturelle Entwicklung zu verzeichnen. Die zunehmende Stadtwerdung manifestierte sich in der Entstehung von Bauwerken mit neuen und vielfältigen Funktionen. Auch wenn die Gründung Roms nach dem traditionellen Datum in der ausgehenden Eisenzeit bezeugt ist, kann man doch erst jetzt von der Geburt Roms als Stadt sprechen.

Kopf der Kapitolinischen Wölfin. Beginn des 5. Jahrhunderts v. Chr. Diese eindrucksvolle Bronze, das großartigste Werk der archaischen Kunst der Etrusker, ist als Beweis für das Wirken etruskischer Meister in Rom von besonderer Bedeutung. Wir wissen nicht, ob die Zwillinge von Anfang an in die Darstellung einbezogen waren. Die heute vorhandenen sind jedenfalls erst im 16. Jahrhundert entstanden. Rom, Palazzo dei Conservatori.

Die Republikanische Periode (590-31 v. Chr.)

Das Wesen des politischen Zusammenlebens auf der italienischen Halbinsel

Welche politischen Konsequenzen die Abschaffung der Monarchie für Rom hatte, ist einigermaßen undurchsichtig. Man hat vermutet, dieses Ereignis habe das Ende der etruskischen Herrschaft über die Stadt bedeutet. Jedoch ergeben sich hier Widersprüche, die der Klärung bedürfen. Auch wenn ein Bund der etruskischen Völkerschaften existierte, waren die einzelnen Städte, die ihm angehörten, doch voneinander völlig unabhängig, und ihre Politik konnte von Fall zu Fall auf ganz andere Ziele gerichtet sein. Rom stellte eines dieser etruskisch durchsetzten Gemeinwesen dar, das sein besonderes Bündnissystem hatte und völlig selbständige politische Entscheidungen traf. Der etruskische Einfluß in Rom dürfte überhaupt mehr kultureller als politischer Natur gewesen sein. Bezeichnenderweise führte der Sturz der Tarquinier keineswegs zum Abbruch der guten Beziehungen zu den übrigen Etruskern, sondern hatte lediglich den Charakter einer Verfassungskrise. Im gleichen Zeitabschnitt machte sich auch in den anderen etruskischen Städten des Phänomen des Übergangs vom monarchischen zum republikanischen Regierungssystem bemerkbar, ein Übergang, der hier vielfach zu einer Tyrannis nach dem Modell der griechischen Nachbarn führte. Außerdem wissen wir, daß einflußreiche römische Etruskerfamilien zur Absetzung der Tarquinier in Rom ihr Teil beigetragen haben. Die Überlieferung berichtet von einem Etrusker Collatinus, der zusammen mit Brutus eine der treibenden Kräfte der Revolution gewesen sei. Zudem enthalten die Konsularfasten noch bis zum Jahr 448 etruskische Namen. Einzelne Historiker sind der Ansicht, die monarchische Regierungsform habe nur im zweiten Viertel des 5. Jahrhunderts, etwa von 475 bis 450, eine kurze Unterbrechung erfahren. Aber dies ist sicher eine irrige Vermutung, die auf der Identifizierung von Monarchie und etruskischer Anwesenheit in Rom beruht. Tatsächlich wurde die entscheidende Krise der Macht der Etrusker in Campanien durch ihre Niederlage im Kampf gegen die Griechen in der Schlacht von Cumae im Jahre 474 herbeigeführt. Dieses Datum stimmt auch mit dem Zeitpunkt überein, an welchem etruskische Namen aus den römischen Konsularfasten verschwanden.

Die zu Beginn des 5. Jahrhunderts in Rom entstandenen Kunstwerke zeigen keinen fühlbaren Bruch mit der Vergangenheit und bewahren den kulturellen Stand des 6. Jahrhunderts; auch dies mag zum Beweis für das Obengesagte dienen. Roms Beziehungen zu Großgriechenland verstärkten sich jetzt, möglicherweise als Folge der antipatrizischen Gesinnung der Zeit. In diesen Jahren beginnt der Kampf zwischen Patriziern und Plebejern, der sich während der ersten Jahrhunderte der Republik fortsetzen sollte. So ist es vielleicht kein Zufall, daß die Ausschmückung eines im Jahre 493 v. Chr. am Fuße des Aventin erbauten Tempels zwei griechischen Bildhauern namens Damophilos und Gorgasos übertragen wurde. Der Tempel war Ceres, Liber und Libera (römischen Entsprechungen der griechischen Gottheiten Demeter, Dionysos und Kore) als Schutzgöttern der Frucht-

Die Cloaca Maxima

Die Abzugskanäle sind ein über alle Beschreibung großes Werk, da deshalb Berge unterwühlt wurden und eine gleichsam schwebende Stadt entstand, unter der man bei den Instandsetzungsarbeiten auf Booten zu fahren pflegte. Sieben zusammengeleitete Wasserläufe durchfließen sie und werden gezwungen, in reißendem Strom, wie Wildbäche, alles mit sich fortzureißen und abzuführen. Wenn sie dazu noch durch heftige Regengüsse zu rascherem Lauf getrieben werden, so erschüttern sie Bett und Wände dieser Bauten. Bisweilen strömt auch der Tiber rückwärts hinein; dann kämpft im Innern der Drang der Wogen von entgegengesetzten Seiten her, und dennoch widersteht die Festigkeit des Baues. Die größten Massen werden darüber hingeschleppt, ohne daß die Gewölbe nachgeben; von selbst einfallende oder durch Feuersbrünste zerstörte Bauten stürzen jählings und mit Gewalt darauf, der Boden wird durch Erdbeben erschüttert, und doch besteht das Werk seit dem älteren Tarquinius, fast 700 Jahre, unzerstörbar! Da nun Tarquinius Priscus sich in dieser Weise der Arme des Volks bediente und es sich wenig wohl fühlte, wenn die Arbeit allzu mühselig war oder zu lange dauerte, kam es hier und da vor, daß einzelne Quiriten, um der furchtbaren Anstrengung zu entgehen, zum Selbstmord Zuflucht nahmen. Dagegen fand er ein neuartiges Mittel. Er ließ die Leichname kreuzigen zur Abschreckung der Mitbürger und zum Fraß für die wilden Tiere und Raubvögel. Damit appellierte er an das Gefühl für die Ehre des römischen Namens. Nach der Überlieferung gab Tarquinius dem Kanal eine so große Breite, daß ihn ein vollbeladener Heuwagen hätte passieren können.

[Plinius der Ältere, Naturgeschichte, XXXVI, 104 ff.]

Rom. Tempel des Castor und Pollux auf dem Forum. Die drei noch aufrechtstehenden Säulen entstammen einer Erneuerung des Tempels in der Augusteischen Periode. Der ursprüngliche Tempel wurde 484 v. Chr. geweiht. Man errichtete ihn an der Stelle, wo der Legende nach die Dioskuren den Daheimgebliebenen den Sieg des römischen Heeres über die Lateinische Liga am Lacus Regillus verkündeten.

barkeit und des damit in Zusammenhang stehenden Weizenhandels geweiht und wurde sehr rasch zum Sammelpunkt der Plebejer, ebenso wie die andern in der Nähe des Hafens gelegenen Tempel, darunter auch der hundert Jahre zuvor unter Servius Tullius entstandene Diana-Tempel. Nach einer Äußerung des römischen Historikers Varro war der Ceres-Tempel das erste Bauwerk Roms in griechischem Stil, während alle vorausgehenden Tempel in etruskischem Geschmack erbaut waren.

Im Verlauf des 5. Jahrhunderts wurde der Ceres-Tempel, der unmittelbar am Flußhafen gelegen war, auf Drängen der Volkstribunen als Lagerhalle des aus Etrurien und Sizilien eingeführten Getreides benutzt. Diese ungewöhnliche Verwendungsweise eines Tempels stand in engem Zusammenhang mit einem sozialrevolutionären Schritt. Man ging dazu über, Brotgetreide an das Volk zu verteilen, zuerst

zum halben Preis und dann völlig kostenlos, – ein Verfahren, das bis zum Ende des Republikanischen Zeitalters zum Gegenstand erbitterter Kämpfe zwischen Patriziern und Plebejern wurde und in derselben Linie lag wie die wiederholten Agrarreformen, die von revolutionären Volkstribunen wie den Gracchen zur Linderung der Not des einfachen Volks durchgeführt wurden.
Die kontinuierliche wirtschaftliche und kulturelle Entwicklung vom Ende des 6. Jahrhunderts bis in die ersten Dezennien des 5. Jahrhunderts erfuhr keine Unterbrechung durch die gleichzeitigen politischen Auseinandersetzungen. Dies wird erkennbar etwa an der ständigen Einfuhr griechischer Vasen, die übrigens ausschließlich attischer Herkunft waren. Sie setzte sich bis um die Mitte des 5. Jahrhunderts fort, wenn auch die Importe nicht immer gleichbleibend waren. Dann allerdings wurde die Situation kritisch. Außer in der steten Verminderung der Importe bis zu deren völligem Stillstand offenbarte sich diese Krise auch im religiösen Bereich. Die Übernahme von griechischen Kulten, die im 6. und zu Beginn des 5. Jahrhunderts gang und gäbe gewesen war, hörte plötzlich auf. Nach dem Bau des Tempels der Ceres, deren Verehrung, wie schon die antiken Autoren wußten, nichts anderes als eine Übernahme des griechischen Demeter-Kults war, trat eine längere Pause ein, bis im Jahre 433 eine weitere griechische Gottheit in die römische Religion Eingang fand. Es war Apollo, dem auf dem Marsfeld ein Tempel errichtet wurde.
Im ganzen war das 5. Jahrhundert für Italien – im Gegensatz zur gleichzeitigen klassischen Hochblüte in Griechenland – eine Periode wirtschaftlichen und kulturellen Niedergangs. Den Auftakt für die Verschlechterung der allgemeinen Situation bildete die Vernichtung von Sybaris im Jahre 510. Diese reiche griechische Kolonialstadt in Lucanien, die eine Schlüsselposition im Handel zwischen den östlichen Mittelmeerländern und Italien innegehabt hatte, wurde von ihrer Nachbarstadt Croton zerstört. Für die Etrusker folgte auf die Niederlage von Cumae eine Zeit politischer und wirtschaftlicher Rückschläge; aber auch für die Griechen, die als Sieger daraus hervorgegangen waren, hielten die letzten Jahre des Jahrhunderts nichts Gutes im Schoß. Die Karthager besetzten und zerstörten mit Ausnahme von Syrakus und wenigen andern nahezu alle griechischen Städte Siziliens, während die italischen Völkerschaften aus dem Innern, die Lucaner, Osker und Apulier, sich in die Küstengebiete ergossen und dort eine griechische Handelsstadt nach der andern besetzten. Nur Tarent und Neapel waren in der Lage, ihnen wirksamen Widerstand entgegenzusetzen.
Auf den Glanz des 6. Jahrhunderts, das durch eine beachtliche Intensivierung des Handels und der Wirtschaftsbeziehungen eine kulturelle Hochblüte verkörpert hatte, an der Etrurien und Rom ebenso teilnahmen wie die Städte in Magna Graecia, folgte im 5. Jahrhundert eine Zeit des Stillstands, der Zersplitterung und eines Rückfalls der verschiedenen Kulturen in einen engen Provinzialismus. Mangelnde Wirtschaftsbeziehungen und kulturelle Begrenztheit mögen die Ursache dafür gewesen sein, daß wir von der römischen Kultur des 5. Jahrhunderts wesentlich weniger Zeugnisse besitzen als von der des 6. Jahrhunderts. Es scheint eine Zeit zähen Durchhaltens in unablässigen Kämpfen gegen die Sabiner, die Etrusker und die Volsker gewesen zu sein, wie es sich in den Schriften des Titus Livius widerspiegelt.
Das 4. Jahrhundert dagegen war wieder eine Epoche des Aufstiegs. Die Vermischung zwischen Einheimischen und Griechen in Mittelitalien und Sizilien bereitete den Boden für ein Wiederaufblühen der Kultur. Sie mochte weniger glanzvoll sein als die des 6. Jahrhunderts, da sie nicht mehr ausschließlich von einer Elite getragen war; umso breiter war sie jedoch im Volke verwurzelt. Im Jahre 396 gelang es Rom, seine langjährige tödliche Feindschaft gegen Veji durch die Zerstörung der Etruskerstadt siegreich zu beenden, und nachdem es die Schrecken des Gallier-Einfalls von 398 überwunden und dessen schlimmste Zerstörungen beseitigt hatte, eröffneten sich ihm neue Perspektiven, sowohl im Norden nach Etrurien hin als auch im Süden nach Campanien und Magna Graecia. Allerdings blieben noch die Widerstände der Samniten zu brechen, jener mächtigen Volksgruppe, deren natürliches Ausdehnungsgebiet ebenfalls Campanien war. Endgültig gelang dies allerdings erst im folgenden Jahrhundert.
Der allgemeine wirtschaftliche Aufschwung führte naturgemäß zu engeren Be-

Antefix in Form eines weiblichen Kopfes aus Falerii bei Civita Castellana. 4. Jahrhundert v. Chr. Rom, Museo di Villa Giulia.

Der Vertrag zwischen Rom und Karthago von 509 v. Chr.

Unter folgenden Bedingungen soll Freundschaft zwischen den Römern sowie den Bundesgenossen der Römer und den Karthagern sowie den Bundesgenossen der Karthager bestehen: Es sollen die Römer und die Bundesgenossen der Römer nicht jenseits des Schönen Vorgebirges schiffen, wenn sie nicht durch Sturm oder durch Feinde dazu gezwungen werden; und wird einer durch höhere Gewalt dahin getrieben, so soll ihm nichts zu kaufen noch zu nehmen gestattet sein, außer dem, was er für die Wiederherstellung des Fahrzeuges oder für Opfergaben bedarf. Und binnen fünf Tagen sollen die Eingelaufenen wieder abfahren. Wer des Handels wegen in das fremde Gebiet kommt, der soll nichts rechtskräftig abschließen dürfen, ohne daß er einen öffentlichen Ausrufer oder Schreiber beizieht. Was aber in deren Gegenwart verkauft wird, dafür soll die Schuld dem Verkäufer vom Staate verbürgt sein, ob nun der Verkauf in Libyen oder in Sardinien geschieht. Wenn ein Römer in den Teil von Sikelien kommt, über welchen die Karthager Herren sind, sollen die Römer in allen Stücken gleiches Recht genießen.

[Polybios, Geschichte, III, 22]

Wiederaufbau der Stadt nach der Brandkatastrophe des Gallliereinfalls (390 v. Chr.)

Man begann überall mit dem Bauen. Der Staat besorgte die Ziegel, und jeder durfte Steine brechen und Holz schlagen, wo er wollte. Doch mußte er Bürgen dafür benennen, daß er den Bau im laufenden Jahr beenden werde. In der Eile konnte man nicht auf die Richtung der Straßen achten; denn jeder durfte auf dem Platz bauen, den er gerade leer fand, ohne eigenen oder fremden Grund zu berücksichtigen. Deswegen gehen die alten Kanäle, die früher stets unter den Straßen durchliefen, jetzt hier und da unter Privathäusern durch. Das Stadtbild weist eher auf eilige Besitzergreifung als auf planmäßige Verteilung des Bodens.

[Livius, V, 55]

ziehungen aller Art, sodaß sich nach und nach eine einheitliche Kultur herausbildete, die von Etrurien bis nach Sizilien reichte und deren Zentren neben den Städten Etruriens Capua, Tarent und Syrakus waren. Die sie verbindende Sprache war das Griechische, doch war sie durch eine nicht zu unterschätzende Beimischung lokaler Wesenszüge gekennzeichnet. Die Gebrauchskeramik wurde jetzt nicht mehr aus Athen importiert, sondern an Ort und Stelle hergestellt. Sie zeigt charakteristische Stilmerkmale, die sich letztlich aus griechischen Einflüssen herleiten lassen, darüberhinaus aber eine besondere Lebendigkeit und neue Ausdruckskraft, wobei sie allerdings auch von einem gewissen Provinzialismus nicht frei ist. Die archäologischen Funde aus dieser Periode sind von einer erstaunlichen Reichhaltigkeit, vor allem auf dem Gebiet der Keramik und der Terrakotten. Unsere Kenntnisse über die Wandmalerei des 4. Jahrhunderts haben durch die jüngsten Ausgrabungen der Nekropolen von Tarquinia und Paestum eine wesentliche Erweiterung erfahren.

Was wir von dieser Periode an Kunstäußerungen aus Rom kennen, bietet das gleiche Bild. Eine speziell römische Kunst, die sich in irgendeiner Weise von der italischen unterschieden hätte, existierte imgrunde nicht. Ihre Hervorbringungen können als etruskisch-apulisch-campanisch definiert werden, zumal zahlreiche Künstler aus den benachbarten Gebieten nach Rom hereinkamen. Hier erfreute sich die Kunst auch bei den Spitzen der Staatsführung hoher Wertschätzung, ganz im Gegensatz zu späteren Gepflogenheiten und auch zu dem, was die römischen Autoren des ersten vorchristlichen Jahrhunderts uns zu diesem Punkt berichten. Von einem Patrizier aus dem berühmten Geschlecht der Fabier, der um

Rom. Der Heilige Bezirk der Largo Argentina ist einer der wichtigsten Komplexe, die sich aus der Zeit des republikanischen Rom erhalten haben. Wo heute die Reste eines Portikus zu sehen sind, bei dem es sich wahrscheinlich um denjenigen handelt, den Marcus Minutius Rufus im Jahre 106 v. Chr. errichtete, entstanden nacheinander vier Tempel, die in der Zeit zwischen der Mitte des 4. bis zum Ende des 2. Jahrhunderts erbaut wurden.

Munizipien und Kolonien

Die Ausdrücke «municipes» (Municipal-Bürger) und «municipia» (Municipal-Städte) werden in der Umgangssprache leicht gesagt und im Verkehr leicht gebraucht, und doch wird man nur selten jemand finden, der auch versteht, was er sagt.

Municipal-Bürger sind römische Bürger aus den Municipal-Städten unter Beibehaltung ihrer eigenen Gesetze und eigenen Rechtspflege (Verwaltung), die nur das (eigentümlich politische) Ehrenvorrecht mit dem römischen Volke gemein haben und den Namen Municipal-Bürger durch die Übernahme der Verpflichtung zu gewissen Diensten erhalten haben, ohne an anderweitige Verbindlichkeiten oder an irgendeine Verordnung des römischen Volkes gefesselt zu sein.

Bezüglich der Kolonien aber herrscht ein ganz anderes Verhältnis. Sie kommen weder als Fremde von außen in den römischen Staatskörper, noch können sie sich auf einen eignen besonderen Ursprung berufen, sondern sie sind aus dem römischen Staatskörper selbst entwachsen und also an alle Rechte und Einrichtungen des römischen Volkes gebunden. Obgleich nun dieses Verhältnis mehr abhängig und weniger frei erscheint, muß es doch für würdiger und ansehnlicher gehalten werden, vor allem in bezug auf den Glanz und das Ansehen der Würde und Herrlichkeit des römischen Volkes.

[Aulus Gellius, Die Attischen Nächte, XVI, 13, 1-9]

Ursprünge der Malerei in Rom

Bei den Römern gelangte die Malerei recht früh zu Ehren – von der Zeit an, als ein berühmtes Geschlecht, die Fabier nämlich, sich den Beinamen «die Maler» («pictores») zulegte. Der erste, der diesen Beinamen trug, malte mit eigener Hand im römischen Jahr 450 (304 v. Chr.) den Tempel der Gesundheit aus. Diese Malerei blieb erhalten bis in unsere Zeit, bis zum Brande des Tempels unter Claudius.

[Plinius der Ältere, XXXV, 19]

die Wende des 4. zum 3. Jahrhundert lebte, hören wir, er habe sich ganz der Malerei gewidmet und den Beinamen Pictor als Ehrennamen an seine Nachkommen vererbt. Die Moralisten der Spätrepublikanischen Periode und der Kaiserzeit hätten dies ohne Zweifel als eine Erniedrigung betrachtet. Seit dem 2. Jahrhundert v. Chr. erweiterte sich nämlich die Kluft zwischen einer zahlenmäßig geringen herrschenden Klasse und der übrigen Bevölkerung, und dies hatte auch seine Konsequenzen für die bildende Kunst. Für ein Mitglied der Senatorenklasse galt es nun als unwürdig, sich mit irgendeiner geistigen oder handwerklichen Tätigkeit zu befassen, die nicht im Zusammenhang mit politischen oder militärischen Aufgaben stand. Vorurteile dieser Art existierten offensichtlich im 4. und 3. Jahrhundert in so radikaler Form noch nicht. In dieser Periode war die römische Gesellschaft homogener und der Klassengegensatz weniger ausgeprägt.

Nur wenige Tempelfundamente können uns eine Vorstellung von der Baukunst dieser Zeit vermitteln. In seiner ersten Bauphase gehört der Tempel C auf der Largo Argentina dem 4. Jahrhundert an. Mittlerweile bildete Tuffstein das Hauptbaumaterial, und die hölzernen Bauteile waren auf ein Minimum beschränkt, während zum Schmuck nach wie vor Terrakotten verwendet wurden. Der vollständig erhaltene Unterbau des Tempels C ist auffallend hoch. In dieser Periode wird bereits deutlich, daß die römische Baukunst den rechteckigen etruskischen Tempeltyp mit Säulen auf drei Seiten und einem rückwärtigen Mauerabschluß bevorzugt, der im Gegensatz zum griechischen Rundtempel auf die Vorderansicht hin gebaut ist. Die Kulthandlungen dagegen finden, ähnlich wie bei den Griechen, vor dem Altar außerhalb des Tempels statt. Der Tempel selbst wird vor allem als «Haus» der Gottheit *(aedes)* betrachtet, der er geweiht ist.

Fast nichts ist über den städtebaulichen Charakter Roms in dieser Periode bekannt. Aber die zahlreichen im 4. und 3. Jahrhundert von Rom aus gegründeten Kolonialstädte, die mehr oder weniger vollständig ausgegraben werden konnten, geben einen interessanten Einblick in die Stadtplanung jener Zeit. Vor allem sind eine ganze Reihe von Stadtmauern freigelegt worden. Auch in Rom wurde in den ersten Jahrzehnten des 4. Jahrhunderts die Servianische Mauer in ihren noch heute vorhandenen Mauerzügen grundlegend erneuert. Für die Befestigungsmauern der meisten Kolonialstädte wurde meist örtlicher Kalkstein verwendet. Im Unterschied zu dem weichen Tuff, der sich in regelmäßige Blöcke schneiden ließ, hatte dieser Stein meist unregelmäßige Formen, die mit großem Geschick zu den «polygonalen» Mauern zusammengefügt wurden, wie sie sich heute noch in vielen Städten Latiums finden. Jene mächtigen Stadtmauern, die man zunächst einer viel früheren Zeit zugeschrieben hatte, stammen meist aus der Zeit der großen Kolonialgründungen des 4. und 3. Jahrhunderts. Wahrscheinlich ist ihre alles andere als primitive Technik griechischer Herkunft. In ihren schönsten Beispielen (wie in Cosa und Alatri) wirkt diese Technik überaus gekonnt. Ähnlich vollendete Beispiele gibt es aus dem Ende der archaischen Periode in Griechenland und den griechischen Kolonien.

Wie die griechischen Kolonialstädte waren auch die italischen Städte nach einem einheitlichen Plan erbaut. Ihr Grundriß beruhte auf einem Achsennetz, das die Stadt in rechteckige Wohnquartiere aufteilte. Die öffentlichen Gebäude waren um das ebenfalls rechteckige Forum gruppiert, das sich im allgemeinen im Mittelpunkt der Planung befand. Am Rande der Stadt, möglichst auf ihrem höchsten Punkt, lag die Zitadelle *(arx),* die nicht nur das Zentrum der Verteidigung, sondern auch des Kults bildete, ganz wie wir das von der Akropolis in Athen kennen. Besonders typische Beispiele für diese systematische Planung haben die Ausgrabungen von Cosa und Alba Fucens ans Licht gebracht.

Ein interessantes Beispiel der kolonialen Tempelarchitektur ist der italische Tempel in Paestum, dessen erste Bauphase in die Zeit unmittelbar nach der Koloniegründung im Jahre 273 v. Chr. fällt. Unter anderm zeigen die skulptierten Metopen, die zweifellos aus dem 3. Jahrhundert und nicht, wie man lange Zeit glaubte, erst aus dem Zeitalter Sullas stammen, eine enge Verwandtschaft mit den Kalksteinmetopen in Tarent, was ein erneuter Beweis für die künstlerische Einheitlichkeit der italischen Welt in jener Periode ist.

Für die Wandmalerei ist uns der bereits erwähnte Name des Fabius Pictor über-

Die Via Appia wurde unter dem Censor Appius Claudius im Jahre 312 v. Chr. angelegt. Sie ging durch die Pontinische Ebene und verband Rom mit Capua. Später wurde sie bis Tarent und Brindisi verlängert.

Die Schaugepränge der Funeralien

Wenn in Rom ein angesehener Mann gestorben ist, so wird er bei der Feier der Bestattung in seinem ganzen Schmuck und in aufrechter Stellung, so daß er jedermann sichtbar ist, in seltenen Fällen liegend, auf das Forum zu den sogenannten Rostren getragen. Wenn nun das ganze Volk ringsherum steht, dann besteigt, wenn ein erwachsener Sohn hinterblieben ist, der sich gerade in Rom befindet, eben dieser, wenn nicht ein anderes Glied des Geschlechtes, die Rostren, spricht über den Verstorbenen und zählt seine Tugenden und alle Taten auf, die er in seinem Leben verrichtet hat. Indem nun der Redner die einzelnen Fälle, in denen sich der Verstorbene hervorgetan, der Menge in Erinnerung ruft und ihr lebhaft vor Augen stellt, werden alle in solchem Maße von Mitgefühl ergriffen, daß der augenblickliche Trauerfall nicht als ein Verlust der unmittelbar davon betroffenen Familie, sondern des ganzen Volkes erscheint.

Wenn dann die Bestattung und die üblichen Feierlichkeiten vorüber sind, bringen sie das Bild des Verstorbenen in den vornehmsten Raum des Hauses, wo sie es in einem tempelartigen, geschlossenen Gehäuse verwahren. Das Bild aber ist eine Maske, die sowohl die Gesichtszüge als auch die Farbe des Toten in möglichster Ähnlichkeit wiedergibt. Diese Masken stellen sie an den Opferfesten, die von Staats wegen begangen werden, in den geöffneten Gehäusen zur Schau und umgeben sie mit stattlichem Schmucke. Ist jedoch ein besonders angesehenes Mitglied der Familie gestorben, so führen sie es bei der Bestattungszeremonie mit, indem sie seine Gewänder solchen Personen anlegen, die ihnen in Bezug auf das sonstige Äußere die meiste Ähnlichkeit mit den Verstorbenen zu haben scheinen. Diese Personen tragen, wenn der Verstorbene Konsul oder Prätor gewesen war, Kleider mit einem Purpursaum, wenn er Censor gewesen war, gar purpurne, und wenn er einen Triumph gefeiert oder eine ähnliche Ehre davon getragen hatte, goldgestickte. Sie fahren auf Wagen; ihnen voraus werden Rutenbündel, Beile und sonstige Ehrenzeichen der Ämter getragen, je nach dem Grade der Würde, die jeder während seiner Lebzeiten im Staate erreicht hat. Bei den Rostren angekommen, setzen sich alle der Reihe nach auf elfenbeinernen Stühlen nieder. Ein schöneres Schauspiel als dieses gibt es nicht leicht für einen ruhmliebenden und edlen Jüngling. Denn wen sollte es nicht anfeuern, die Bilder von Männern, die um ihrer Tapferkeit willen so hoch gefeiert werden, alle zusammen gleichsam lebend und beseelt zu sehen, und welches Schauspiel erschiene herrlicher als dieses?

[Polybios, Geschichte, VI, 53]

liefert. Wir wissen, daß er im Jahre 304 v. Chr. den Salus-Tempel auf dem Quirinal ausmalte, den C. Junius Bubulcus im Jahre 303 gestiftet hatte. Vielleicht waren in diesen Fresken denkwürdige Ereignisse aus dem zweiten Krieg gegen die Samniten wiedergegeben, in denen der Konsul selbst dargestellt war. Eine Vorstellung von solchen Gemälden kann uns ein Fragment aus einem Hypogäum (Grabgewölbe) des Esquilin vermitteln, das in den Anfängen des 3. Jahrhunderts datiert ist und demnach aus der Zeit des Fabius Pictor stammt. Auch in diesem Fall sind Episoden aus einem der Samnitenkriege auf unkomplizierte Weise, aber mit einem gewissen Sinn für organische Bewegung und plastische Wirkung geschildert. Eigenartig ist die Darstellungsweise auf mehreren übereinanderliegenden Wandstreifen, in denen die gleichen Personen wiedergegeben und mit den Namen M. Fannius und Q. Fabius bezeichnet sind. Bei Q. Fabius hat man an Q. Fabius Maximus Rullianus gedacht, der 322 v. Chr. Konsul war und die Samniten besiegte. Möglicherweise haben wir hier die Kopie eines Schlachtengemäldes vor uns, wie sie bei den Triumphzügen mitgeführt wurden. Es ist sehr typisch, daß das älteste bekannte Beispiel römischer Malerei eine Darstellung historischen Charakters ist. Doch sollten wir diese Tatsache nicht überbewerten. Es gibt aus derselben Zeit allenthalben Fresken historischen Inhalts. Am berühmtesten darunter sind die Wandgemälde der Tomba François in Vulci, die sich heute in der Villa Albani in Rom befinden. Sie gehören dem Ende des 4. Jahrhunderts an und geben unter anderm Achill beim Opfer der trojanischen Gefangenen auf dem Grab des Patroklos sowie Szenen aus der archaischen Vergangenheit wieder, wie den Kampf des Helden Mastarna und seiner Verbündeten aus Vulci gegen eine Gruppe von etruskischen Fürsten, darunter einen «Gneus Tarquinius aus Rom». Außerdem ist noch Vel Saties, der Eigentümer des Grabes, mehrfach mit der den Triumphator kennzeichnenden Purpurtoga wiedergegeben.

Anfang 1970 wurde dann in Paestum eine weitere, höchst interessante Grabkammer gefunden, die ebenfalls in die zweite Hälfte des 4. Jahrhunderts datiert werden konnte und die Bezeichnung «Tomba del Capitano» erhielt. Ihre Fresken enthalten eine Schlachtenszene, die sich in einer weiten Ebene vor dem Hintergrund von Bergen abspielt. Diese Landschaft konnte als die Ebene von Paestum identifiziert werden. Es ist leicht möglich, daß sich die Darstellung, die sicher auf geschichtlicher Wahrheit beruht, auf die berühmte Schlacht bezieht, in der das Heer des Königs von Epirus, Alexander des Molossers, und die Truppen der Lucaner einander gegenüberstanden.

So sind die historischen Szenen keine Besonderheit der römischen Kunst, sondern sie finden sich auch in der etruskischen und campanischen Welt. Immerhin war jedoch die Struktur der römischen Gesellschaft, in der das politische und militärische Element die Hauptrolle spielte, der Entwicklung einer offiziellen Kunst, wie sie durch das historische Relief, das historische Gemälde und das Ehrenporträt verdienter Männer verkörpert wurde, besonders günstig.

Eine der wertvollsten Hinterlassenschaften dieser generell so schlecht dokumentierten Periode stellt das Grabmal der Scipionen dar. Im Jahre 1780 durch Zufall entdeckt, befand es sich in unmittelbarer Nähe des ursprünglichen Straßenzugs der Via Appia und liegt heute zwischen dieser und der Via Latina. Dieser Standort war in wohlerwogener Absicht gewählt. Entlang der großen Konsularstraße vor der Porta Capena lagen auch die Gräber der andern großen römischen Familien, der Atilii, der Servilii und der Metelli. Appius Claudius, der die Via Appia 312 v. Chr. in seiner Eigenschaft als Censor erbauen ließ, zeigte als erste führende Persönlichkeit des römischen Staates eine ausgesprochene Vorliebe für die griechische Kultur. Dies blieb nicht nur eine Sache des persönlichen Geschmacks, sondern hatte auch politische Konsequenzen. Er vertrat mit großer Zielstrebigkeit die römische Expansion nach Magna Graecia. Noch als tauber Greis ließ er sich ein letztes Mal in den Senat führen, wendete sich mit einer unvergleichlichen Beredsamkeit, die eine Frucht seiner griechischen Bildung war, gegen einen Friedensschluß mit König Pyrrhus, dem Verteidiger Magna Graecias gegen die Ansprüche Roms, und sprach sich für die Fortsetzung des Krieges aus. In der Lage der Grabstätten der führenden Römerfamilien an der großen Ausfallstraße nach Magna Graecia dokumentierte sich über das Grab hinaus ihr Einsatz für die imperialistische Politik Roms.

Freskenfragment aus einem Hypogäum (Grabgewölbe) des Esquilin. Um 300 v. Chr. Auf mehreren Wandstreifen übereinander sind Szenen aus dem Kampf zwischen Römern und Samniten dargestellt. Der Anführer der Römer ist Marcus Fabius. Als einziges erhaltenes Beispiel der römischen Wandmalerei dieser Periode, die von der Persönlichkeit des Fabius Pictor beherrscht war, ist das Fresko von besonderer Bedeutung. Überdies vermittelt es eine Vorstellung von den sogenannten «Triumphgemälden», Bildern mit Darstellungen von Schlachten und Belagerungen, die bei den Triumphzügen der siegreichen Feldherrn mitgeführt wurden. Rom, Antiquario Comunale.

Vorschriften für die Gestaltung der öffentlichen Bauten

I. Foren und Basiliken

Die Griechen legen ihre Marktplätze im Quadrat mit geräumigen und doppelten Säulenhallen an und schmücken diese mit dichtstehenden Säulen sowie steinernen oder marmornen Gebälken und bringen über der Decke Gänge an. In den Städten Italiens aber darf der Marktplatz nicht auf diese Weise angelegt werden, weil von den Vorfahren der Gebrauch überliefert ist, daß auf dem Forum Gladiatorenspiele veranstaltet werden. Man soll daher rings um den Schauplatz die Säulenweiten geräumiger vorsehen und ringsum in den Säulenhallen Wechslerbuden, überdies in den oberen Stockwerken vorspringende Zuschauerräume anbringen, die sowohl mit Rücksicht auf den zweckmäßigen Gebrauch, als auch auf die dem Staat daraus erwachsenden Einkünfte errichtet werden sollen.

Die Größe eines solchen Forums aber muß der Menschenmenge entsprechend geplant werden, damit der Raum weder für den Verkehr beschränkt sei, noch der Platz wegen der Spärlichkeit des Volkes öde erscheine.

Der Platz für die Basilika muß an das Forum anschließend und an dessen wärmster Seite abgesteckt werden, damit die Geschäftsleute während des Winters, ohne Belästigung durch die Witterung, sich in dieselbe begeben können.

II. Theater

Wenn das Forum angelegt sein wird, dann ist zum Zweck der Schauspiele an den Festtagen der unsterblichen Götter ein Ort für das Theater auszuwählen, der möglichst gesund ist. Denn die Bürger werden, die ganze Zeit hindurch mit Weib und Kind bei den Spielen sitzend, durch die Ergötzung gefesselt, und die Körper, vor Vergnügen regungslos, haben offenstehende Poren, in welche die hergewehten Dünste eindringen, die, wenn sie von sumpfigen oder anderen ungesunden Gegenden herkommen, den Körpern einen schädlichen Hauch einflößen. Wenn man daher den Ort für das Theater etwas sorgfältig auswählt, kann man die nachteiligen Einflüsse vermeiden. Auch muß vorgesorgt werden, daß das Theater nicht den Einflüssen des Südens ausgesetzt sei; denn wenn die Sonne seine Rundung ausfüllt, wird die in der Krümmung eingeschlossene Luft, da ihr die Möglichkeit fehlt, herumzustreichen, durch das Verweilen warm und sengt und kocht aus den Körpern die Feuchtigkeit heraus und vermindert sie. Deshalb sind vorzugsweise die in diesen Stücken schädlichen Gegenden zu vermeiden und gesunde auszuwählen.

Die Zugänge müssen in großer Zahl und geräumig angelegt werden, und nicht so, daß die oberen mit den unteren in Verbindung stehen, sondern sie müssen von allen Plätzen aus ununterbrochen und gerade ohne Windungen geführt werden, damit das Volk, wenn es vom Schauspiel entlassen wird, nicht gedrängt werde, sondern von allen Plätzen aus gesonderte und unbehinderte Ausgänge habe. Auch muß man sorgfältig darauf sein Augenmerk richten, daß der Ort nicht dumpftönend sei, sondern daß an demselben die Stimme sich möglichst hell ausbreiten könne. Dies wird aber geschehen, wenn ein Ort ausgewählt ist, wo die Stimme nicht durch Widerhall gestört wird. . .

III. Anlage und Bestandteile der Bäder
Für's erste ist ein möglichst warmer Ort auszuwählen, welcher von Nord und Nordost abgewendet ist. Die warmen und lauen Bäder aber müssen ihr Licht von Südwest empfangen; wenn aber die natürliche Beschaffenheit des Ortes dies verhindert, so doch wenigstens gewiß von Süden, weil die Badezeit vorzugsweise von Mittag bis Abend festgesetzt ist; und ferner muß auch ins Auge gefaßt werden, daß die heißen Bäder für Frauen und Männer aneinander gefügt und in derselben Richtung angebracht werden; denn so wird erzielt werden, daß die Unterfeuerung für die Bottiche beiden gemeinschaftlich sei. Ueber der Unterheizung müssen drei eherne Bottiche, einer für heißes, der zweite für laues, der dritte für kaltes Wasser angebracht und so gestellt werden, daß aus dem Lauwasser- in den Heißwasserbottich so viel einfließt, als an warmem Wasser ausgetreten ist, und ebenso vom Kaltwasser- in den Lauwasserbottich; und auch die ausgehöhlten Vertiefungen des Baderaumes werden von der gemeinschaftlichen Unterfeuerung erwärmt.
Die schwebenden Fußböden der heißen Bäder sind so einzurichten, daß zuerst ein Pflasterboden aus anderthalb Fuß messenden Ziegelplatten gelegt werde, der eine Neigung zum Unterfeuerungsofen abwärts hat, so daß ein dort geworfener Ball nicht innerhalb des Gemaches liegen bleiben kann, sondern von selbst wieder zur Ofenmündung zurückrollt; so wird auch die Flamme leichter unter dem schwebenden Fußboden herumstreichen; darüber nun führe man aus achtzölligen Ziegeln Pfeiler auf, die so angeordnet sind, daß zweifüßige Ziegelplatten darüber gelegt werden können.
Die gewölbten Decken werden, wenn man sie aus Mauerwerk herstellt, zweckmäßiger sein; wenn aber Balkendecken angebracht werden, so muß eine Bekleidung aus gebranntem Ton darunter angefügt werden.
Die Größe der Bäder muß der Menschenmenge entsprechend gemacht werden.
Die Gänge um die Becken müssen so geräumig gemacht werden, daß, wenn die zuerst Angekommenen die Plätze eingenommen haben, die übrigen ringsum Wartenden bequem stehen können.
Die Schwitzbäder müssen mit dem lauen Bade in Verbindung gebracht werden, und diese sollen so breit sein, als sie in der Höhe messen bis zum Scheitel der halbkugelförmigen Wölbung, und in der Mitte dieses Halbkugelgewölbes lasse man eine Lichtöffnung, von welcher an Ketten eine eherne Scheibe herabhängen soll, durch deren Zurückziehen und Herablassen der Hitzegrad des Schwitzbades bestimmt werden kann.

[Vitruvius, Architektur, V 1; 3; 9-10]

Das Grabmal der Scipionen besteht aus einem tief in den Tuffhügel eingehauenen Gewölbe. In dieser Beziehung unterscheidet es sich nicht von den zeitgenössischen Grabanlagen der vornehmen Etrusker. Erstaunlich daran ist jedoch seine relative Einfachheit. Die Wände waren glatt verputzt und ohne Freskenschmuck, die Sarkophage aus schmucklosem Tuff und längs der Wände aufgereiht. Die einzige Ausnahme bildete ein Sarkophag, der mit einem dorischen Fries geschmückt war und eine reiche Gesimsgliederung aufwies. Das Vorbild dafür stammte nicht aus Etrurien, wie es nahegelegen hätte, sondern aus Großgriechenland; ähnliche Sarkophage hat man in Sizilien gefunden. Der Grund für die aufwendigere Gestaltung des Sarkophags war der, daß ihn Lucius Scipio Barbatus, der Erbauer des Hypogäums, für sich selbst bestimmt hatte. Er war, wie wir wissen, im Jahre 298 v. Chr. römischer Konsul und der erste der Scipionen, der hier beigesetzt wurde. Deshalb stand sein Sarkophag auch an gut sichtbarer Stelle unmittelbar gegenüber dem Haupteingang der Familiengruft.
Die im Vergleich zu den etruskischen Grabanlagen dieser Zeit ausgesprochene Armut des Materials und der Dekoration läßt eine bedeutungsvolle Zutat des Scipionen-Grabmals besonders hervortreten: die Inschrift. Auf dem ältesten Sarkophag war sie wohl ursprünglich nur kurz und enthielt außer dem Namen nur die Lebensdaten und die Amtsbezeichnung des Toten. Später wurde diese primitive Inschrift beseitigt und durch einen Saturnier, ein sechszeiliges Lobgedicht im antiken Metrum der lateinischen Poesie, ersetzt, das über diese Angaben hinaus die großen Taten des Verstorbenen schilderte. Auch andere Sarkophage wie der eines Sohnes des Barbatus, der das Amt eines Konsuls im Jahre 259 v. Chr. innehatte, tragen solche Versinschriften. Hier handelt es sich um die wichtigsten Beispiele der überlieferten Grabelogen, wie sie nach Auskunft der Quellen auch während der Beisetzungsfeierlichkeiten rezitiert wurden.
Sie sind charakteristisch für die ideologische Komponente der römischen Kunst, die unveränderlich feststeht, ob nun ihre Äußerungen qualitativ bescheiden sind (wie in den Arbeiten aus der frühen Zeit der Republik) oder anspruchsvoll (wie in den aufwendigen Kunstwerken der hellenistischen Periode). Ihr Endzweck ist in jedem Fall vorwiegend politischer und propagandistischer Natur. Dies manifestiert sich vor allem in den öffentlichen Bauten und Monumenten; aber auch private Kunstäußerungen wie das Grabmonument gehorchen dieser Regel. Wir wissen zum Beispiel, daß das Grabmal der Scipionen um die Mitte des 2. Jahrhunderts v. Chr., wahrscheinlich auf Veranlassung von Scipio Aemilianus, des Zerstörers von Karthago, die Funktion einer Gedenkstätte für die politisch namhaften Mitglieder der Familie bekam. Es erhielt jetzt eine monumentale Fassade, die mit Halbsäulen sowie allem Anschein nach mit den Statuen des Scipio Africanus, des Scipio Asiaticus und des römischen Dichters Ennius geschmückt war. Letztere (und vielleicht auch die beiden andern Statuen) war nach einer Äußerung Ciceros aus Marmor und mit ziemlicher Sicherheit das Werk eines griechischen Bildhauers. Bei dieser Gelegenheit ist wohl auch das Epitaph des Scipio Barbatus erneuert worden. Alles dies geschah in propagandistischer Absicht. Der Dichter Ennius, der hier in Marmor verewigt wurde, galt als der römische Homer und war der Verkünder der glorreichen Vergangenheit Roms. Vor allem in seinen späten Arbeiten, den «Annalen», verherrlichte er die Taten der bedeutendsten römischen Persönlichkeiten und insbesondere die politischen Leistungen der Scipionen. So nützte die Familie diese Gelegenheit, um ihren Namen mit dem des großen Dichters zu verbinden, indem sie ihm eine Statue widmete.
Die große Kunst in Rom, einerlei ob literarischen oder figurativen Charakters, hat immer eine politische Funktion. Sie sucht jene Lebensideale zu verkörpern, die den römischen Bürgern als die am meisten erstrebenswerten erschienen: die Laufbahn der *honores* durch den Erwerb eines staatlichen und militärischen Ranges, der das selbstverständliche Ziel eines jeden Mitglieds der herrschenden Klasse war. Das Ansehen der *gens* oder adligen Familie war umso größer, je mehr solcher Ämter in ihren Reihen vereinigt waren, am höchsten jedoch durch die Erreichung des ehrenvollsten Amts der Republik, der Konsulwürde. Um diesen Posten kämpfte man in einem erbitterten Wettbewerb, und es bildete sich jene Machtideologie heraus, in der ein Großteil der römischen Kunstäußerungen

wurzelt. In der Literatur sind es die Triumph- und Tischlieder sowie die Grabelogen, sämtlich aus der tieferen Absicht geschrieben, den Römern die Tugenden, den Ruhm und die Taten der Senatorenklasse vor Augen zu führen. Auf dem Feld der bildenden Kunst sind es die Reliefs und Gemälde geschichtlichen Inhalts sowie die Porträts bedeutender Persönlichkeiten, und auch die große Architektur dient zumeist der Verherrlichung der römischen Staatsidee. Hier kann man beobachten, daß sich schon sehr früh der Brauch herausbildete, neue Gebäude mit einer Widmung zur Feier eines Siegs oder eines gewonnenen Kriegs zu versehen. Ursprünglich sind solche Dedikationen wie überall religiös begründet. Der Bau wird der Gottheit zum Dank für ihren Beistand bei der Erringung des Sieges geweiht. Nach einem Sieg in besonderer vaterländischer Notlage konnte es vorkommen, daß der Feldherr in der Zeremonie der *devotio* sich selbst und die gefangenen Feinde den infernalischen Mächten zum Opfer darbot. In späterer Zeit traten diese Motive jedoch mehr und mehr zurück, und die Weihinschrift wurde zum Vorwand, um die öffentliche Bedeutung der Persönlichkeit des Spenders ins rechte Licht zu rücken. Besonders ausgeprägt war diese Tendenz in der Spätzeit der Republik, als der Gedanke der Größe des römischen Staats immer mehr zurücktrat vor der persönlichen Selbstbestätigung, die sich von Scipio Africanus bis zu Caesar zu einer Art gottähnlicher Selbstherrlichkeit steigerte.

Eroberungen im Osten und der Einfluß des Hellenismus

«Das besiegte Griechenland unterjochte den unkultivierten Sieger und brachte die Künste ins bäurische Latium.» Dieser berühmte Ausspruch des Horaz bedarf einer Erklärung. Die Hellenisierung der römischen Kultur begann, wenn wir seinen weiteren Angaben glauben dürfen, «nach den Punischen Kriegen», das heißt nach dem Krieg gegen Hannibal, der 201 v. Chr. beendet war. In den folgenden fünfzig Jahren fanden die Feldzüge statt, die zur Eroberung Griechenlands und Makedoniens sowie zur Besiegung der hellenistischen Herrscher Syriens führten. Der Zeitabschnitt endete mit der Zerstörung Korinths durch ein römisches Heer auf Befehl seines Feldherrn Lucius Mummius im Jahre 146 v. Chr. Die andern römischen Autoren sind sich darüber einig, daß in diesen Jahren der Sittenverfall in Rom einsetzte, und sie vertreten die Ansicht, daß die moralische Dekadenz durch die Einführung der hellenistischen Kultur ausgelöst wurde. Sie führen als genauere Daten dafür die Schlacht von Magnesia im Jahre 190 v. Chr., in der Scipio Asiaticus über den syrischen König Antiochus III. triumphierte, und die Besiegung der Galater in Kleinasien durch Manlius Vulso im Jahre 187 v. Chr. an. Was steht als geschichtliche Wahrheit hinter diesen Aussagen, und wie haben wir uns jenen Wandel wirklich vorzustellen?

Daß die griechische Kultur in Rom erst so spät Eingang gefunden hätte, ist nicht recht überzeugend. Wie wir bereits gesehen haben, stand es schon seit seinen Ursprüngen in Kontakt mit den Kulturen des östlichen Mittelmeers. Dieser war so lebhaft, daß einzelne griechische Historiker nicht anstanden, Rom für eine «hellenische Stadt» zu erklären. Und welchen tieferen Sinn sollte es auch gehabt haben, daß Rom sich erst im 2. Jahrhundert v. Chr. dem griechischen Einfluß geöffnet hätte?

Im 4. und 3. Jahrhundert stand die bildende Kunst Roms auf der breiten Grundlage einer Produktion, die praktisch auf der gesamten Halbinsel sehr ähnliche Erzeugnisse hervorgebracht hat. Diese kulturelle Gemeinsamkeit, bei der sich die einzelnen Kunstwerke nur wie die Dialekte einer Einheitssprache voneinander unterschieden, wurde nicht mehr als eine fremde, aus Griechenland importierte Darstellungsweise betrachtet, auch wenn die griechischen Wurzeln dieser italischen Kulturphase für uns heutige Menschen unverkennbar sind. Gegen Ende des 3. und zu Beginn des 2. Jahrhunderts setzte dann ein rascher Verfall der italischen Kultur ein, und ihre Kunstformen wurden durch andere abgelöst. Dieser Prozeß wird nur dann verständlich, wenn wir in einem kurzen Überblick die historischen Ereignisse dieser Periode an uns vorüberziehen lassen und uns die

Die Scipionengrabschriften

1. Eloge auf Scipio Barbatus (gestorben 27? v. Chr.)

Cornelius Lucius Scipio Barbatus, Sohn des Gnaeus, ein mächtiger und weiser Mann, dessen Anblick in jeder Weise seinem Wert entsprach, war Consul, Censor und Ädil unter euch, eroberte Taurasia und Cisauna in Samnium, unterwarf ganz Lucanien und nahm daraus Geißeln.

2. Eloge auf den Sohn des Scipio Barbatus (gestorben um 230 v. Chr.)

Lucius Cornelius Scipio, Sohn des Lucius, Ädil, Konsul und Censor. Über ihn allein ist die große Mehrzahl der Römer sich einig in dem Urteil, daß er, Lucius Scipio, Sohn des Barbatus, der beste der Optimaten war. Er eroberte Corsica und die Stadt Aleria und weihte zum Dank für empfangene Gnade den Windgöttern einen Tempel.

3. Eloge auf den Sohn des Scipio Africanus (gestorben um 165 v. Chr.)

Du, der du die ehrenvolle Kopfbedeckung des Iuppiterpriesters getragen hast, der Tod machte, daß alles, deine Ehre, dein Ansehen, dein Ruhm, deine Tapferkeit und deine Klugheit, nur von kurzer Dauer waren. Wenn es dir vergönnt gewesen wäre, dich ihrer während eines langen Lebens zu erfreuen, so hättest du mit deinen Taten leicht den Ruhm deiner Vorfahren übertroffen. So empfängt die Erde willig in ihren Schoß dich, Publius Cornelius Scipio, Sohn des Publius.

4. Eloge auf den Sohn des Scipio Hispanus (gestorben um 160 v. Chr.)

Lucius Cornelius Scipio, Sohn des Gnaeus. Dieser Sarkophag von Stein beherbergt große Weisheit und viele Tugenden, beides in noch jugendlichem Alter. Hier ruht jemand, der des Lebens, nicht der Ehre ermangelt, um Großes zu vollbringen, denn er wurde nie an Tapferkeit übertroffen. Im Alter von zwanzig Jahren wurde er in diese Gruft gebettet. Fragt nicht, ob er sich mit Ruhm bedeckt habe, da er nicht die Zeit hatte, ihn zu erlangen.

5. Eloge auf Gnaeus Cornelius Scipio Hispanus (den Bruder des Vorigen, gestorben um 130 v. Chr.)

Gnaeus Cornelius Scipio Hispanus, Sohn des Gnaeus, Prätor, Curulischer Ädil, Quästor, zweimal Militärtribun, Decemvir für die Urteilsfindung in Streitfällen, Decemvir für die Opferhandlungen. Ich vereinigte in mir die Tugenden meines Geschlechts, ich habe Söhne gezeugt, ich habe gleichwie mein Vater große Taten vollbracht. So erlangte ich das Lob meiner Vorfahren, so daß sie sich freuen können, mich erzeugt zu haben. Die Auszeichnungen, die ich erhielt, haben mein Geschlecht geadelt.

Rom. Sarkophag des Cornelius Scipio Barbatus (eine Kalksteinkopie, die heute an der ursprünglichen Stelle, dem Begräbnisplatz der Scipionen an der Via Appia, steht, während sich das Original in den Vatikanischen Museen befindet). Es handelt sich um ein meisterhaftes Werk aus dem 3. Jahrhundert, das vermutlich einem Künstler aus Magna Graecia oder Sizilien zuzuschreiben ist. Auf dem Deckel sind die berühmten Verse zur Verherrlichung der großen Taten des unter dem Beinamen Scipio Africanus bekannten Feldherrn eingemeißelt, der schon im dritten Samnitenkrieg mitgekämpft hatte.

Versuche zu einer gerechten Landverteilung

Die Römer pflegten das Land, das sie ihren Nachbarn im Kriege abnahmen, zum einen Teil zu verkaufen, zum andern in Staatsbesitz überzuführen und dann bedürftigen Bürgern oder solchen ohne eigenen Boden gegen eine geringe Abgabe an die Staatskasse zur Nutzung zu überlassen. Als jedoch die Reichen anfingen, den Pachtzins in die Höhe zu treiben und die Armen von ihrer Scholle zu verdrängen, wurde ein Gesetz erlassen, welches bestimmte, daß niemand mehr als fünfhundert Morgen Land besitzen dürfe. Für kurze Zeit tat diese Vorschrift der Habgier Einhalt und half den Armen, welche auf den gepachteten Höfen blieben und den Anteil des staatlichen Bodens bewirtschafteten, den sie von jeher besessen hatten. Später aber brachten die reichen Nachbarn durch vorgeschobene Mittelsmänner die Pachtverträge in ihre Hände und verwalteten schließlich das meiste ganz offen als eigenen Besitz. Aus ihren Heimwesen gejagt, taten die Armen ihre Soldatenpflicht nur noch mit Widerwillen und zeigten auch keine Lust mehr, Kinder großzuziehen, so daß ganz Italien binnen kurzem die freie Bevölkerung zurückgehen sah, während das Land sich mit den Kasernen ausländischer Sklaven bedeckte, welche nunmehr die Ländereien bestellten, aus denen die Reichen ihre Mitbürger vertrieben hatten.
Schon Scipios Freund Gaius Laelius hatte einen Reformversuch unternommen, aber aus Angst vor Unruhen wieder aufgegeben.
Als Tiberius zum Volkstribun gewählt war, wandte er sich sogleich dieser Aufgabe zu.
[Plutarch, Lebensläufe, Die Gracchen, 8]

Veränderungen der Sozialstruktur vergegenwärtigen, die dadurch herbeigeführt wurden.
Die Grundlage der römischen Gesellschaft – und das gilt auch weitgehend für das übrige Italien – war die Klasse der kleinen und mittleren Landbesitzer, die auch den Kern der Legionen bildete und der das Hauptverdienst für die Siege der Römer über die mächtigen Reiche des östlichen und westlichen Mittelmeerraums zukam. Aber just im Augenblick ihres größten Triumphes, mit dem Sieg über Hannibal und Karthago, geriet diese breite tragende Schicht des römischen Staates in eine Krise. Die unablässigen Kriege und die Verwüstungen des Zweiten Punischen Krieges, die sich über viele Jahre hinzogen, machten es den als Legionären kämpfenden Bauern kaum noch möglich, ihre Felder zu bestellen. Ihre Ernte wurde zudem häufig vom Feind vernichtet, oder sie wurden aller Vorräte beraubt. Dies führte zu einer völligen Verarmung der Bauern. Um zu überleben, mußten sie Schulden machen, und da es ihnen unmöglich war, ihre Verpflichtungen gegenüber ihren Geldgebern einzuhalten, verloren sie ihren Besitz nach und nach an eine Anzahl von reichen Familien, die durch Kriegsbeute oder durch die Verwaltung der Provinzen noch wohlhabender geworden waren. Allmählich verschwand die Schicht der Kleinbauern und wurde notgedrungen zum städtischen Proletariat, während sich der größte Teil des italischen Bauernlandes in Latifundien verwandelte, die im Besitz weniger Familien waren. Diese Familien bemächtigten sich der politischen Führung in Rom, das von nun an oligarchisch regiert wurde. Mit der Bewirtschaftung ihrer Latifundien beauftragten sie einen Verwalter, und dieser ließ das Land von Sklaven bearbeiten, die nach den Eroberungskriegen leicht zu haben waren. So bestand nicht mehr die alte Identität zwischen Bauer und Soldat, und durch die Sonderfunktion des Heeres innerhalb des Staats war der Soldat vom Leben der Bürger weitgehend abgeschnitten. Marius zog daraus am Ende des 2. Jahrhunderts die Konsequenzen und verwandelte das römische Militär in ein Berufsheer, das nunmehr stärker an die Person seines Anführers gebunden war als unmittelbar an den Staat.
Magna Graecia und Südetrurien litten besonders schwer unter der wirtschaft-

lichen Krise, vor allem jedoch die Städte, die in den vorausgehenden Jahrhunderten die kulturellen Zentren gewesen waren. Croton, Locri, Metapontium, Tarquinia und Cerveteri verschwanden praktisch von der Landkarte. Bezeichnend war die Behandlung von Tarent nach seiner Eroberung durch die Römer im Verlauf des Zweiten Punischen Krieges. Nach einer langen, mit großer Grausamkeit durchgeführten Belagerung wurde die Stadt 209 v. Chr. eingenommen und zerstört. Viele Einwohner wurden getötet und 30000 Überlebende als Sklaven verkauft. So blieb von Tarent, das als Übermittlerin griechischer Kultur eine Hauptrolle gespielt hatte, nichts übrig als eine provinzielle Landstadt, die ihre alte Bedeutung nie wiedererlangte. Die jüngsten Ausgrabungen haben diesen allgemeinen Zusammenbruch bestätigt. Im Gebiet von Metapontium stieß man auf regelmäßig eingeteilte Landflächen, die auf das 6. Jahrhundert datiert werden konnten. Die Römer bezeichneten diese für je hundert Ansiedler vorgesehene Vermessung als *centuria.* Sämtliche Bauernstellen zeigten eine fortgesetzte Besiedlung bis zum Ende des 3. Jahrhunderts v. Chr. und waren dann plötzlich verlassen worden. Dieser Zeitpunkt entspricht dem des Zweiten Punischen Kriegs. In der alten Welt, in der die grundlegende Wirtschaftsform die Landwirtschaft darstellte, sind solche Erscheinungen ein Zeichen für eine völlige staatliche Auflösung. Magna Graecia existierte nicht mehr. Die Römer bemühten sich im Laufe des 2. Jahrhunderts v. Chr. vergeblich um eine Wiederbelebung ihrer blühenden Kolonie. Sie versuchten es mit neuen Ansiedlungen in Sybaris und Tarent, aber mit geringem Erfolg. Magna Graecia, Sizilien und Etrurien wurden jetzt zu großen Latifundiengebieten mit Scharen von Sklaven, und streckenweise blieb das Land auch als bloßes Weideland unbebaut liegen. Alle diese Sklaven, die fern vom Land ihres Ursprungs zu einer kümmerlichen Existenz bloßen Überlebens verurteilt waren, haben nicht die geringsten Spuren kultureller Leistungen hinterlassen. Die Geschichte bewahrt jedoch die Erinnerung an die verzweifelten Sklavenaufstände, die in den beiden letzten Jahrhunderten der römischen Republik Magna Graecia und Sizilien erschütterten. Im übrigen übermittelt uns die antike Historiographie, die ja vom Standpunkt der herrschenden Klasse aus geschrieben ist, nur sehr vage Berichte über jene Periode, wenngleich diese die ökonomische Grundlage für das Römische Imperium bildete. Diese Berichte enthalten geschichtlich kaum etwas Greifbares, schon garnichts über die Situation der Kunst. Trotzdem sind die negativen Auswirkungen des Sklavensystems für die römische Gesellschaftsgliederung klar erkennbar; sie spiegeln sich in einem künstlerischen Leerlauf.
Einer Minderheit von führenden Familien stand nun ein ungeheuer zahlreiches städtisches Proletariat und ein Berufsheer gegenüber, das für politische Abenteurer ein ideales Betätigungsfeld darstellte. Die herrschende Klasse hatte überdies die schwierige Aufgabe, für das reibungslose Funktionieren eines ungeheuren Weltreichs zu sorgen. Sie bedurfte dazu der kulturellen Modelle, da in einer agrarisch-militärischen Gesellschaftsordnung, wie sie das Rom der Vergangenheit aufwies, solche Erfahrungen noch fehlten. Derartige Modelle gab es in den monarchisch regierten Reihen der hellenistischen Welt, in Makedonien, Syrien und Ägypten. Mit ihrer Hilfe ließen sich Machtansprüche philosophisch rechtfertigen, und ihr Kulturniveau war ausgesprochen hoch. Jedoch die einfache Übernahme dieser Vorbilder war schon deshalb unmöglich, weil sie auf monarchisch-absolutistischen Prinzipien beruhten, die der römischen Mentalität fremd waren. Hier hatte seit Alexander dem Großen der Herrscher die Aura der Gottähnlichkeit bis zu einem Grad, daß er manchmal schon zu Lebzeiten göttliche Verehrung genoß. An Versuchen in dieser Richtung fehlte es auch in Rom nicht, aber es blieb immer nur bei verhältnismäßig schüchternen Anläufen, die dem größten Mißtrauen begegneten. Die in der Tradition tiefverwurzelte Nüchternheit des Römers ließ solche bizarren Übertreibungen nicht zu. Das wurde in dem Augenblick besonders deutlich, als Caesar seine kühne Neuerungssucht mit dem Leben bezahlte. In Rom mußte jede erfolgversprechende Revolution im Zeichen der Rückkehr zu den guten alten Sitten der Vorfahren stehen.
Die Kultur, die sich in den hellenisierenden Kreisen Roms, etwa bei den Scipionen, im Verlauf des 2. Jahrhunderts herausbildete, war weder eine einfache Übernahme noch eine bloße Weiterentwicklung der griechischen Kultur im römischen Bereich. Die Römer waren viel zu klug, um eine fremde Kultur unkritisch hin-

Weibliche Sitzfigur in Terrakotta. Teil einer in Rom an der Via San Gregorio gefundenen Dekoration eines Tempelgiebels. Um 130 v. Chr. Rom, Musei Capitolini, Braccio Nuovo.

Rom. Marmorner Rundtempel in der Nähe des Tibers, vielleicht dem Hercules Victor geweiht, vermutlich vom Ende des 2. Jahrhunderts v. Chr. und einem in Rom tätigen, griechischen Baumeister zuzuschreiben.

zunehmen, auch wenn sie der ihren überlegen war. Dem anfänglichen philhellenischen Enthusiasmus folgte sehr rasch eine Periode ruhiger Überlegung und wertender Auswahl. Aus den Schriften des Censors Cato, des Hauptgegners einer wahllosen Gräzisierung, spricht nicht nur der Groll des Reaktionärs. Cato war alles andere als bildungsfeindlich. Er verfügte über ein reiches Wissen auf dem Gebiet der griechischen Kunst und Literatur, auch wenn er es vorzog so zu tun, als halte er wenig davon, genau wie es später auch Cicero hielt. Was sich hier abspielte, war eine prüfende Auswahl unter dem griechischen Bildungsgut, je nachdem es den römischen Lebensvorstellungen gemäß war. Daß sich diese kritische Haltung bewährte, zeigt sich in der einhelligen Ablehnung einer Rede, die der griechische Philosoph Carneades 155 v. Chr. in Rom über die Gerechtigkeit hielt. Darin hatte er es gewagt, die guten Absichten des römischen Imperialismus in Zweifel zu ziehen; das hatte seine sofortige Ausweisung zur Folge. Dagegen fand Panezius von Rhodos viel Beifall, Bewunderung und Protektion, weil er sich bemühte, die stoische Philosophie den Bedürfnissen der römischen Gesellschaft anzupassen. In kurzer Zeit wurde der Stoizismus zur offiziellen Philosophie der römischen Staatsführung.

Bruchstück eines Trophäenreliefs aus der Republikanischen Periode vom Kapitol. 2. bis 1. Jahrhundert v. Chr. Links ist ein mit einem Medusenkopf und Viktorien geschmückter Brustpanzer wiedergegeben. Rechts folgt ein Rundschild mit dem Kopf der Minerva, der von Trophäen gerahmt ist. Es handelt sich um ein hellenistisches Werk, das vom Material her gesehen ägyptischer Herkunft sein könnte. Rom, Musei Capitolini, Braccio Nuovo.

Beispiel eines römischen Triumphs

In den Theatern für Pferderennen, die sie Zirkusse nennen, und um den Markt schlug sich das Volk Gerüste auf, besetzte auch alle anderen Teile der Stadt, von wo man einen guten Blick auf den Festzug hatte, und schaute in sauberer Festkleidung zu. Jeder Tempel war geöffnet und voll von Kränzen und Räucherwerk, und viele Diener und Schutzleute drängten diejenigen, die ohne Ordnung in der Mitte zusammen- und durcheinanderliefen, beiseite und hielten die Straßen frei und offen.
Der festliche Umzug war auf drei Tage verteilt, von welchen der erste kaum für die erbeuteten Bildsäulen, Gemälde und Kolossalstatuen ausreichte, die auf zweihundertfünfzig Wagen vorbeigefahren und zur Schau gestellt wurden. Am folgenden Tag wurden die schönsten und kostbarsten der makedonischen Waffen auf vielen Wagen vorgeführt, die an sich schon vom Schimmer neupolierten Erzes und Eisens glänzten und mit absichtsvoller Kunst so zusammengelegt waren, daß es aussah, als habe man sie beliebig, wie es kam, übereinandergeworfen: Helme neben Schilden, Panzer über Beinschienen, kleine kretische und geflochtene thrakische Schilde und Köcher vermengt mit Zaumzeug für Pferde, dazwischen blanke Schwerter hervorragend und lange Lanzen zur Seite angebracht, alle diese Waffen mit solchen Zwischenräumen angeordnet, daß sie beim Fahren zusammenstießen und wild und furchtbar klirrten und ihr Anblick auch, nachdem sie besiegt waren, noch Schrecken erregte. Hinter den Wagen mit den Waffen marschierten dreitausend Männer mit Silbergeld in siebenhundertfünfzig Gefäßen von je drei Talenten Gewicht, deren jedes von vier Mann getragen wurde. Andere trugen silberne Mischkrüge, Trinkhörner, Schalen und Becher, wohlgeordnet für die Betrachtung und alle von außerordentlicher Größe und Schönheit der getriebenen Arbeit.
Am dritten Tage gleich frühmorgens zogen Trompeter auf, die aber nicht eine friedliche Festweise anstimmten, sondern diejenige, mit der die Römer sich zum Kampfe anspornen lassen. Hinter diesen wurden hundertzwanzig gemästete Ochsen mit vergoldeten Hörnern geführt, geschmückt mit Bändern und Kränzen. Die jungen Männer, die sie führten, schritten einher im Schmuck schöngewebter Schurze für die Opferhandlung und mit ihnen Knaben, die silberne und goldene Opferschalen trugen.

Fragment eines großen Grabmonuments mit der Darstellung einer historischen Szene. 40-30 v. Chr. Rom, Musei Capitolini, Braccio Nuovo.

Ein ähnlicher Vorgang ist auf dem Gebiet der bildenden Kunst zu beobachten. Auch hier wird nichts blind übernommen, sondern man trifft eine stufenweise und differenzierte Auswahl.
Zahlreiche griechische Originale waren nach den Kämpfen gegen Karthago und die hellenistischen Königreiche als Beutestücke mitgeführt worden. Die Eroberungen von Syrakus im Jahre 211 v. Chr. und von Tarent im Jahre 209 v. Chr. bezeichnen den Beginn dieses Kunstraubs. Mit der Zeit sammelten sich große Mengen griechischer Kunstwerke von der archaischen bis zur hellenistischen Periode in Rom an, und bei den Gebildeten machte sich ein immer stärkeres Interesse dafür bemerkbar, das sich durch die Anwesenheit griechischer Künstler und Schriftsteller in Rom noch erhöhte. Aber auch in diesem Fall gewann nach der ersten Begeisterung der praktische Sinn der Römer die Oberhand. Man erkannte sowohl die Gefahren als auch die Vorteile der neuen Situation. Die schwerer zu integrierenden Bestandteile der hellenistischen Kunst verfielen der Ablehnung oder fanden höchstens im privaten Bereich Anerkennung. Auf der Ebene der repräsentativen Öffentlichkeitskunst, der großen Architektur, der Kultbilder, der Malerei und Bildhauerkunst mit historischer Thematik traf man eine klare Entscheidung. Man übernahm jene strengere Sprache der Kunst, deren Schönheitskanon durch die großen Vorbilder des 5. und 4. Jahrhunderts bestimmt war. Sie entsprach weit mehr den elitären Ansprüchen der herrschenden Aristokratie als die ungebändigte Formenvielfalt des Hellenismus, die für das einfache Volk vielleicht garnicht so abstoßend gewesen wäre. Obwohl sie ohne jeden Einfluß in solchen Geschmacksfragen waren, bestimmten auf die Dauer jedoch die Bedürfnisse der Massen die kulturelle Entwicklung der Stadt.
Wie schon erwähnt, hatte die mangelnde Existenzgrundlage die Bauern zur Abwanderung aus Latium nach Rom gezwungen, und dies ergab nicht vorauszusehende Probleme. In wenigen Jahrzehnten veränderte Rom völlig sein Gesicht. Einerseits wuchsen riesige Wohnquartiere aus der Erde, in denen sich die arme Bevölkerung zusammendrängte. Anderseits wurden mit großem Aufwand öffentliche Einrichtungen projektiert, um dem Bevölkerungsdruck ein Ventil zu schaffen. Zu diesen umfangreichen Planungen gehörte das Marsfeld, wo insbesondere in der Umgebung des Circus Flaminius Säulenhallen, Parkanlagen und Tempelbauten entstanden. Mit ihrem Bau und ihrer Ausschmückung wurden griechische Baumeister, Bildhauer und Maler betraut. Ein besonders bemerkenswertes Beispiel dieser Neubauten war ein Rundtempel auf dem Forum Boarium, der vermutlich mit dem mehrfach erwähnten Herkules-Tempel identisch ist und den die jüngste Forschung einem griechischen Baumeister des 2. Jahrhunderts zugewiesen hat. Es handelt sich wahrscheinlich um Hermodoros von Salamis, der in diesen Jahren in Rom tätig war und auf dem Marsfeld zwei Tempel sowie den römischen Kriegshafen, die *navalia,* erbaute. Man hat sein Schaffen aufgrund der überlieferten Quellen auf die Jahre zwischen 146 und 102 v. Chr. eingegrenzt. Die um die gleiche Zeit in Rom tätigen Bildhauer waren meist attischer Herkunft; zum Teil kamen sie auch aus Rhodos. Dazu gehörten Timarchides, der um 179 v. Chr. hier wirkte, sowie dessen Söhne Polykles und Dionysos und schließlich Skopas der Jüngere. Ihre Tätigkeit erstreckte sich bis in die Anfangsjahre des 1. Jahrhunderts v. Chr. Der Skopas-Werkstatt läßt sich möglicherweise jenes erste historische Relief zuweisen, das wir in Rom kennen, die sogenannte «Ara des Domitius Enobarbus». Seine beiden Teilstücke befinden sich im Louvre und in der Münchner Glyptothek. Dargestellt ist ein Zug von Meeresgöttern und ein *lustrum,* jener feierliche Staatsakt auf dem Marsfeld, der die alle fünf Jahre wiederholte Registrierung der Bürgerschaft zum Inhalt hatte. Wahrscheinlich hat das Relief am Neptun-Tempel als Basis für die Statuen des Neptun und der Amphitrite gedient. Dessen Lage zwischen dem Circus Flaminius und dem Hafen war für diesen Kult das Gegebene. Erstaunlich ist dagegen, daß das erste historische Relief mit typisch römischem Inhalt das Werk eines griechischen Künstlers gewesen sein soll. In der Tat gibt es nur einen einzigen Vorläufer dieser Form des Reliefs in Griechenland. Es ist der behauene Pilaster, der in Delphi zu Ehren des Lucius Aemilius Paulus nach seinem Sieg bei Pydna über Perseus, den König von Makedonien, errichtet wurde. Dieses Relief war ebenfalls das Werk eines griechischen Künstlers für einen römischen Auftraggeber. Wir sehen also, daß derartige Kunstwerke

Heiligtum der Fortuna Primigenia in Praeneste. Blick über den heute überbauten Standort des umfangreichen hellenistischen Tempels. Er bedeckte mit seinen Terrassen und Säulenhallen den gesamten Hang, auf dem jetzt Palestrina liegt.

nicht so sehr durch die nationale Herkunft und den kulturellen Hintergrund ihres Schöpfers bestimmt waren als durch die Wünsche ihrer Auftraggeber. Diese Arbeiten dürfen trotz ihres griechischen Urhebers ohne weiteres als römisch bezeichnet werden, zumindest in ihrer darstellerischen Absicht. Es ist naheliegend, daß der römische Inhalt und die griechische Form in einem gewissen Gegensatz zueinander standen, da sie nicht der gleichen Wurzel entsprangen. Einige Zeit mußte noch vergehen, ehe sich eine formal eigenständige römische Kunst entwickelte. Das 2. Jahrhundert v. Chr. ist eine Zeit der tastenden Vorbereitung, während die wirklich selbständigen, aus römischem Geist geschaffenen Kunstwerke erst mit dem Beginn des 1. Jahrhunderts, dem Zeitalter Sullas, zu verzeichnen sind. Ähnliche Beobachtungen lassen sich bei den großen Tempelbauten machen, die in dieser Periode in Latium entstanden sind. In ihnen erneuern sich in der großzügigen Formensprache des Hellenismus uralte antike Kulte wie zum Beispiel der Kult der Fortuna Primigenia in Praeneste, der des Hercules Victor in Tivoli und der des Iuppiter Anxur in Terracina.

Der Tempel von Praeneste als das bemerkenswerteste und besterhaltene dieser Heiligtümer bildet ein Schlüsselbeispiel für das Verständnis und die Bewertung des hellenistischen Einflusses. In seiner riesigen Ausdehnung nahm er die gesamte Flanke des Berges ein, über die sich heute die Stadt Palestrina mit ihren Treppen und übereinanderliegenden Terrassen ausbreitet. Der obere Komplex des Heiligtums war mit seinen Säulenhallen und Bogenführungen über einer hohen Stützmauer gegen den Berg hin errichtet und endete in einem Halbrund von Amphitheater-Charakter. Sein unterer Teil war durch die mittelalterliche Stadt fast völlig überbaut. Durch die Zerstörungen des letzten Krieges wurden jedoch wesentliche Partien davon freigelegt wie die berühmte Orakelgrotte der Fortuna Primigenia. Die anschließenden Untersuchungen haben für die Bauzeit des Tempels zwei unterschiedliche Chronologien ergeben. Man verlegte ihn einerseits in die Mitte des 2. Jahrhunderts, anderseits in die Zeit nach der Zerstörung der Stadt durch Sulla im Jahre 82 v. Chr. Neuerdings neigt man mehr der früheren Da-

An diese schlossen sich die Männer, welche die heilige Schale emporhielten, die Aemilius aus zehn Talenten Gold, geschmückt mit Edelsteinen, hatte herstellen lassen, und diejenigen, welche die Becher und das sonstige goldene Tafelgeschirr des Perseus vorwiesen. Auf diese folgte der Wagen des Perseus, seine Waffen und, auf den Waffen liegend, sein Diadem. Dann endlich wurden, nach einem kleinen Zwischenraum, die Kinder des Königs als Gefangene einhergeführt und mit ihnen die Menge ihrer Wärter, Lehrer und Erzieher, die tränenüberströmt selbst ihre Arme nach den Zuschauern ausstreckten und die Kinder ermahnten, ebenfalls zu bitten und zu flehen. Es waren zwei Knaben und ein Mädchen, wegen ihres zarten Alters noch nicht fähig, die Größe ihres Unglücks zu ermessen.

[Plutarch, Lebensläufe, Aemilius Paulus, 32-33]

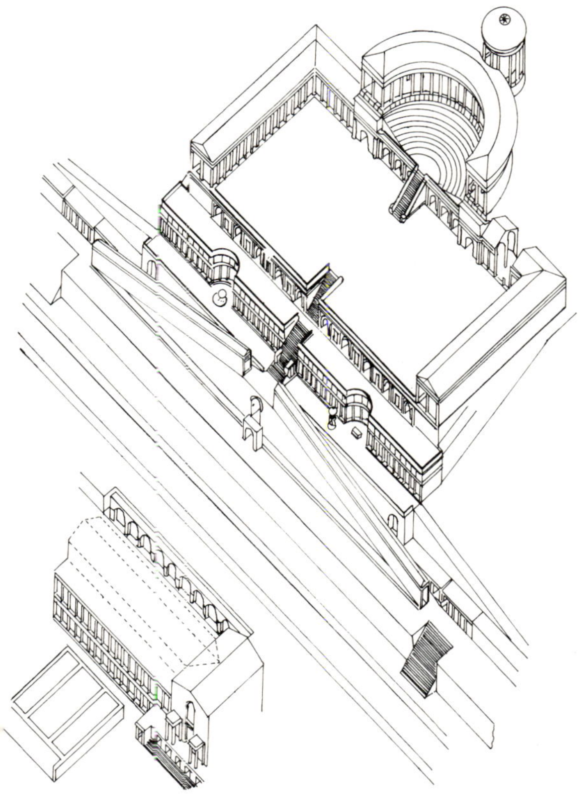

Palestrina (das antike Praeneste). Axonometrische Darstellung vom Heiligtum der Fortuna Primigenia (130-110 v. Chr.)

tierung ins letzte Viertel des 2. Jahrhunderts zu. In der Gruppe der aus dieser Periode hinterlassenen latinischen Bauten wäre der Fortuna-Tempel dann der älteste uns bekannte und als ein für seine Zeit typischer von besonderer Bedeutung. Das Grundproblem bliebe aber auch dann seine Definition als römische oder hellenistische Architekturschöpfung. Es deutet alles darauf hin, daß solche genauen Bestimmungen in einem Augenblick der Begegnung der römisch-italischen mit der hellenistisch-griechischen Kultur nicht möglich sind. Ehe hier eine Antwort versucht wird, sollten lieber die konkreten Zusammenhänge näher ins Auge gefaßt werden.

Es liegt auf der Hand, daß der Tempel von Praeneste ohne hellenistische Vorläufer, besonders in Kleinasien und auf den ägäischen Inseln, nicht zu denken ist. Vergebens würden wir solche Vorbilder im italischen Raum oder selbst in Magna Graecia suchen. Diese Archtekturformen erscheinen in Latium plötzlich wie aus dem Nichts und trotzdem im Stadium völliger Reife. Hier von schöpferischer Originalität und Neuartigkeit zu sprechen, wie man es getan hat, ist im Lichte dessen, was wir inzwischen über die Geschichte dieser Periode wissen, beinahe grotesk.

Beispiele solcher umfangreicher Tempelarchitekturen finden sich in Pergamon und vor allem im Asklepios-Heiligtum in Kos. Deutliche Parallelen zeigt auch die bauliche Anordnung der Akropolis von Lindos auf Rhodos. Die Tempelanlage von Praeneste stellt, soweit sie sich von diesen älteren Bauten unterscheidet, nur eine logische Weiterentwicklung des Vorhandenen dar. Die symmetrische Beziehung aller Bauteile auf eine Mittelachse, in der man mit vereinfachendem Dogmatismus eine Gesetzmäßigkeit der römischen Architektur erblicken wollte, ist ebenso in den erwähnten hellenistischen Bauten schon vorhanden, insbesondere in der Akropolis von Lindos. Das Neue an Praeneste im Vergleich zu seinen griechischen Vorläufern ist eher auf technischem Gebiet zu suchen, etwa in der allgemeinen Verwendung von Gußmauerwerk für die Gewölbe. Dies ist eine auf örtlichen Erfahrungen beruhende Neuerung. Es darf jedoch nicht über-

sehen werden, daß es sich hier um eine untergeordnete Erscheinung handelt, die nach außen hin nicht in Erscheinung trat, da sie durch die traditionellen Schmuckelemente der griechischen Architektur, Architrave, horizontale Gesimse und Kolonnaden, verdeckt war. Erst geraume Zeit später erkannte man die ästhetischen Möglichkeiten dieser neuen Technik, und statt sie wie bisher zu verbergen, neigte man dazu, sie nicht nur offen zu zeigen, sondern ihren Schönheitswert besonders herauszustellen. Ähnliche Prozesse sind in der Geschichte der Architektur nicht selten, – man denke etwa an die heutige Beliebtheit von Sichtzement. Den Schluß, den wir aus unseren Beobachtungen zu ziehen haben, ist, daß der Baumeister von Praeneste kein Römer war, sondern ein Grieche, der sich örtlicher Bauhandwerker bediente, wobei diese ihnen bekannte Techniken anwandten, ohne jedoch seinen Formenkanon zu durchbrechen. Der einzige uns namentlich bekannte Baumeister dieser Periode, Hermodoros von Salamis, wirkte in Rom. Sollte er nicht ein Cypriote gewesen sein? Wie in der Architektur und Skulptur Roms dürfen wir auch im Fortuna-Tempel von Praeneste ein typisches Beispiel für den Import griechischer Modelle sehen, die in technischer Hinsicht bereits adaptiert werden. Erst aus der Verschmelzung ihrer Bauideen mit römischem Geist entwickelte sich die römische Architektur.
Dieses Stadium begann mit dem Beginn des 1. Jahrhunderts v. Chr. im Zeitalter Sullas. Die Bauten, die man dieser Periode zuweisen konnte, zeigen, daß die Römer die hellenistische Lektion nicht nur aufs beste gelernt hatten, sondern sich außerdem der vorhandenen Möglichkeiten ihrer örtlichen Bautradition fruchtbringend bedienten. Die wichtigsten uns bekannten Bauschöpfungen sind der Tempel des Hercules Victor in Tivoli, der Tempel des Iuppiter Anxur in Terracina und das Tabularium in Rom. Sie sind alle in den ersten Dezennien des 1. Jahrhunderts entstanden, und in ihnen taucht zum erstenmal ein typisch römisches Architekturproblem auf, das eine beherrschende Konstante bleiben sollte, die Beziehung zwischen Säulenordnungen und Bögen. Der isolierte oder gereihte Bogen, zwischen Halbsäulen und Architrav eingebunden, wurde zur generellen Lösung für die Gestaltung der Fronten sämtlicher öffentlicher Gebäude der Römer, sowohl bei ihren Tempeln als auch bei Theatern, Amphitheatern und Torbauten. Jetzt war außerdem das Gewölbe nicht mehr bloß eine technische Errungenschaft, sondern es hatte seine besondere formale Würde erhalten. Die Verbesserung des Mörtels und anderer Materialien erlaubte die immer zuverlässigere und vielseitigere Anwendung der Wölbetechnik, die bei allen nur möglichen Gelegenheiten benutzt wurde, nicht nur bei Tempeln, sondern auch für die Untergeschosse der Häuser, im Brücken- und Hafenbau, bei Theatern und Amphitheatern. Die erste große Epoche der römischen Architektur in der Zeit zwischen Sulla und Julius Caesar bereitete den Boden für die Verwirklichung der großen architektonischen Aufgaben der Kaiserzeit. Die neue hauptstädtische Kultur fand im übrigen Italien durch die Vermittlung der römischen Kolonien rasche Verbreitung. Kolonien und Munizipien wurden von Rom aus mit großer Systematik überall gegründet. Hierbei wiederholte man die politisch-administrative Struktur der Hauptstadt, was sich rein äußerlich im Stadtplan und den öffentlichen Gebäuden manifestierte. In der Mitte der Stadt lag das Forum, oberhalb von ihr ein Capitolium als Ort des Kults der Kapitolinischen Trias Jupiter, Juno und Minerva, jenes typischen römischen Staatskults. Es gab eine Curia als Stätte der Zusammenkunft des örtlichen Senats und eine gedeckte, nach den Seiten offene Basilika für die Gerichtssitzungen und öffentlichen Versammlungen der Bürger. Letztere, schon ihrer Bezeichnung nach griechischen Ursprungs im Sinne von «Haus des Königs», tritt zum erstenmal zu Beginn des 2. Jahrhunderts in Erscheinung. In Rom selbst ist das früheste Beispiel dafür die Basilica Porcia, die 184 v. Chr. unter dem Censor Porcius Cato erbaut wurde.

Rom. Tabularium. Das an der Rückseite des Kapitols gelegene Gebäude bildet den monumentalen hinteren Abschluß des Forums. Im Zeitalter Sullas von Lutatius Catulus erbaut und 78 v. Chr. geweiht, diente es als römisches Staatsarchiv. Errichtet wurde es an der Stelle von Gebäuden, die 83 v. Chr. verbrannten, darunter auch der Tempel des Iuppiter Capitolinus.

Links:
Cori. Dorischer Tempel, wahrscheinlich Herkules geweiht. Um 100 v. Chr. Typisches Beispiel eines hellenistisch-römischen Bauwerks.

Die öffentlichen Gebäude der Provinzstädte, sowohl der Munizipien (deren Bewohner sich des römischen Bürgerrechts erfreuten) als auch der Kolonialstädte, hatten kein individuelles, von ihrer lokalen Umgebung beeinflußtes Gepräge, sondern waren zumindest in dieser Periode noch eine bloße Wiederholung ihrer Vorbilder in Rom. Wir befinden uns in einer Zeit der ökonomischen, politischen und sozialen Zentralisierung, die von der Hauptstadt ausgeht. Eine italisch-etruskische Kultur hatte aufgehört zu bestehen. Zum Beweis dafür kann eine Anzahl von Tempelterrakotten dienen (heute im Museo Archeologico in Florenz), die in Luni gefunden wurden, einer im Jahre 177 v. Chr. gegründeten römischen Kolonie. Sie zeigen ebenso deutlich die Hand attischer Meister wie eine Gruppe ähnlicher Stücke aus der Via San Gregorio in Rom, die auf 130 v. Chr. datiert wurden, also der gleichen Periode angehören und wahrscheinlich die Front eines Mars-Tempels schmückten.
Der griechische Kultureinfluß erreichte jetzt die kleineren städtischen Zentren Mittelitaliens nicht mehr auf direktem Wege, sondern erst durch Vermittlung Roms. In einigen Fällen wurden Kunstwerke, die man aus griechischen Städten entführt hatte, an die Munizipien verteilt, so zum Beispiel nach der Zerstörung von Korinth durch Lucius Mummius im Jahre 146 v. Chr. und nach der Plün-

Scipios Hochherzigkeit

Nach römischen Gesetzen muß der noch schuldige Betrag der Mitgift der Töchter, nachdem diese die erste Ausstattung erhalten haben, innerhalb von drei Jahren, und zwar in zehnmonatlichen Terminen, dem Herkommen gemäß ausbezahlt werden. Scipio dagegen befahl seinem Wechsler, seinen beiden Schwestern ihre fünfundzwanzig Talente binnen zehn Monaten zu bezahlen. Als nun deren Ehemänner, Tiberius (Gracchus) und Scipio Nasica, nach Ablauf der ersten zehn Monate zu dem Wechsler kamen und ihn fragten, ob ihm Scipio eine Anweisung in betreff des Geldes gegeben habe, und dieser jedem seine vollen fünfundzwanzig Talente auszahlen wollte, so erklärten sie ihm, er irre sich, sie hätten für jetzt nicht das Ganze, sondern nur den dritten Teil gesetzlich zu fordern. Auf seine Versicherung, Scipio habe es ihm so befohlen, gingen sie ungläubig zu ihrem jungen Verwandten und meinten, jener befinde sich in einem Irrtum. Hierzu hatten sie guten Grund, denn nicht ein einziges Talent, geschweige denn fünfzig, würde in Rom jemand vor drei Jahren oder überhaupt vor dem bestimmten Termin zahlen; so genau ist man dort in Geldsachen, und so sehr sucht man die Zeit auszunützen. Wie sie also zu ihm kamen und ihn fragten, welche Anweisung er dem Wechsler gegeben habe, und er ihnen erwiderte, dieser solle den Schwestern die ganze Summe ausbezahlen, erklärten sie ihm, indem sie dabei auch ihre verwandtschaftliche Fürsorge kundgaben, er befinde sich in einem Irrtum; gesetzlich stehe ihm die Nutznießung des Geldes noch geraume Zeit zu. Scipio erwiderte, er wisse das alles wohl, allein er halte sich nur Fremden gegenüber streng an das Gesetz; Verwandte und Freunde dagegen suche er redlich und uneigennützig zu behandeln; sie sollten daher die ganze Summe ohne weiteres vom Wechsler annehmen. Auf dieses hin entfernten sich die beiden, ergriffen von Scipios Hochherzigkeit und beschämt über ihre eigene niedrige Gesinnung, obgleich sie doch hinter keinem Römer zurückstanden.
[Polybios, Geschichte, XXXII, 13]

Rechts:
Rom. Rechteckiger Tempel in der Nähe des Tibers. Wahrscheinlich Portuna, der Schutzgöttin des benachbarten Hafens, geweiht. In seiner heutigen Erscheinungsform gehört das ionische Tempelchen der Mitte des 1. Jahrhunderts v. Chr. an.

derung Athens unter Sulla im Jahre 86 v. Chr. Zu Vermittlern des griechischen Einflusses wurden auch die Kriegsgefangenen, Geiseln und Sklaven, die allenthalben als Arbeitskräfte dienten.

Besonders instruktive Beispiele für die kulturelle Situation dieses Zeitabschnitts bieten die durch den Vesuvausbruch zerstörten campanischen Städte, insbesondere Pompeji als die bedeutendste und auch am besten ausgegrabene unter ihnen. Im Unterschied zum völligen Niedergang der meisten Städte Magna Graecias hatte sich Campanien auch noch nach der Zeit der Punischen Kriege eine gewisse Bedeutung bewahrt. Als verhältnismäßig reiche Ackerbauregion, die über gute Häfen und einträgliche Handwerkszweige verfügte, bildete es ein geeignetes Hinterland für das großstädtische Rom. Der wichtigste Umschlaghafen für den römischen Handel war Puteoli, das heutige Pozzuoli, und da die Küsten Latiums nicht genügend natürliche Häfen aufzuweisen hatten, entwickelte es sich zu einem der bedeutendsten Mittelmeerhäfen und war zusammen mit Alexandria in Ägypten und Delos ein wirtschaftliches Zentrum ersten Ranges. Capuas Wohlhabenheit beruhte auf seiner Produktion von Gebrauchsgeräten aus Metall, dem berühmten Capuanischen Bronzegeschirr, das weithin exportiert wurde, wie aus archäologischen Funden solcher Bronzen im hohen Norden hervorgeht. In Neapel bestand eine rege Produktion schwarzen Tongeschirrs, das ebenfalls ein vielbegehrtes Ausfuhrprodukt war. Einer der wichtigsten Wirtschaftszweige Campaniens bildete jedoch die Erzeugung und der Export von Öl, dessen beste Sorte nach Cato aus Venafrum kam, sowie von Wein, vor allem dem berühmten Falerner. Diese Spezialprodukte stellten mengenmäßig die übrigen landwirt-

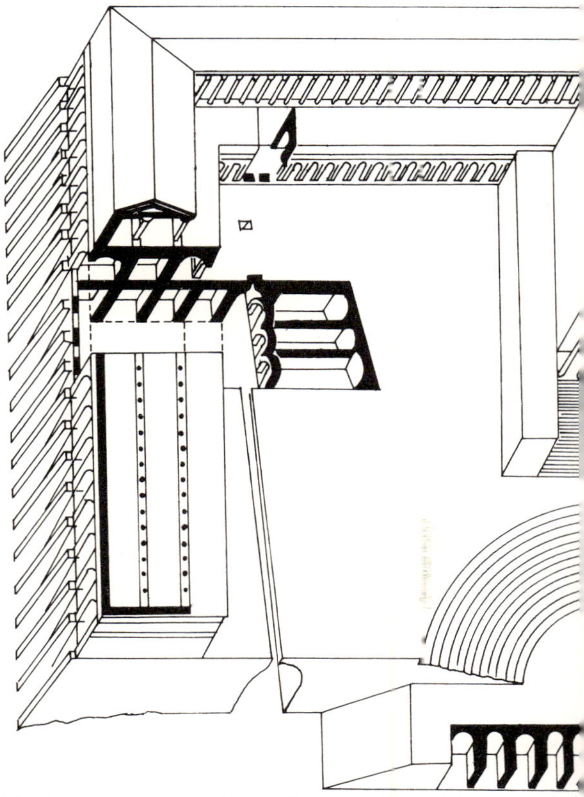

Tivoli. Axonometrische Darstellung vom Tempel des Hercules Victor (80-50 v. Chr.)

Links:
Tivoli. Rundtempel. Wahrscheinlich Herkules geweiht. Um 100 v. Chr. Die griechischen Formen des Rundtempels in der Nähe des Tibers sind hier in Vulgär-Italische übertragen.

Rechts:
Rom. Milvische Brücke (Ponte Molle). Um 109 v. Chr. aus Naturstein erbaut, bildete sie den einzigen Flußübergang für zwei der wichtigsten römischen Straßen, die Via Flaminia und die Via Cassia. In ihrer nächsten Umgebung fiel die Entscheidung in der berühmten Schlacht zwischen Kaiser Konstantin und seinem Nebenbuhler Maxentius im Jahre 312 n. Chr.

schaftlichen Erzeugnisse weit in den Schatten. Cato erwähnt in einer Aufstellung darüber den Weizen erst an sechster Stelle. Das Brotgetreide für Rom kam hauptsächlich aus den Provinzen, anfangs aus Sizilien und später hauptsächlich aus Afrika. Den Provinzen wurde, wie es bei einem Kolonialsystem meist der Fall ist, eine Monokultur aufgezwungen. Cicero berichtet, daß die Römer im 2. Jahrhundert den Galliern verboten hätten, Trauben anzupflanzen. Offensichtlich nahm der römische Staat Interesse an solchen Dingen. Dies lag auch deshalb nahe, weil die Senatoren, die diese Politik bestimmten, im Privatleben meist große Landbesitzer und damit selbst Produzenten von Öl und Wein waren.

Nach und nach bildete sich eine Unternehmerklasse heraus, die aus den sogenannten «Rittern» bestand und durch Steuererhebungen in den Provinzen und durch den Handel reich geworden war. Der Zustrom von römischen und italischen Kaufleuten in die Provinzen war außergewöhnlich stark. Inschriften in Delos bezeugen uns einen ausgeprägten Unternehmungsgeist. Hier finden wir auch die Agora der Italiker. Sie besteht aus einem umfangreichen kolonnadenumgebenen Hof, der wahrscheinlich als Sklavenmarkt gedient hat. Die kleine Kykladeninsel Delos stellte das Zentrum des antiken Sklavenhandels dar.

Es war eine Zeit, in der mühelos große Vermögen erworben wurden, und der neue Reichtum wirkte sich auch auf das äußere Bild der Städte Campaniens aus. In Pompeji wurden nicht nur die öffentlichen Bauten, sondern auch die Villen der privaten Besitzer im Verlauf des 2. und zu Anfang des 1. Jahrhunderts v. Chr. großzügig erneuert. In manchen Fällen läßt sich sogar nachweisen, daß die aufgewandten Mittel aus den Einkünften des Handels geflossen sind. Ein

typisches Beispiel dafür ist die ausgedehnte Bautätigkeit des Marcus Porcius und des Caius Quinctius Valgus, deren Namen uns in Verbindung mit drei pompejanischen Bauten überliefert sind, dem Kleinen Theater, dem Amphitheater und dem Apollo-Tempel in der Nähe des Forums.

Das Kleine Theater war, wie aus der Dedikationsinschrift hervorgeht, ein überdachtes Gebäude, eines der besterhaltenen aus römischer Zeit. Vermutlich war es für musikalische Darbietungen und zur Verlesung von literarischen Werken bestimmt, während das ältere Große Theater in seiner Nähe den herkömmlichen Aufführungen von Schauspielen diente. Von besonderem Interesse sind die Skulpturen, die das Ende der Sitzreihen des Kleinen Theaters schmückten. Es waren Telamonen (Tragfiguren) und Greifenklauen. Die gleichen Dekorationen finden sich in zwei weiteren Theatern, in dem von Pietrabbondante in den südlichen Abruzzen sowie in dem jüngst entdeckten von Foce di Sarno bei Nocera. Das eine stammt aus der Zeit um 100 v. Chr., das andere ist etwa zwanzig Jahre älter. Das Große Theater in Pompeji, das nach Form und Dimensionen diesen beiden Bauwerken am nächsten verwandt ist, gehört ebenfalls dem 2. Jahrhundert an, wenn es auch in Augusteischer Zeit Veränderungen erfahren hat. Sehr wahrscheinlich trug es in seiner ältesten Phase dieselbe Art von Dekoration, wie man sie später an dem neueren Kleinen Theater vorfand. Dieses läßt sich ziemlich genau datieren. Eine zweimal vorkommende Inschrift besagt, daß die Magistrate der Kolonie, Marcus Porcius und Caius Quinctius Valgus, es erbauten. So ist es nahezu sicher, daß es nach dem Bürgerkrieg (91-88) und nach der Begründung der Kolonie durch Sulla, jedoch nicht viel später, entstanden ist.

Von den gleichen Bauherrn wurde auch das Amphitheater errichtet, das älteste, das uns bisher bekannt ist. Seine Sitzreihen sind teilweise in den Boden eingetieft, teilweise auch auf Erdanschüttungen vorgesetzt. Die Doppelrampen, die den Zugang zu den Sitzen enthalten, ruhen auf einer Reihe von Arkaden, die sich von außen nach innen verkleinern, ähnlich wie die Bogengänge der großen Mittelrampe in Praeneste. Der Name M. Porcius fand sich außerdem auf dem Altar des Apollo-Tempels, sodaß er auch als Bauherr dieses Tempels zu betrachten ist; sogar sein Grabstein mit einer längeren Inschrift wurde wiederentdeckt.

Der Name des C. Quinctius Valgus tritt uns ebenfalls mehrfach entgegen. Eine Inschrift aus Aeclanum in der Irpinia erwähnt ihn als einen der Magistrate, die den Wiederaufbau der im Bürgerkrieg zerstörten Stadtbefestigung vornahmen. Eine andere Inschrift aus einer benachbarten antiken Stadt nennt ihn als den Erbauer von Stadtmauer, Stadttor, Forum, Säulenportikus, Kurie und Zisterne, und in einer Inschrift aus Casinum wird ein Freigelassener des C. Quinctius Valgus erwähnt. Auch bei Cicero kommt der Name vor. Er spricht von ihm als einem reichen Grundbesitzer, der im Gefolge Sullas während des Bürgerkriegs durch zweifelhafte Machenschaften ein Vermögen erworben habe. Cicero macht sogar noch genauere Angaben und schreibt, Valgus besitze das gesamte irpinische und einen Teil des casinischen Gebiets, eine Bestätigung dessen, was wir aus den Inschriften wissen.

Ähnlich lagen die Besitzverhältnisse des Marcus Porcius. Über ihn existiert noch eine weitere Informationsquelle in einer Reihe von Amphoren mit der Inschrift M. Porci. Sie wurden an verschiedenen Stellen Galliens von Narbonne bis Bordeaux ausgegraben. Ein Exemplar dieser Art fand sich außerdem in Pompeji. Es handelt sich um Weinamphoren aus der ersten Hälfte des 1. Jahrhunderts v. Chr., und es ist sehr wahrscheinlich, daß der Name M. Porci, mit dem sie gestempelt sind, identisch ist mit dem gleichnamigen Magistrat und Bauherrn Pompejis. Hier zeigt sich, daß er außerdem ein wohlhabender Landbesitzer in der von Sulla begründeten Kolonie Pompeji war, von der man weiß, daß die Weinerzeugung hier den wichtigsten Erwerbszweig darstellte.

So konnte durch eine Reihe von glücklichen archäologischen Zufallsfunden der Nachweis für die soziale Herkunft der Magistrate erbracht werden, die für die öffentlichen Bauten einer kleinen Stadt in der Campagna verantwortlich waren. Die Basis für ihren politischen Einfluß bildete ihr großer Grundbesitz, der auf dem bequemen und schnellen Weg des Kriegsgewinns erworben war. Die Anhänger des Diktators scheuten nicht davor zurück, ihren Vorteil wahrzunehmen. In einer ersten Phase bemächtigten sie sich der Ländereien der italischen Bauern

Pompeji. Sogenannte «Kaserne der Gladiatoren». In Wirklichkeit handelt es sich um den rückwärtigen Säulenportikus der Bühne des «Großen Theaters», der wie dieses aus dem 2. Jahrhundert v. Chr. stammt. In der Kaiserzeit wurde das Gebäude dann als Gladiatorenkaserne benutzt. Hier hat man die Prunkwaffen der Gladiatoren ausgegraben, die sich heute im Museo Nazionale in Neapel befinden.

Die edle Gesinnung eines römischen Zollpächters des 1. Jahrhundert v. Chr.

Es war in unserer Knabenzeit... Gajus Curtius, einer der vornehmsten des Ritterstandes, ein höchst wackerer und bedeutender Zollpächter, dessen hochstrebendem Geiste in Führung der Geschäfte die Menschen keinen so großen Beifall geschenkt hätten, wenn nicht zugleich auch seine Güte so ausgezeichnet gewesen wäre, daß er bei dem Zuwachse seines Vermögens nicht nach einer Beute für die Habsucht, sondern nach einem Werkzeuge für seine Wohltätigkeit zu trachten schien. Er hat viele Geschäfte gemacht, viele Verträge abgeschlossen, er hatte großen Anteil an den öffentlichen Zöllen, er gab ganzen Völkerschaften Darlehen, in mehreren Provinzen ließ er sein Vermögen arbeiten, er erwies sich auch den Königen dienstfertig. Auch dem König von Alexandrien hatte er schon früher eine namhafte Summe vorgestreckt. Dabei hörte er nie auf, seine Freunde zu bereichern, sie auf Geschäfte zu versenden, ihnen Anteil daran zu geben und ihnen durch Kredite zu Hilfe zu kommen.

[Cicero, Rede für Rabirius, II]

Die negativen Auswirkungen des Ackergesetzes

Aber seht die Wirkung des Ackergesetzes! Keineswegs werden die, die Staatsland besitzen, diesen Besitz aufgeben außer zu optimalen Bedingungen und gegen hohe Entschädigung. Hier ist alles ins Gegenteil verkehrt. Sooft früher ein Volkstribun von einem Ackergesetz sprach, erschraken die Besitzer von Staatsland oder andern undurchsichtigen Erwerbungen. Das vorliegende Gesetz hingegen macht diese Menschen noch reicher und beseitigt ihr schlechtes Ansehen . . . Ihr, o Römer, zögert nicht, das Ergebnis des Schweißes und Bluts eurer Vorfahren dazu zu benutzen, um das Vermögen der sullanischen Landbesitzer noch zu vergrößern und sie vor jeder Gefahr zu behüten.

Nach den Bestimmungen eures Gesetzes gehört ein Gut in Irpinum mit mehr Recht dem Schwiegersohn (des Tribuns Rullus) oder noch lieber das ganze Gebiet, denn er besitzt es vollständig, als mir das von meinem Vater und von meinen Ahnen ererbte Land in Arpinum.

[Cicero, Rede über das Ackergesetz, II, 26 und III, 2]

durch rücksichtslose Enteignung, in einer zweiten der Güter der Parteigänger des besiegten Marius. Weiterhin trug der blühende Seehandel zu ihrem wachsenden Reichtum bei. Sie spezialisierten sich auf gängige Ausfuhrprodukte wie Wein und Öl und hatten gute Verbindungen sowohl zu den Kaufmannsgilden wie zu den Politikern, wenn sie sich nicht dazu entschlossen, durch ein politisches Amt selbst Einfluß zu nehmen. Auf alle Fälle erfreuten sie sich der Protektion des römischen Staates. Oft wurden auch die weiteren Eroberungsgelüste Roms von dieser Seite her gefördert. Hier liegt die Erklärung für politische Unternehmen wie die Zerstörung großer und reicher Handelsplätze, etwa Karthagos und Korinths, die in garkeiner Weise die militärische Vormachtstellung Roms bedroht hätten. Ein besonderer Befürworter der Zerstörung Karthagos war bekanntlich Cato, der als Großgrundbesitzer selbst einen Traktat über die Landwirtschaft verfaßt hatte. Von einer Gesandtschaft nach Afrika zurückgekehrt, zeigte er in einer Senatssitzung besonders große Feigen vor, die er von dorther mitgebracht hatte. Weit mehr als von der guten Bewaffnung der Karthager war er beeindruckt von der drohenden punischen Konkurrenz auf dem Gebiet der landwirtschaftlichen Erzeugung und des Exports. Bei Plutarch lesen wir, daß Cato sein Geld in maritime Versicherungsgesellschaften investiert hatte. Schon deshalb mußte es ihm

Pompeji. Forum. Mit seiner Länge von 142 Metern und seiner Breite von 38 Metern ist das Forum eines der besterhaltenen Beispiele seiner Art. Einige der im Vordergrund sichtbaren Säulen bestehen aus Tuff und gehören ebenso wie das Kapitol und der Tempel der Kapitolinischen Trias der Republikanischen Periode an. Das Kapitol erblickt man im Hintergrund rechts. Es konnte in die zweite Hälfte des 2. Jahrhunderts datiert werden. Halb zerstört durch das Erdbeben von 62 n. Chr., war der Komplex noch im Wiederaufbau, als im Jahre 79 n. Chr. der große Vulkanausbruch stattfand. Im Hintergrund ist der Vesuv erkennbar.

Folgende Seite:
Pompeji. Amphitheater. Erbaut in den ersten Jahren der Kolonisation unter Sulla auf Kosten der Duumvirn Quinetius Valgus und Marcus Porcius, ist dieses Amphitheater das älteste, das wir kennen.

Öffentliche Bautätigkeit aus privaten Mitteln

Inschrift auf dem Kleinen Theater in Pompeji: Gaius Quintius Valgus, Sohn des Gaius, sowie Marcus Porcius, Sohn des Marcus, Duumviri, gaben auf Beschluß der Decurionen den Bau des gedeckten Theaters in Auftrag und führten die Bauabnahme durch.
Inschrift auf dem Amphitheater in Pompeji: Gaius Quintius Valgus, Sohn des Gaius, sowie Marcus Porcius, Sohn des Marcus, Duumviri Quinquennales der Kolonie, ließen aufgrund der ihnen übertragenen Würde das Amphitheater auf ihre Kosten erbauen und stifteten es ihren Mitbürgern für alle Zeiten.

Altrömisches Mißtrauen gegen die Verführungen des Theaters

Einige erzählten, Cn. Pompeius sei von älteren Leuten getadelt worden, als er das erste stehende Theater auf dem Marsfelde erbaut hatte. Denn vordem seien für die Spiele eilig errichtete Sitzplätze und eine behelfsmäßig aufgeschlagene Bühne errichtet worden. Wenn man auf noch ältere Zeiten zurückgehe, so habe das Volk einst (noch im 6. Jahrhundert der Stadt) stehend zuschauen müssen, damit es nicht auf Sitzplätzen ganze Tage im Theater mit Nichtstun zubringe.
Übrigens stürben die heimischen Sitten allmählich ab und würden durch die (aus Griechenland) eingeführte Zuchtlosigkeit völlig ausgerottet, damit man alles, was überhaupt verführt werden und verführen könne, auch in Rom zu sehen bekomme und die Jugend durch diese ausländische Liebhaberei entarte, wenn sie in die Ringschulen laufe, müßig gehe und schändliche Liebesabenteuer suche.

[Tacitus, Annalen, XIV, 20]

Das aufwendige Theater des Scaurus

Als Scaurus Aedil war, erbaute er das größte je von Menschenhänden aufgeführte Haus, das nicht zu zeitlichem Gebrauche, sondern sogar für ewige Dauer bestimmt war. Es war dies ein Theater. Die Bühne bestand, aufwärts gesehen, aus drei Teilen und ruhte auf 360 Säulen . . . Der unterste Teil der Bühne war vom Marmor, der mittlere von Glas, eine Verschwendung, die selbst späterhin nie wieder vorgekommen ist, der oberste von vergoldetem Getäfel. Die Säulen hatten unten 38 Fuß Höhe und zwischen ihnen standen . . . 3000 eherne Standbilder. Der Raum für die Zuschauer faßte 80000 Menschen.

[Plinius der Ältere, Naturgeschichte, XXXVI, 24 (15)]

wichtig sein, daß der römische Seehandel sich ungestört weiterentwickeln konnte. Als später Cirta (das heute Constantine in Algerien) von dem Numidierkönig Jugurtha angegriffen wurde, gab es dort schon so viele römische Kaufleute, daß sie imstande waren, die Verteidigung der Stadt selbst zu übernehmen.
Aus alledem dürfen wir den Schluß ziehen, daß die Klasse der großen Landbesitzer, der Großkaufleute und der Steuereinnehmer im Laufe des 2. Jahrhunderts v. Chr. die gleiche soziale Rangstufe erreicht hatte wie die alte Aristokratie. Auch für die künstlerische Kultur dieser Zeit, in der griechische Originale und die Arbeiten eingewanderter Griechen an erster Stelle standen, zeigte sich die neue Klasse der «Ritter» aufgeschlossen; und die gleichen griechischen Bildhauer, die in Rom für die großen alten Familien der Scipionen und Metelli Kultbilder und Porträts lieferten, fertigten auch Porträtskulpturen für einen römischen Kaufmann in Delos an. Ebenso ist das bereits erwähnte marmorne Rundtempelchen in der Nähe des Tibers wahrscheinlich im Auftrag eines römischen Ölhändlers erbaut worden.

Die Kunst der Oberschicht und die plebejischen Kunstäußerungen

Um die Zeit des ersten Jahrhunderts v. Chr. herrschten die führenden Klassen Roms über ein Weltreich, das fast alle Küsten des Mittelmeers umfaßte. In ihrem aristokratischen Konservativismus neigten sie zu einer patriarchalischen Lebensauffassung, die sich durch Nüchternheit und eine Art bäuerlicher Zähigkeit auszeichnete. Diese tiefverwurzelte Eigenart war auch ein nicht wegzudenkender Faktor in den innenpolitischen Auseinandersetzungen Roms, mit denen jeder Einsichtige früher oder später zu rechnen hatte. Sowohl die Optimaten (die Angehörigen der aristokratischen Partei) als auch die Politiker aus dem Volke vertraten diese altrömische Ehrenhaftigkeit und beanspruchten für sich selbst die reinsten Beweggründe, während sie die Gegenpartei der Korruption bezichtigten. Die Politik der späten Republik ist nur schwer verständlich, wenn man dieses Festhalten an den Tugenden der Vorfahren unberücksichtigt läßt.
Als Rom zur Hauptstadt eines Weltreichs wurde, in die nicht nur Geld und Reichtum in großen Mengen einströmten, sondern zugleich damit auch der Luxus und die sonstigen Errungenschaften des Hellenismus, führte dies unvermeidlich zu einer schwerwiegenden Störung seines kulturellen Gleichgewichts. In politischer Hinsicht ergab sich ein Mißverhältnis zwischen den Hilfsquellen und administrativen Möglichkeiten eines kleinen Stadtstaats, der imgrunde über Jahrhunderte unverändert geblieben war, und den neuen Dimensionen des Imperiums. Ein ähnliches Mißverhältnis bestand zwischen den engen ständischen Lebenvorstellungen des alten Adels und der stürmischen Ausbreitung neuer Ideen, neuer Kunstformen und eines neuen Lebensstils.
Man darf jedoch nicht glauben, daß es sich hier um eine geradlinige Entwicklung von einer primitiven Mentalität zum Status einer hochentwickelten Kultur, wie sie der Hellenismus verkörperte, gehandelt habe. Wie wir schon gesehen haben, war die römisch-italische Kultur des 4. und 3. Jahrhunderts alles andere als primitiv. Sie war bereits griechisch beeinflußt, das heißt von der altgriechischen Kultur der Kolonialstädte Magna Graecias durchdrungen, wenngleich diese noch eine bäuerliche Phase verkörperte, die sich von dem Kosmopolitismus der großen hellenistischen Reiche stark unterschied. Wir müssen uns jedenfalls hüten, Griechenland und Rom als zwei Welten zu betrachten, die in ihrer kulturellen Struktur einander diametral entgegengesetzt waren.
Was sich im Laufe des 2. Jahrhunderts in Rom ausbreitete, stand in vieler Hinsicht im Gegensatz zur archaischen und klassischen Kultur Griechenlands. Es war eine Zivilisation großer zentralisierter, monarchisch regierter Staaten anstelle einer Kultur von kühn ihre Unabhängigkeit behauptenden kleinen Stadtstaaten.
Der Entwicklungsprozeß, den wir im Rom des 2. Jahrhunderts verfolgen können, darf so charakterisiert werden: Nach einer ersten Phase relativ starker Helleni-

sierung, die jedoch mehr auf der Oberfläche blieb, wie es bei einem ersten Kontakt mit einer fremden Kultur typisch ist, erfolgte eine heftige konservative Reaktion, deren Hauptrepräsentant Cato war, dessen Strenge als Censor sprichwörtlich geworden ist. Symptomatisch für diese Haltung war der Senatsbeschluß über die Bacchanalien von 186 v. Chr., dessen Text uns auf einer bei Tiriolo in Kalabrien gefundenen Bronzetafel überliefert ist. Wie Livius berichtet, wollte man damit die Ausbreitung eines beim Volk beliebten dionysischen Kults verhindern, in dem der Senat gefährliche revolutionäre Regungen zu erkennen glaubte. Der nun einsetzenden grausamen Verfolgung fielen Tausende in allen Teilen Italiens zum Opfer, vor allem jedoch in den am meisten verarmten Gebieten Südetruriens und Magna Graecias. Höchst erstaunlich ist dann, daß gerade Cato es war, der die Basilika als neue Architekturform in Rom einführte, deren griechischer Name schon auf ihre Herkunft hinweist. Wir berühren hier einen sehr wesentlichen Punkt. Die Römer waren ein eminent praktisches Volk. Ihr Traditionalismus sträubte sich in dem Augenblick nicht gegen eine Übernahme des fremden Kulturguts, wo es sich als nützlich erwies. Auf Gebieten, die von grundlegender Wichtigkeit innerhalb ihres staatlichen Gefüges waren, wie dem der Landwirt-

Pompeji. Kleines Theater. Das gedeckte Theater, das sich mit den Aufgaben eines Konzertsaals an das ältere Große Theater seitlich anschloß, wurde nach dem Zeugnis zweier Inschriften von denselben Magistraten erbaut, die auch das Amphitheater errichteten. Auch dieser Bau entstand also kurz nach der Koloniegründung durch Sulla. Die Art der Dekoration mit Telamonen und Greifenklauen wiederholt sich in zwei andern Theatern, dem Theater von Pietrabbondante und einem jüngst in Foce di Sarno bei Nocera in Campanien wiederentdeckten Theater.

Pompeji. Lebensmittelmagazin. Die Vorräte wurden in großen, in die Erde eingelassenen Terrakottagefäßen aufbewahrt.

schaft und der Militärtechnik assimilierten sie fremde Einflüsse rasch und ohne Widerstand. Der Traktat über den Ackerbau des Karthagers Mago wurde offiziell ins Lateinische übersetzt, und das römische Heer übernahm nach und nach die Form der Bewaffnung der Völker, gegen die es kämpfte, wenn sich deren Waffen als den seinigen überlegen erwiesen, so den gallischen Schild und das spanische Schwert.

Anderseits war die Opposition gegen Neuerungen immer dann besonders heftig, wenn diese die Einheit zwischen privatem und öffentlichem Leben zu zerstören drohten, denn der römische Bürger existierte in ausgeprägter Form als Staatsbürger. So war ihm nicht nur die epikureische Philosophie suspekt, sondern auch eine bestimmte Sorte von Schauspielen und jeder private Luxus. Von den Griechen übernahmen die Römer ohne größere Bedenken architektonische Vorbilder oder Götterkulte, sehr ungern jedoch Maßstäbe für ihre persönliche Lebensführung. Auch als diese, wie es unvermeidlich war, schließlich Eingang fanden, hinterließen die neuen, aufwendigeren Lebensansprüche beim echten Römer immer ein schlechtes Gewissen. Diese seltsame Widersprüchlichkeit findet sich sogar bei einem Mann wie Cicero. Als er eine seiner berühmten Reden gegen

Verres hielt, in der er sich auf eine Statue des Polyklet beziehen mußte, die von dem korrupten Statthalter aus Sizilien entführt worden war, tat er so, als finde er den Namen des großen Bildhauers so nebensächlich, daß er ihn von seinem Sekretär erst erfragen mußte. «Wer? Ach ja, ein gewisser Polyklet». Dabei zeigen die Briefe Ciceros an Atticus, daß er ein großer Liebhaber und ausgezeichneter Kenner der griechischen Kunst war. Unter anderm bittet er den fernen Freund, ihm für seine Villa in Tusculum griechische Statuen zu senden und ist beglückt über die Aussicht, sie endlich zu besitzen. Selbst in der Kaiserzeit, als der private Luxus einen in andern Kulturen nie erreichten Grad angenommen hatte, preist der Philosoph Seneca, eine der angesehensten Persönlichkeiten am kaiserlichen Hof, noch die Mäßigkeit und Armut der alten Römer.

Zum richtigen Verständnis dieses Hangs zum einfachen Leben muß man der römischen Wesensart noch genauer auf den Grund gehen. Als praktisch gesinnte Leute hatten die Römer nichts gegen den Reichtum an sich. Ihr Geiz und ihre Besitzgier waren im Gegenteil sprichwörtlich, und sogar die Griechen, die doch selbst keine Diogenestypen waren, machten sich darüber lustig. Hier handelte es sich jedoch eher um eine Art von bäuerlichem Besitzstolz, der wenig gemein hatte mit der aufgeschlossenen und mit einem Schuß Abenteuerlust gemischten Mentalität der Karthager und Griechen. Ein Großteil der Antipathie der Römer gegen diese beiden Völker erklärt sich aus ihrem andersartigen Charakter. Dieser hinderte sie zwar nicht daran, sich im Handel ebenfalls zu bereichern und die eroberten Länder rücksichtslos auszubeuten. Aber es gehörte zu ihren Grundsätzen, einen möglichst einfachen und patriarchalischen Lebensstil zu bewahren und sich nicht zu einem Zurschaustellen des Reichtums oder zu unbesonnener Verschwendung verführen zu lassen. Imgrunde war dies mehr eine Frage der äußeren Form als des Inhalts. Dem Römer der Republik erschien es moralisch einwandfrei, die Griechen zu überlisten, die «Greculi», wie er sie abschätzig nannte, oder die Sklaven als Arbeitstiere zu benutzen, aus denen er bei möglichst geringen Kosten den größten Gewinn zu ziehen und die er loszuwerden suchte, sobald sie alt und krank waren. Dies läßt sich zum Beispiel dem Traktat des Cato entnehmen, der ein Spiegel der überkommenen Römertugenden ist. Als unmoralisch galt es hingegen, bei den Mahlzeiten Tafelsilber zu benutzen, sich griechisch zu kleiden oder von unnützen und gefährlichen Gegenständen wie der griechischen Philosophie zu reden.

So braucht es nicht zu verwundern, daß sich die technischen und künstlerischen Errungenschaften der Griechen seit dem Anfang des 2. Jahrhunderts im öffentlichen Leben Roms sehr rasch durchsetzten, während sie in der Privatsphäre erst wesentlich später und sehr langsam Eingang fanden. Paradoxerweise dauerte diese Rezeption umso länger, je höher das soziale Niveau und je größer die politische Bedeutung der Betreffenden war. Während sich in Campanien bereits in der Mitte des 2. Jahrhunderts Häuser und Villen von dem hohen künstlerischen Niveau des Hellenismus finden, hatte Rom vor dem Ende des Jahrhunderts nichts derartiges aufzuweisen. Die Villa des Scipio Africanus in Liternum war nach der Beschreibung Senecas eine Art schmucklose Festung mit einem engen und düsteren Bad, in dem sich ein Römer der Kaiserzeit keinesfalls auch nur gewaschen hätte, und das Grabmal der Scipionen, die im 2. Jahrhundert v. Chr. die politisch führende Familie Roms waren und außerhalb ihrer Vaterstadt als Könige betrachtet wurden, ist von einer erstaunlichen künstlerischen Kargheit und Einfachheit. Wieviel reicher waren die zeitgenössischen Kolumbarien der Etrusker, die sich glücklich geschätzt hätten, auch nur zur Klientel der Scipionen gezählt zu werden. Noch im Jahre 154 v. Chr. ließ C. Scipio Nasica ein Theater wieder abreißen, dessen Erbauung unterhalb des Palatin die Censoren geduldet hatten, und verbot die Errichtung von festen Theatern in einer Entfernung von weniger als einer Meile von der Stadt. In dieser Zeit hatte jedoch schon fast jede kleine italische Stadt ein gemauertes Theater.

Erst gegen Ende des 2. und zu Beginn des 1. Jahrhunderts fand eine allgemeine Angleichung des Privatlebens an den Hellenismus des öffentlichen Lebens statt. Von der altrömischen Mentalität hinterblieben jedoch beachtliche Züge, wie die obenerwähnten Beispiele bei Cicero und Seneca bezeugen. Dieselbe Einfachheit, die bei den Scipionen-Gräbern festzustellen ist, kennzeichnete auch die Häuser

Die Schlichtheit der Villa des Scipio Africanus

Unmittelbar aus Scipios Villa schreibe ich Dir dies, nachdem ich seinen Manen und einem Altar, den ich für das Grabmal des großen Mannes halte, meine Ehrfurcht bezeugt habe . . . Ich habe seine aus Quadersteinen gebaute Villa gesehen; sie ist nebst einem kleinen Walde von einer Mauer umschlossen; Türme erheben sich als ein Bollwerk zu beiden Seiten. Unterhalb des Gebäudes und des Gartens befindet sich ein Wasserbehälter, geräumig genug, um ein ganzes Kriegsheer zu versorgen. Das Badegemach ist, nach alter Art, klein, eng und dunkel; unsere Alten meinten, ein Bad wäre nicht warm, wenn es nicht dunkel wäre. Es war mir ein großer Genuß, die Sitten Scipios in Vergleichung mit den unsrigen zu betrachten. In diesem Winkel wusch der Schrecken Karthagos, dem es Rom verdankt, daß es nur einmal erobert ward, seinen von ländlichen Geschäften ermüdeten Körper; denn er übte sich in regelmäßigem Tagewerk und baute, wie es Sitte der Altvordern war, seinen Boden selbst. Unter diesem so unansehnlichen Dache stand er; dieser so wenig kostbare Fußboden trug ihn. Und jetzt – wer fände es erträglich, so zu baden? Arm und gemein kommt sich jeder vor, dessen Zimmer nicht von großen und kostbaren Metallscheiben erglänzen; dessen Wände nicht mit Alexandrinischem Marmor bekleidet und mit Tafeln von Numidischem ausgelegt sind, während in wechselnden Farbentönen ein kunstvoller Saum wie ein Gemälde sich rings herum zieht; dessen gewölbte Decke nicht mit Glas getäfelt ist; dessen Teiche, bestimmt, den durch vieles Schwitzen erschöpften Körper aufzunehmen, nicht mit Thasischem Gestein, früher selbst in Tempeln ein seltener Anblick, eingefaßt sind; dessen Badewasser nicht aus silbernen Hähnen strömt.

[Seneca, Briefe, 86]

Eine blutige Auseinandersetzung im Amphitheater von Pompeji (59 n. Chr.)

Zur selben Zeit entstand aus einem unbedeutenden Streite ein blutiger Kampf zwischen den Bewohnern von Nuceria und Pompeji (beide in Campanien) anläßlich eines Gladiatorenspiels. Mit kleinstädtischem Mutwillen neckten sie sich zuerst, beschimpften sich dann, griffen zu Steinen und zuletzt zum Schwert. Die Pompejaner, auf deren Gebiet die Spiele stattfanden, behielten dabei die Oberhand. Viele Nuceriner wurden nun verwundet und verstümmelt nach Rom gebracht, und gar mancher hatte den Verlust seines Kindes oder Vaters zu beklagen. Die gerichtliche Entscheidung über diesen Fall überließ der Kaiser dem Senat, der Senat den Konsuln. Bei der Rückverweisung der Sache an den Senat, verbot man von Staats wegen den Pompejanern den Besuch solcher Veranstaltungen und löste die ungesetzlichen Vereine auf, die sie gegründet hatten.

[Tacitus, Annalen, XIV, 17]

Herculanum. «Haus mit der hölzernen Scheidewand». Atrium. Dieses Haus als eines der bemerkenswertesten aus der Zeit der Republik wurde in der Kaiserzeit höher gelegt und erneuert. An der unterschiedlichen Höhenlage des «impluvium» sind die beiden Bauphasen noch ablesbar.

Alexandermosaik aus dem «Haus des Fauns» in Pompeji. 2. Jahrhundert v. Chr. Es ist das bedeutendste Mosaik, das sich aus der hellenistischen Periode erhalten hat, und fast mit Sicherheit das Werk eines griechischen Meisters, der vermutlich aus Alexandria stammte. Wahrscheinlich wurde es als vollständige Arbeit importiert und nicht erst an Ort und Stelle ausgeführt. Wie alle Mosaiken dieser Periode hatte es ein unmittelbares Vorbild, möglicherweise ein Werk des Philosenos von Eretria, in der eine der Schlachten zwischen Alexander dem Großen und Dareios wiedergegeben war (die Schlacht bei Issos oder Gaugamela). Neapel, Museo Nazionale.

des römischen Adels noch während des größten Teils des 2. Jahrhunderts. Erst nach und nach fand ein neuer Haustyp Verbreitung, bei dem das altitalische Atriumhaus und das hellenistische Haus mit Peristyl eine Verbindung eingingen. In der Innenausstattung hielt sich noch lange der sogenannte «Erste Stil», bei dem die bemalten Stuckwände Quadermauern vortäuschten. In Rom haben sich gut erhaltene Privathäuser aus dem 2. Jahrhundert v. Chr. bis jetzt nicht gefunden, sodaß wir auf Beispiele aus den durch den Vesuvausbruch zerstörten Städten Pompeji und Herculanum angewiesen sind. Zweifelsohne existierte aber auch in Rom ein so anspruchsvolles Wohnhaus wie das «Haus des Fauns» noch nicht. Das liegt nicht daran, daß Campanien reicher gewesen wäre. Wirtschaftlich und kulturell bildete es eine Einheit mit der Urbs. Es waren ideologische Gründe, weshalb die herrschende Klasse Roms nicht geneigt war, irgendwelchen Luxus an den Tag zu legen, während die wohlhabenden Landbesitzer und Kaufleute Campaniens von solchen Hemmungen frei waren.
Das hellenistisch-römische Haus mit seinen eleganten Architekturformen, seinen ornamentalen Wandgemälden, seinen Skulpturen und Gärten ist eine der vollendetsten Schöpfungen der antiken Kultur. Sein plötzliches Auftreten im 2. Jahrhundert hat die Wissenschaft (wie sie es in der römischen Kunst oft zu tun pflegt) auf diametral entgegengesetzte Arten erklärt, – einerseits als originale Erfindung der italischen Welt, anderseits als reine Übernahme aus dem griechischen Bereich. In Wirklichkeit ist es eine Mischung aus beidem. Nach einer Periode des Eklektizismus, in der fremde Elemente ins römische Atriumhaus übernommen werden, kommt es zur Entstehung eines neuen Haustyps, in dem das römische Atriumhaus und das hellenistische Peristylhaus nahtlos miteinander verschmolzen sind. Die Geschichte der römischen Privatarchitektur zeigt den gleichen Ablauf wie die Entwicklung der gesamten römischen Kultur einschließlich der bildenden Künste. Daß in einem Teil des Hauses rund um das Peristyl hellenistische Bauvorstellungen verwirklicht wurden, geht allein schon aus den griechischen Bezeichnungen für solche Räume hervor wie zum Beispiel *oecus* (Wohnraum), *diaeta* (Schlafraum), *peristylium* (Säulenportikus).
Auch der Stil der pompejanischen Wandmalerei und die sonstige Innendekoration zeigen im Unterschied zur Baustruktur des Gebäudes deutlich ihre griechische Herkunft. Der oben erwähnte «Erste Stil» war die übliche Wanddekoration griechischer und hellenistischer Häuser vom 4. Jahrhundert an.
Der übliche Einwand gegen diese Herleitung lautet, daß uns weder aus Griechenland selbst noch aus den größeren Städten der hellenistischen Welt irgendetwas bekannt sei, was an die Schönheit der römischen Wandmalerei heranreiche. Hierauf ist zu erwidern, daß die Wohnquartiere hellenistischer Städte wie Antiochia, Seleukia und Alexandria kaum oder garnicht ausgegraben sind und daß der gute Erhaltungszustand der campanischen Städte ein durch den Vesuvausbruch bedingter Ausnahmefall ist. Im allgemeinen ist das Modell für das vornehme hellenistisch-römische Haus auch nicht eigentlich im griechischen Wohnhaus, sondern im hellenistischen Herrscherpalast zu suchen. Ein Beispiel dafür hat sich in Pergamon erhalten. Das Vermögen eines reichen Landbesitzers, eines römischen Bankiers oder eines Steuereinnehmers war zweifellos nicht geringer als das eines Senators; wie Polybios berichtet, hielt das Patrimonium eines römischen Senators den Vergleich mit dem eines Königs aus. In der Tat hatte sich durch die römischen Eroberungen praktisch das gesamte Kapital der Mittelmeerländer in Italien konzentriert.
Beispielhaft für den ungeheuren Aufwand der pompejanischen Häuser ist das «Haus des Fauns». Schon ein Blick auf seine Dimensionen läßt uns den Reichtum seines Erbauers ahnen. Es nimmt eine Fläche von 5500 Quadratmetern und damit das Areal eines ganzen Wohnblocks ein, kaum weniger Raum als der berühmte «Säulenpalast» in Ptolemais, der wahrscheinlich der Sitz des Statthalters war, und weit mehr als der Königspalast von Pergamon. Das Gebäude enthält zwei Atriumhöfe und zwei Peristyle, wovon eines 39 mal 42 Meter groß ist (in Ptolemais nur 29 mal 25, in Pergamon 35 mal 35). Von erlesener Schönheit ist auch die Dekoration der verschiedenen Räume. Den Fußboden einer zwischen den beiden Peristylen eingeschobenen Exedra bedeckte das herrliche Mosaik der «Alexanderschlacht», das sich heute im Museum von Neapel befindet. Es

Marmor in Privathäusern als ungewöhnlicher Luxus

Nach Cornelius Nepos Angabe war der erste, der die Wände seines ganzen Hauses auf dem Caelius mit Marmorplatten belegen ließ, der römische Ritter Mamurra aus Formiae, welcher Befehlshaber der Handwerker Julius Cäsars in Gallien gewesen war.
Nepos fügt noch hinzu, Mamurra habe als erster in seinem ganzen Hause nur marmorne Säulen gehabt, und zwar alle durch und durch aus Carystischem oder Lunensischem Marmor.
Marcus Lepidus, Quintus Catulus' Amtsgenosse im Consulate, machte die Schwellen seines Hauses von Numidischem Marmor.
Das ist die erste Spur von der Einführung Numidischen Marmors, die ich finde; doch waren es nicht Säulen oder Tafeln, wie die erwähnten aus Carystos, sondern vollständige Stücke und zu dem gemeinen Gebrauche von Schwellen. Vier Jahre nach diesem Lepidus war Lucius Lucullus Consul, welcher, wie schon die Benennung es zu erkennen gibt, dem Lucullischen Marmor seinen Namen gegeben hat, großes Vergnügen daran fand und ihn zuerst nach Rom brachte, obwohl derselbe sonst schwarz war, während der andre sich teils durch seine Flecken, teils durch seine Farben empfiehlt.

[Plinius der Ältere, Naturgeschichten, XXXVI, 7-8 (5)]

Fußboden- und Wandmosaiken

Die künstlich, wie Gemälde, bearbeiteten Bodenbekleidungen verdanken ihren Ursprung den Griechen, sind aber von dem Steingetäfel verdrängt worden. Am berühmtesten hat sich durch solche Arbeit Sosos gemacht, der zu Pergamum das sogenannte ungefegte Haus täfelte, indem er allen Abraum von der Mahlzeit und was man sonst wegzukehren pflegt, aus kleinen buntfarbigen Scherben so künstlich nachgebildet hatte, als sei es hier liegen geblieben. Bewunderungswert ist dort namentlich eine saufende Taube, welche durch den Schatten ihres Kopfes das Wasser dunkel macht; andere dagegen sonnen und federn sich auf dem Rande einer Trinkschale.
Die ersten Arten Estrich waren wohl die, welche wir jetzt barbarische oder unter Dach befindliche nennen, und die man in Italien mit Schlägeln ebnet, was man dem Namen pavimentum noch ansehen kann. Das erste in Felder abgeteilte Estrich wurde im Tempel des Capitolinischen Jupiter gemacht nach dem Anfange des dritten Punischen Krieges. Daß aber schon vor dem Cimbrischen Kriege solches Getäfel sehr verbreitet und beliebt war, sieht man aus dem Lucilischen Verse: «Auch durch künstliches Estrich und sinnig verschlungenes Bildwerk.»
Steinmosaik haben die Römer schon unter Sulla zu machen angefangen; wenigstens ist noch jetzt eins aus kleinen Steinen vorhanden, das er im Heiligtume der Fortuna zu Präneste legen ließ. Nachher ging dieses Mosaik, von den Fußböden verwiesen, an die Zimmerdecken über, und zwar bestand es aus Glas, was eine neue Erfindung war.

[Plinius der Ältere, Naturgeschichte, XXXVI, 60, 61, 64 (25)]

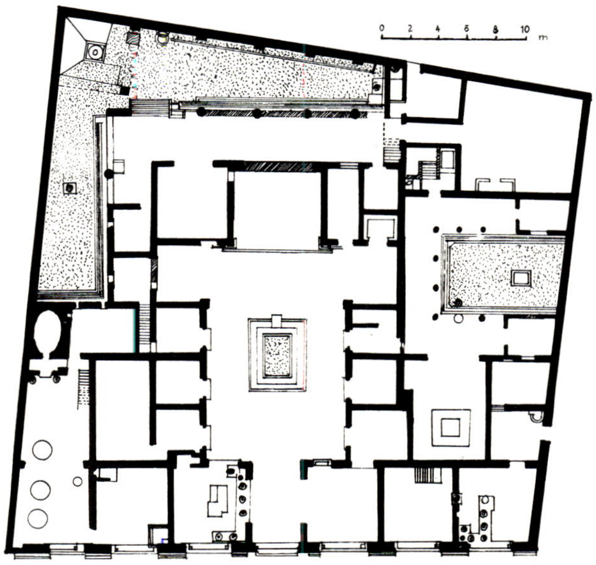

Pompeji. Haus des Sallust. Grundriß. Beispiel eines italischen Atriumhauses (3. Jahrhundert v. Chr.)

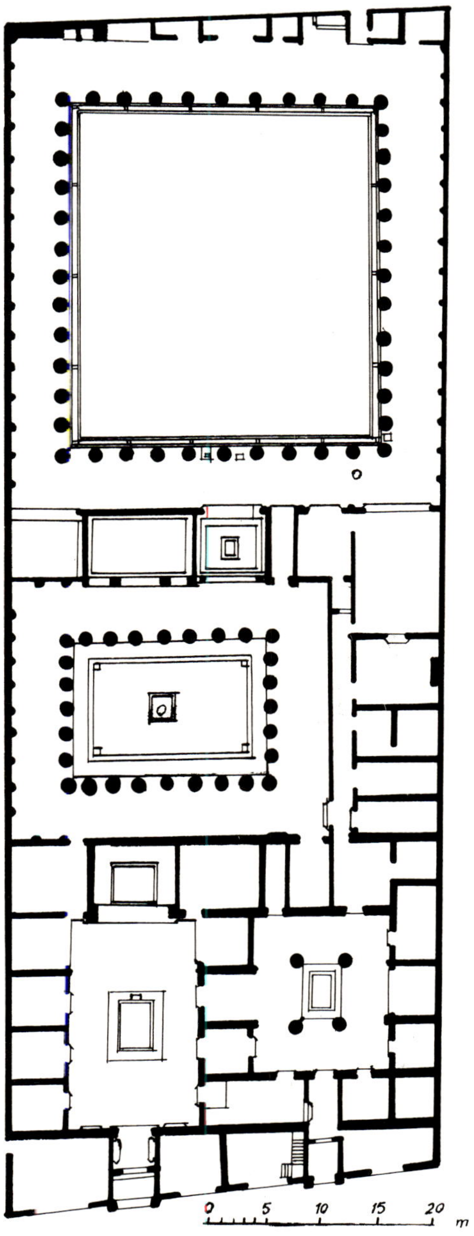

Pompeji. «Haus des Fauns». Grundriß (2. Jahrhundert v. Chr.)

ist eines der großartigsten und technisch vollendetsten Mosaiken, die uns die hellenistische Welt hinterlassen hat. Geschaffen hat es im 2. Jahrhundert v. Chr. ein griechischer Künstler, der wahrscheinlich aus Alexandria stammte. Kleinere Mosaiken von ebenso hohem künstlerischem Niveau schmückten die anderen Räume. In der Mitte des *impluvium,* eines Beckens unter freiem Himmel zum Auffangen des Regenwassers, stand die kleine Bronzeskulptur eines Fauns (genau genommen eines Satyrs, denn er hat nicht die Bocksfüße eines Fauns), nach der das Gebäude seinen Namen erhielt. Wir kennen den Erbauer des Hauses nicht. Zweifellos war er ein Angehöriger der örtlichen Aristokratie oder ein durch den Weinhandel reich gewordener Großgrundbesitzer. Jedenfalls vermittelt sein luxuriöses Besitztum eine Vorstellung von den Lebensansprüchen eines wohlhabenden Campaniers aus dem 2. Jahrhundert v. Chr. Weitere nicht ganz so großzügige, aber immerhin anspruchsvolle Häuser gibt es in Pompeji und Herculanum in großer Zahl. In Herculanum ist das «Samnitische Haus» besonders sehenswert. Es enthält ein monumentales Atrium mit doppelter Säulenordnung und verkörpert einen Architekturtyp, der im hellenistischen Bereich durch den Säulenpalast von Ptolemais vertreten war.

Einzelne Häuser aus der Spätzeit des 2. Jahrhunderts v. Chr. mit Fresken des Zweiten Stils hat man auch in Rom auf dem Palatin ausgegraben. Das bekannteste und besterhaltene ist das «Haus der Greifen» aus der Zeit um 100, das später in der Zeit des Domitian durch die umfangreiche Palastanlage der «Domus Flavia» überbaut wurde. Im Vergleich zu den weiträumigen pompejanischen Bauten handelt es sich hier nur um Wohnhäuser mittlerer Größe. Man darf nicht vergessen, daß der Palatin das bevorzugte Wohngebiet Roms war, sodaß die Grundstückspreise hoch und die Häuser sehr teuer waren. Eine relativ bescheidene Behausung kostete hier wesentlich mehr als ein repräsentatives Haus in einer kleinen Provinzstadt wie Pompeji oder ein größeres Vorstadthaus. Der Briefwechsel Ciceros vermittelt interessante Einblicke in die Baupreise dieser Zeit. Für sein Haus auf dem Palatin, das er 62 v. Chr. von Crassus gekauft hatte, bezahlte er 3500000 Sesterzen, während ihn seine Villa in Tusculum nur ungefähr 900000 Sesterzen kostete. Selbst nachdem Clodius beide Häuser abgerissen hatte, wurden die Grundstücke von den Konsuln noch mit 2000000 beziehungsweise 500000 Sesterzen bewertet. Lange nicht so teuer war dagegen Ciceros Landhaus in Formia, das bei derselben Gelegenheit auf 250000 Sesterzen geschätzt wurde. Zum Vergleich mag das vielbewunderte Haus des Rabirius in Neapel dienen, das im Jahre 68 v. Chr. für nur 130000 Sesterzen verkauft wurde, wie Cicero ebenfalls berichtet. Noch billiger waren sicherlich die großen und schönen Häuser in Pompeji. Als Vergleichsmaßstab sei der römische Ölpreis zur Zeit Ciceros mitgeteilt: Öl kostete pro Liter 2-3 Sesterzen. In Pompeji betrug zu Beginn der Kaiserzeit der Preis für einen Scheffel Weizen (6,5 Kilogramm) 3 Sesterzen, für ein Kilogramm Brot etwa 1 1/2, für einen Liter Öl etwa 3, für einen Maulesel 520 und für zwei Sklaven 5048 Sesterzen. (Umgerechnet hatte ein Sesterz ungefähr den Wert von DM 1,20. Allerdings sind derartige Wertvergleiche durch die Schwankungen der Währung immer etwas fragwürdig.)

Der Reichtum in der Ausstattung der römischen Wohnhäuser nahm vom Ende des 2. Jahrhunderts an sprunghaft zu und erreichte in der Mitte des folgenden Jahrhunderts seinen Höhepunkt. Was uns die antiken Schriftsteller über die Häuser namhafter Persönlichkeiten wie Crassus, Scaurus und Clodius in bezug auf die Verwendung von Marmor, Säulen, Mosaiken und Wandgemälden berichten, grenzt ans Märchenhafte. Doch beweisen die erhaltenen Reste jener Gebäude, daß sie nicht übertrieben haben. Eines der meisterlichsten Erzeugnisse hellenistischer Kunst, wahrscheinlich aus dem Anfang des 1. Jahrhunderts v. Chr., ist uns in den Fragmenten eines Mosaiks mit Fischen aus der Via Panisperna erhalten. Es erreicht die Vollendung der Mosaiken im «Haus des Fauns», wo sich übrigens ein quadratisches Mosaik gleichen Inhalts gefunden hat. Die Gegenüberstellung mit einem thematisch ähnlichen Mosaik aus dem unteren Teil des Heiligtums von Praeneste, das ebenfalls in der Zeit Sullas datiert ist, spricht für die gemeinsame Herkunft solcher Mosaiken aus einer alexandrinischen Werkstatt. Die Anwesenheit alexandrinischer Künstler in Rom konnte überdies für die erste Hälfte des 2. Jahrhunderts nachgewiesen werden. Wir wissen, daß Demetrios,

Oben:
Rom. Fragment eines Mosaiks mit Fischen, gefunden an der Via Panisperna. Anfang des 1. Jahrhunderts v. Chr. Wie im Fall des damit identischen Stücks aus Praeneste handelt es sich um ein von griechischen Künstlern in Rom geschaffenes Werk, das durch seine ästhetische Verfeinerung und zartabgestufte Farbigkeit von großem Reiz ist.

Rechts:
Pompeji. «Haus der Goldenen Amouretten». Peristyl. Der Besitzer dieses Hauses aus der Zeit Neros war Gneus Pompeius Abitus. Wir blicken in den von einem Säulenportikus umgebenen Gartenhof mit seinen vom Architrav herabhängenden «oscilla», griechischen Masken, Köpfchen und ähnlichem. Hier haben wir eines der interessantesten Beispiele eines pompejanischen Wohnhauses aus der Julisch-Claudischen Periode vor uns.

Pompeji. Forum:
1 Öffentlicher Platz
2 Basilika
3 Apollo-Tempel
4 Tempel des Iuppiter Optimus Maximus (Iuppiter Capitolinus)
5 Marcellum (Markt)
6 Lararium publicum
7 Tempel des Vespasian
8 Bau der Eumachia
9 Comitium
10 Sitz der Duumvirn
11 Curia
12 Sitz der Ädilen

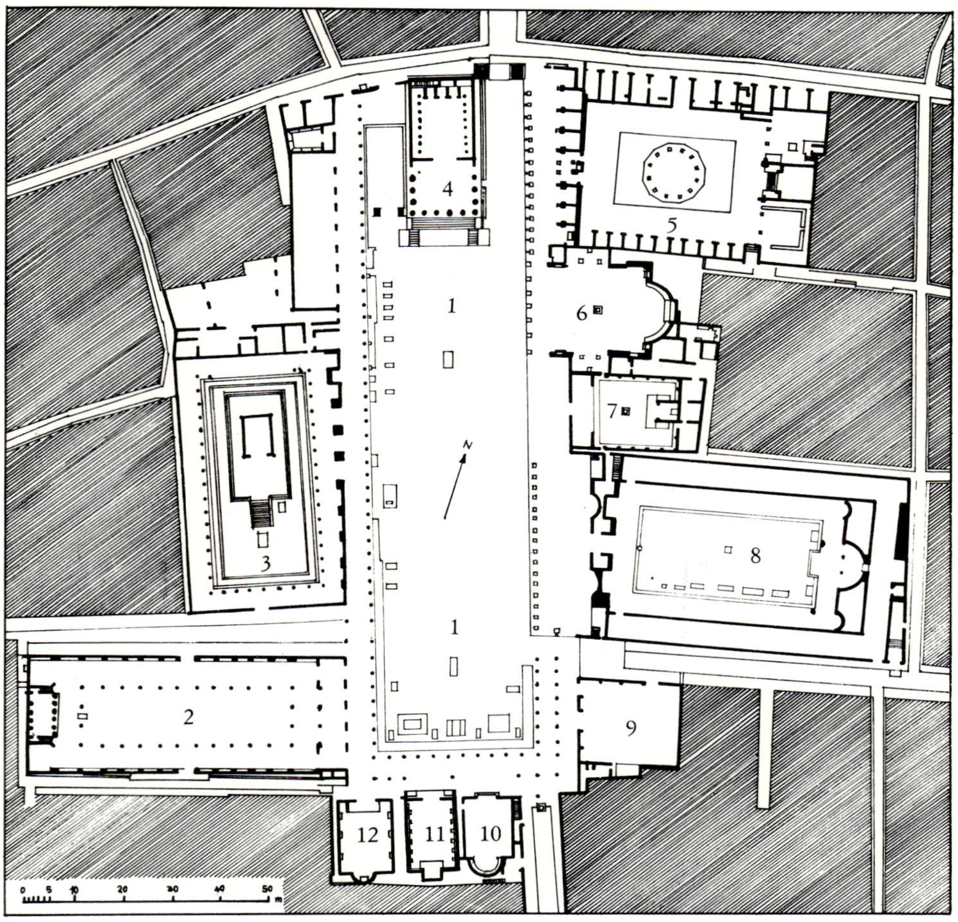

Verres als Räuber antiker Bronzen

In Agrigent steht nicht weit vom Forum ein Herkulestempel, der den Bewohnern für überaus heilig und ehrwürdig gilt. Dort befindet sich eine Erzstatue des Herkules selbst; ich könnte nicht leicht behaupten, je etwas Schöneres erblickt zu haben. Nur sind die Mundöffnung und das Kinn ein wenig abgenutzt, weil man das Bild bei Bitt- und Dankgebeten nicht nur zu verehren, sondern auch zu küssen pflegt. Bei diesem Tempel fand, als Verres in Agrigent weilte, unter der Führung des Timarchides plötzlich in stürmischer Nacht ein Auflauf und Angriff bewaffneter Sklaven statt. Die Wächter und Tempelhüter erheben ein Geschrei. Sie versuchen es zuerst mit Widerstand und Gegenwehr; sie werden mit Keulen und Knüppeln übel zugerichtet und zurückgetrieben. Sodann reißt man die Riegel ab und erbricht die Türen; man bemüht sich, das Bildnis loszumachen und mit Hebeln fortzurücken. Unterdessen verbreitete sich wegen des Geschreis in der ganzen Stadt die Kunde, nicht die unerwartete Ankunft von Feinden noch ein plötzlicher Überfall von Räubern trachte die einheimischen Götter zu erobern, vielmehr sei aus dem Hause und Gefolge des Prätors eine gerüstete und bewaffnete Schar entlaufener Sklaven erschienen.

Kein Agrigentiner fühlte sich vom Alter so angegriffen oder an Kräften so geschwächt, daß er sich nicht in jener Nacht, von der Botschaft aufgeschreckt, erhoben und die erstbeste Waffe ergriffen hätte, die der Zufall ihm darbot. So eilte man in kurzer Zeit aus der ganzen Stadt zum Tempel herbei. Schon über eine Stunde waren zahlreiche Leute mit dem Losmachen der Statue beschäftigt. Doch die rührte sich unterdessen an keiner Stelle, obwohl einige sie durch untergelegte Hebebäume in Bewegung zu bringen, andere sie mit Stricken, die sie um alle Glieder gebunden hatten, zu sich herüberzuziehen versuchten; und plötzlich kommen die Agrigentiner gelaufen. Ein großer Steinhagel setzt ein; die nächtlichen Soldaten unseres ruhmreichen Feldherrn geben Fersengeld. Immerhin nehmen sie zwei sehr kleine Statuetten mit, um nicht gänzlich mit leeren Händen zu diesem Räuber heiliger Gegenstände zurückzukehren.

[Cicero, Zweite Rede gegen Verres, IV, 94-95]

Pompeji. Thermen am Forum. Dieses Tepidarium entstand neben vielen andern öffentlichen Gebäuden gleich zu Anfang der Koloniegründung durch Sulla. Es gehörte zu einem der drei öffentlichen Bäder der Stadt. Seine reiche Stuckdekoration stammt jedoch erst aus der letzten Phase Pompejis kurz vor dem Vesuvausbruch.

ein Maler aus Alexandria, in Rom lebte und im Jahre 165 v. Chr. den verbannten König Ptolemäus VI. Philometor bei sich aufnahm. Der Maler wird als *topographos* bezeichnet, was wohl besagt, daß er Landschaftsmaler gewesen ist. Solchen alexandrinischen Malern ist sicherlich die Einführung von Landschaftsdarstellungen in die römische Wandmalerei zu verdanken, die in der Phase des Zweiten Stils sehr verbreitet waren.

Die bedeutendste Folge von Landschaftsgemälden, die sich erhalten hat, wurde in Rom gefunden. Es ist ein größerer Zyklus aus der «Odyssee», der in die Zeit um 50 v. Chr. zu datieren ist. Sie befanden sich in einem Wohnhaus auf dem Esquilin. Hier handelt es sich um die fortgeschrittenste Form der Landschaftsdarstellung, die uns die antike Kunst hinterlassen hat. Es sind nicht einfach Personen vor einem landschaftlichen Hintergrund gezeigt, sondern die Natur spielt eine beherrschende Rolle, während die menschliche Figur eher zur Staffage dient. Wir befinden uns hier in einem reifen Stadium der antiken Landschaftsmalerei, wie es in der europäischen Kunst erst im Verlauf des 17. Jahrhunderts erreicht wurde. Stilistisch besteht eine enge Verwandtschaft zu den Nilmosaiken, vor allem zu dem bekannten Mosaik in Praeneste. Die Originalentwürfe dazu scheinen bis ins 2. Jahrhundert v. Chr. zurückzugehen und sind wohl ebenfalls in der alexandrinischen Kunst zu suchen. Die Berichte über die Person des «Demetrios topographos», der um 165 in Rom tätig war, sind in diesem Zusammenhang von dokumentarischem Wert.

Neben dem hellenistisch-römischen Haus entwickelte sich gleichzeitig der Typus der Landvilla, der eine große Zukunft haben sollte. Auch hier darf die Existenz eines hellenistischen Vorbilds vorausgesetzt werden. Es war die königliche Villa, wie sie in Syrien und Ägypten vereinzelt bestanden haben muß. In einer Gesellschaft wie der römischen, deren breite Oberschicht einen hohen Lebensstandard hatte, fand eine solche Einzelerscheinung sehr rasch allgemeine Verbreitung. Der älteste Typ der Landvilla, die Vitruv «pseudo-urban» nennt, entwickelte sich in unmittelbarer Nähe der Stadt als Ort der Ruhe und der philosophisch-literarischen Muße, wie sie die führende römische und italische Gesellschaft unter dem Einfluß der griechischen Kultur allmählich schätzen gelernt hatte. Die Traktate und Briefe Ciceros geben uns eine unmittelbare Vorstellung von diesem neuen Lebensstil, der wohl im Kreis um die Scipionen zuerst praktiziert wurde. Für den Bau und die Verschönerung der Villen bediente man sich aller technischen Neuerungen und künstlerischen Errungenschaften der Zeit. Gärtner und Landschaftsarchitekten von weither wurden für die Umgestaltung der natürlichen Umgebung herangezogen. Griechische Originale von namhaften Bildhauern und Malern der Vergangenheit wurden für große Summen angekauft, und auch die weniger Reichen gelangten in deren Besitz, falls sie skrupellos genug waren; der bereits erwähnte Kunstraub des Verres war sicherlich kein Einzelfall. Die Mehrzahl der Villenbesitzer begnügte sich allerdings mit originalgetreuen Kopien, nach denen die Nachfrage groß war. Solche Kopien, die fast ausschließlich für den römischen Markt bestimmt waren, entstanden in zahlreichen griechischen Bildhauerwerkstätten, insbesondere in Athen. Durch Zufall ist uns die gesamte Ladung eines Schiffes erhalten, das gegen Ende des 2. Jahrhunderts an der tunesischen Küste unterging. Sie bestand aus Säulen und Kapitellen, Bronzestatuen (eine darunter mit dem Signum eines bekannten hellenistischen Bildhauers namens Boethos), Marmorstatuen, Bronzebeschlägen (für Möbel) und Marmorvasen. Das Schiff war ohne Zweifel auf dem Weg nach Italien und seine Ladung zur Ausschmückung einer Villa von der Art der «Villa der Papyri» in Herculanum bestimmt, in der sich eine ganze Anzahl solcher Kunstgegenstände gefunden hat. Es war kurz nach diesem Schiffsuntergang, als Cicero an seinen Freund Atticus schrieb und ihn um griechische Statuen für seine Villa in Tusculum bat.

Das großartigste uns erhaltene Beispiel einer römischen Luxusvilla (und eines der frühesten) ist die berühmte «Villa der Mysterien» in Pompeji. In ihrer ersten Bauphase stammt sie noch aus der Mitte des 2. Jahrhunderts v. Chr. Ihr heutiges Erscheinungsbild gehört einer etwas späteren Periode an. Wahrscheinlich wurde sie kurz nach der Koloniegründung durch Sulla zwischen 70 und 60 v. Chr. umgebaut. Was im Gegensatz zum Typ des Stadthauses bei dieser und ähnlichen Villen

Oben:
Baia. Große Thermen. In diesem umfangreichen, in Terrassen ansteigenden Baukomplex, der mit großer Wahrscheinlichkeit ein Werk aus dem Augusteischen Zeitalter ist, darf man wohl den Kaiserpalast von Baia wiedererkennen, eine in der Antike weithin berühmte Sommerresidenz.

Links:
Herculanum. Thermen in der Vorstadt. Neronisch-Flavisches Zeitalter.

ins Auge fällt, ist ihre Öffnung in die sie umgebende Landschaft. Das römische Stadthaus bildete einen gegen die Außenwelt abgeschlossenen Komplex und empfing sein Licht aus dem zentralen Gartenraum, dem Atrium. In der «Villa der Mysterien» dagegen öffnen sich große Fenster und Türen auf Balkone, die in einem Säulenportikus endigen und auf einem hohen Unterbau stehen. Die vorhandenen Durch- und Ausblicke sind beabsichtigt und aufeinander abgestimmt. Sie deuten auf das Wirken von unter solchen Gesichtspunkten planenden Baumeistern, von deren Vorhandensein wir auch durch antike Autoren wie Cicero und Vitruv wissen. Die Wohn- und Repräsentationsräume der Villa enthalten eine reichhaltige Innendekoration aus der Anfangszeit des Zweiten Stils. Sie ist von einer künstlerischen Vollendung, die der ihrer hellenistischen Vorbilder nicht nachsteht. Besonders eindrucksvoll sind die Darstellungen der dionysischen Mysterien, nach denen die Villa benannt wurde. Sie gehen auf griechische Wandgemälde zurück, die wahrscheinlich auf das 4. oder 3. Jahrhundert v. Chr. zu datieren sind. Die Versuche, sie für die Augusteische Periode zu beanspruchen,

Pompeji. «Haus der Vettii». Peristyl. Zusammen mit dem Gartenhof im «Haus der Goldenen Amouretten» gehört dieser Garten zu den besterhaltenen in Pompeji. Besonders reizvoll ist er durch seine Statuen- und Brunnendekoration, die «in situ» wiederaufgefunden wurde.

können nicht überzeugen. Der Mysterien-Fries entstand zweifellos in den gleichen Jahren, in denen die architektonische Ausschmückung der Villa erfolgt ist, das heißt in der Anfangsphase des Zweiten Stils um 70-60 v. Chr.
Eine weitere pompejanische Villa von hohem künstlerischem Rang, die ebenfalls aus dieser Zeit stammt, ist die «Villa in Boscoreale». Leider wurden ihre Wandgemälde abgelöst und auf verschiedene Museen verteilt. Nach der Tracht der dargestellten Personen, Angehörigen des makedonischen Königshofs, liegen diesen Fresken makedonische Vorbilder zugrunde, eine Vermutung, die durch neuere Ausgrabungen bestätigt werden konnte: In Leukadion in Makedonien hat man eine Grabstätte mit Wandgemälden ähnlichen Stils und fast gleichen Inhalts entdeckt, die auf das 4. Jahrhundert v. Chr. datiert werden konnten. Die «Villa in Boscoreale» hat auch durch einen großen Schatzfund Aufsehen erregt. Man hat daraufhin versucht, die Höhe der alljährlichen landwirtschaftlichen Erträge des zu der Villa gehörenden Gutes zu errechnen und geschätzt, daß 938 Hektoliter Wein bester Qualität ungefähr 157500 Sesterzen eingebracht haben, sodaß zusammen mit dem erzeugten Öl die jährlichen Einkünfte etwa 200000 Sesterzen betrugen. Abzüglich der Unkosten würde dies einen Reingewinn von 30000 Sesterzen bedeuten. Am Ausgang der Villa lag der Leichnam eines Mannes, der sich mit Silbergegenständen und einem Beutel voller Goldstücke im Wert von etwa 100000 Sesterzen zu retten versucht hatte. Weitere Geldbeträge von insgesamt 3700 Sesterzen wurden an anderen Stellen gefunden. So ergab sich, daß der Besitzer beim Ausbruch des Vesuvs Geld in Höhe von drei Jahresverdiensten angesammelt hatte.
In den letzten Jahren des 2. und vor allem dann im Verlaufe des 1. Jahrhunderts v. Chr. entwickelte sich ein neuer Bautyp, die «Villa marittima» oder Küstenvilla, die im Unterschied zur «urbanen Villa» und zur «Landvilla» keine landwirtschaftlichen Funktionen mehr hatte, sondern nur noch Erholungszwecken diente. Deshalb erscheint sie auch erst relativ spät. Solche Villen wurden an landschaftlich begünstigten Stellen der Küste wie am Golf von Neapel erbaut, vor allem an dessen Nordseite (um Baia und Kap Misenum) sowie am Golf von Gaeta. Zu den ältesten Küstenvillen zählte die der Cornelia, der Tochter des Scipio Africanus und späteren Mutter der Gracchen. In der Folgezeit kaufte Marius die Villa und danach Lucullus; schließlich wurde sie ein kaiserliches Patrimonium: Tiberius ist darin gestorben. Durch einen Zufall ist uns überliefert, was Marius und Lucullus für diese Villa bezahlten. Marius mußte 75000 Denar dafür aufwenden, was 300000 Sesterzen entsprach, und Lucullus bereits 2500000 Denar, das heißt 10 Millionen Sesterzen. Dies gibt eine Vorstellung von der enormen Preissteigerung für eine Liegenschaft in diesem bevorzugten Erholungsgebiet, das im Zeitalter Ciceros zum Modestrand der römischen Gesellschaft wurde und dies auch während der ganzen Kaiserzeit blieb. Die Periode der Hochblüte der Küstenvilla fällt in die mittleren Jahre des 1. Jahrhunderts; die unerreichten Vorbilder für diesen Typ blieben die Villen des Lucullus und des Hortensius in Baia und am Golf von Neapel. Immer wieder erwähnen die antiken Schriftsteller von Cicero bis Varro in irgendeinem Zusammenhang die Villen dieser beiden, jedoch vor allem, um ihr Mißfallen auszudrücken über den maßlosen Luxus, der dort herrschte. Man widmete sich der Fischzucht und ließ jene unerhört kostspieligen Aquarien erbauen, die Varro in allen Einzelheiten beschreibt. Auch Cicero spricht in seinen Briefen sehr abschätzig von zwei Persönlichkeiten, die er die *piscinarii* nennt. Hortensius und Lucullus waren die typischen Vertreter einer Aristokratie, die mit allen Kräften Sulla und seine reaktionären Reformen unterstützt hatte. Nach dem Scheitern dieser Politik hatten sie, politisch verfemt und enttäuscht, das Feld geräumt und sich aufs Land zurückgezogen, um in ihren Luxusvillen ein angenehmes Leben zu führen. Ihr Verhalten war typisch für die Zeit, in der Pompeius und zugleich mit ihm Caesar in Rom mit allen Mitteln die Alleinherrschaft anstrebten. Düsterer Pessimismus und der Rückzug in ein Leben der Muße mit jeweils stärkeren oder schwächeren literarischen Neigungen waren der Ausdruck für den Niedergang einer bis dahin herrschenden Klasse, die ihre Macht eingebüßt hatte und auch nicht mehr darum kämpfte, sie zurückzuerobern. Nichts illustriert das politische Klima der späten Republik so deutlich wie das allgemeine Abgleiten der führenden Schicht in hemmungsloses Wohlleben, für

Baia. Komplex der Großen Thermen (waarscheinlich Kaiserlicher Palast):
1 Sogenannter «Merkur-Tempel»
2 Sogenannte «Thermen des Sosandra»
3 Sogenannter «Venus-Tempel»

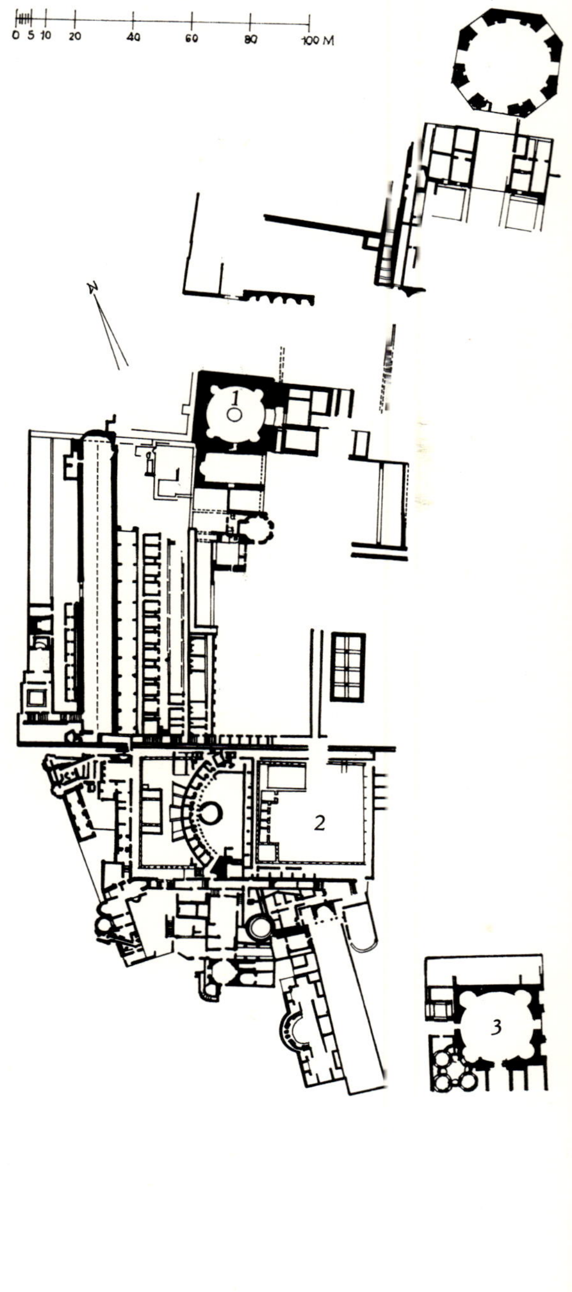

Rom. Wandgemälde eines Hauses auf dem Esquilin mit Episoden aus der «Odyssee». Um 50 v. Chr. Wiedergegeben ist der Angriff der Lästrygonen auf die Schiffe des Odysseus. Diese Darstellungen, denen hellenistische Vorbilder aus dem 2. Jahrhundert v. Chr. zugrundeliegen, sind das vollendetste, was uns an antiker Landschaftsmalerei hinterlassen ist. Rom, Musei Vaticani.

Pompeji. «Villa der Mysterien». Großer Bilderfries mit Szenen aus der dionysischen Einweihung. 70-60 v. Chr. Dargestellt sind eine Geißelung und eine Tanzende.

Pompeji. Grundriß der «Villa der Mysterien» (zweite Hälfte des 2. Jahrhunderts):
1 Hängende Gärten
2 Exedra
3 Tablinum
4 Atrium
5 Saal der Fresken mit den Dionysischen Mysterien
6 Peristyl
7 Kelter
8 Landwirtschaftlich genutzte Räume
9 Vestibül
10 Küche
11 Schwitz- und Baderaum

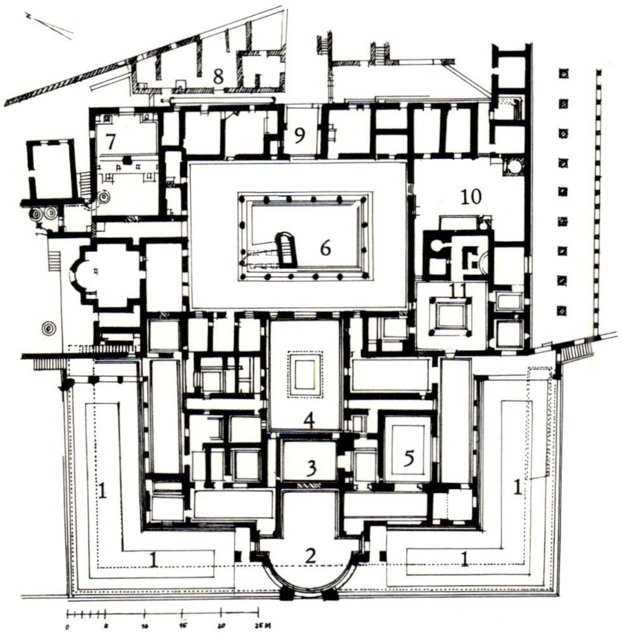

Pompeji. «Villa der Mysterien». Großer Bilderfries mit Szenen aus der dionysischen Einweihung. Von links nach rechts, oben: Trankopfer (?); Silen und junger Satyr beim Spiel auf der Lyra und der Syrinx; weiblicher Satyr beim Säugen eines Bocksjungen; junge Frau in erschrockener Abwehr. Unten: Silen tränkt einen Satyrjüngling, während ein anderer Satyr eine Theatermaske hochhält; Gruppe des Bacchus und der Ariadne; die Enthüllung des mystischen Phallus; geflügelter weiblicher Dämon, im Begriff ein junges Mädchen zu schlagen. Diese Szene (siehe vorige Seite) schließt an der folgenden Wand an.

Herculanum. «Haus des Neptun und der Amphitrite». Nymphäum. Flavisches Zeitalter. Bei der Dekoration dieses Brunnenhauses wechseln Mosaiken aus Glaspasten mit Fresken. Neben ornamentalen Motiven und Jagdszenen sind Neptun und Amphitrite wiedergegeben, und nach dieser Gruppe haben die Archäologen das Haus benannt.

das solche Villen zeugten. Den gleichen dekadenten Kulturpessimismus finden wir in der Literatur ausgedrückt. Er spricht aus den Versen Catulls trotz ihrer äußeren Heiterkeit und aus der Lebensphilosophie des epischen Lehrgedichts «De Rerum Natura» des Lukrez. Die allem zugrundeliegende Tendenz ist das zu nichts verpflichtende Dolce far niente, die Flucht aus der Wirklichkeit, insbesondere aus der brutalen Wirklichkeit des Bürgerkriegs. Wer es vermag, schafft sich sein kleines Paradies fern von der Stadt und ihren Problemen. Die Angehörigen der unteren Klassen dagegen suchen Trost in orientalischen Religionen, die jetzt mit ihren Heilsversprechen eines besseren Lebens im Jenseits allenthalben an Boden gewinnen. Eine Antwort auf die beiden Hauptfragen des Daseins, die politische und die religiöse, trug die nähere Zukunft bereits im Schoß. Die Zeit war nun reif für das Imperium und für das Christentum.

Auch in den unteren Klassen machte sich ein starker Wandel bemerkbar. Allenthalben stoßen wir auf die Erzeugnisse einer neuen Kunstauffassung, die als Volkskunst oder in der Folgezeit mit noch größerem Recht als «plebejische Kunst» bezeichnet werden darf. Eine genaue Definition der plebejischen Kunst ist schwierig, wenn nicht sogar unmöglich. Nicht nur mangelt es hier an einer breiteren literarischen Dokumentation, wie wir sie für die «offizielle» Kunst besitzen, wir haben es überhaupt mit einem wesentlich komplexeren Phänomen von einer gewissen Ungreifbarkeit zu tun. In einem Fall bringt die plebejische Kunst Originalwerke hervor, in einem andern übernimmt sie vorhandene Vorbilder der offiziellen Kunst und verändert sie nach ihren Zwecken. Im übrigen ist sie in der bisherigen Kunstbetrachtung wegen ihres bescheidenen Niveaus als «minderwertig» weitgehend unberücksichtigt geblieben, und die Forschung wird in den nächsten Jahren auf diesem Feld noch manches nachzuholen haben.

Möglicherweise ist die originale Seite der plebejischen Kunst ein Restbestand aus der italo-romanischen Tradition. Nachdem die Lebensquellen Magna Graecias und Etruriens versiegt waren, spielte auch ihre künstlerische Überlieferung bei der führenden Schicht, als ihren Bedürfnissen nicht mehr entsprechend, keine Rolle mehr. Sie hielt sich nur noch in einer abgesunkenen Formensprache im Bereich jener Mittelschicht, die sich auf dem Lande behauptet hatte. Nicht zufällig war dieser Kunststil besonders in den Klein- und Kolonialstädten verbreitet, das heißt in jenen Zonen Mittelitaliens und der Po-Ebene, wo kleinere Landbesitzer noch in einer ähnlichen Sozialstruktur existierten, wie sie in den vorausgehenden Jahrhunderten allgemein verbreitet gewesen war.

Daß diese Annahme zumindest teilweise zutrifft, beweisen die aufeinanderfolgenden Münzprägungen zwischen dem 3. und 2. Jahrhundert v. Chr. Von einem Jahrhundert zum andern zeigen sie einen stetigen Rückgang in der künstlerischen Qualität und dies zu einer Zeit, in der man aufgrund des Einströmens der griechischen Kultur in Rom gerade das Gegenteil erwarten müßte. Die Ursache dafür war zweifellos, daß diese Prägungen in der Hand von Leuten aus den unteren Schichten lagen, die vom Einfluß der neuen Stilformen unberührt geblieben waren. So wurden die Münzbilder des vorigen Jahrhunderts einfach wiederholt und die verbrauchten Prägestempel durch immer mäßigere Nachahmungen ersetzt. Kurz, die Münzen dieser Periode sind ein «plebejisches» Kunstprodukt, und nichts kann uns besser als dieses Beispiel eine Vorstellung geben von dem starken Bruch zwischen zwei grundlegend verschiedenen Kulturströmungen, die lange Zeit nebeneinander herliefen.

Unsere Darlegung bedarf aber einer Ergänzung. Tatsächlich ist die Hauptphase der Entwicklung der «plebejischen Kunst» nicht, wie zu erwarten wäre, das 2. Jahrhundert v. Chr., wenngleich Beispiele dafür auch hier vorhanden sind, sondern das 1. Jahrhundert und vor allem dessen zweite Hälfte; sie bestand dann über die gesamte Julisch-Claudische Periode hin fort. Offenbar nahmen die Mittel- und Unterklassen im 2. Jahrhundert noch wenig Anteil am kulturellen Leben. Erst im 1. Jahrhundert fingen sie im Zusammenhang mit der kolonialen Ausweitung unter Julius Caesar und Augustus an, kulturell in Erscheinung zu treten, zumal Augustus sich in hohem Grad für das Wohl der italischen Mittelklassen einsetzte. In dieser Periode allerdings bediente sich die plebejische Kunst nicht mehr so sehr italischer Ausdrucksformen, sondern nahm hellenistische Stilelemente in sich auf, die sie nach eigenen Bedürfnissen umformte.

Einsturz eines Theaters während der Spiele

Ein gewisser Atilius, ein Freigelassener, hatte bei Phidena ein Amphitheater errichtet, um dort Gladiatorenspiele zu veranstalten. Dabei war aber weder das Fundament auf festen Boden gelegt, noch der hölzerne Bau durch starke Klammern gesichert worden. Atilius hatte nämlich die Sache unternommen, nicht weil er viel Geld besaß, auch nicht, um sich bei seinen Mitbürgern beliebt zu machen, sondern lediglich aus schmutziger Gewinnsucht. Da solche Vergnügungen unter Tiberius' Herrschaft selten geboten wurden, strömten alle Schaulustigen, Männer und Frauen, alt und jung herbei, um so zahlreicher, weil der Ort nicht weit von Rom entfernt ist. Desto größer war das Unheil, als der dichtbesetzte Bau aus den Fugen ging, indem er in sich zusammenstürzte oder nach außen niederbrach und eine ungeheure Menge Menschen, Zuschauer oder außen Umherstehende, zu Boden riß und unter sich begrub.

Fünfzigtausend Menschen sind durch diese Katastrophe verstümmelt oder erdrückt worden. Für die Zukunft wurde durch Senatsbeschluß die Abhaltung von Gladiatorenspielen untersagt, wenn der Veranstalter weniger als 400000 Sesterzen im Vermögen hatte, ebenso der Bau von Amphitheatern, falls der Baugrund nicht von erprobter Festigkeit war.

[Tacitus, Annalen, IV, 62–63]

Die römische Zirkusleidenschaft

Diese ganze Zeit habe ich in köstlichster Ruhe bei Schreibtafel und Büchern verbracht. Du sagst: «Wie war das möglich, in der Stadt?» – Es gab Zirkusspiele, und diese Art der Schaustellung hat für mich nicht den geringsten Reiz. Nichts Neues, keine Abwechslung, nichts, was einmal gesehen zu haben nicht genügte. Um so mehr wundert es mich, daß so viele Tausende so kindisch immer wieder rennende Pferde und auf den Rennwagen stehende Männer zu sehen verlangen. Wenn jedenfalls die Schnelligkeit der Pferde oder die Kunstfertigkeit der Lenker sie interessierte, wollte ich noch nichts sagen; jetzt aber beklatschen sie nur die Aufmachung, lieben nur die Aufmachung, und ließe man während des Laufs, mitten im Kampf, die Farben ihre Plätze tauschen, dann würde auch ihr Interesse und ihr Beifall den Platz wechseln und sich unversehens abwenden von jenen Lenkern, jenen Pferden, die sie schon von weitem kennen, die sie bei Namen rufen. Solchen Reiz hat ein einziger wohlfeiler Rock – ich will nicht sagen: beim Pöbel, der noch wohlfeiler ist als der Rock, sondern sogar bei manchen ernstzunehmenden Männern. Wenn ich bedenke, daß sie bei einer so seichten, albernen, eintönigen Sache herumsitzen und nicht genug bekommen können, dann macht es mir doch einiges Vergnügen, daß das mir kein Vergnügen macht. Und so widme ich in diesen Tagen, die andre mit den müßigsten Beschäftigungen vertun, meine Muße herzlich gern den Wissenschaften.

[Plinius der Jüngere, Briefe, IV, 6]

Das Grabmal bildete für die Angehörigen der Mittelklasse, die kleinen und mittleren Unternehmer, die zu Wohlstand gekommenen Freigelassenen, die städtischen Beamten und die ehemaligen Berufssoldaten ein Mittel zur Erhöhung ihres sozialen Ansehens. Man darf nicht vergessen, daß die Grabstätten am Rande der städtischen Ausfallstraßen unter den Augen aller Mitbürger lagen. In wenigen Jahrzehnten wurde es zu einer wahren Manie, ein repräsentatives Grabmal zu errichten. Am Rande der Straßen erhoben sich die Mausoleen und Grabdenkmäler zu Hunderten. Jeder suchte sein Familiengrab durch die Besonderheit seiner architektonischen Form und eine neuartige Dekoration aus der Masse der übrigen Grabstätten herauszuheben. Vorherrschend war die Tendenz, die Person

Rom. Grabstele von der Via Statilia. Typisches Beispiel der römischen Grabmalkunst um die Mitte des 1. Jahrhunderts v. Chr. Rom, Musei Capitolini, Braccio Nuovo.

des Verstorbenen realistisch zu schildern. Dies geschah durch die Inschrift, sein Abbild und seine Berufssymbole, drei Gestaltungselemente, die sich konstant auf allen Grabmalen wiederfinden. Wie in jeder volkstümlichen Kunst verband sich dieser Realismus mit dem Bedürfnis nach Übersichtlichkeit. Man verzichtete auf die traditionelle Perspektive aus der Sorge um genaue Proportionen und suchte die Lebenswahrheit durch charakteristische Einzelheiten zu erhöhen. Das Einzel- oder Gruppenporträt der Grabmalkunst darf in seiner Vielseitigkeit als eine der wichtigsten Lebensäußerungen der plebejischen Kunst in der Spätrepublikanischen Periode gelten. Zum Vorbild diente ihm das realistische Porträt der aristokratischen Kunst, das in den ersten Jahren des 1. Jahrhunderts v. Chr. in Rom weite Verbreitung gefunden hatte. Eigentlich war diese Porträtkunst durch die ihr innewohnende Ideologie der altrömischen Einfachheit und bodenständigen Solidität ein archetypischer Restbestand. Aber gerade deshalb wurde sie von den unteren Klassen übernommen, die sich darin wiedererkannten und noch daran festhielten, als die führende Schicht diese Ideale längst über Bord geworfen hatte. An Stelle der «historischen» Szenen, die für die republikanische Oberschicht eine der wichtigsten Kunstgattungen darstellten, bevorzugte die plebejische Kunst naturgemäß das «Historische» im engeren Bereich. Es waren Episoden aus dem Handwerk, an denen sich die kleinen Kaufleute und Gewerbetreibenden erfreuten. Ein typisches Beispiel dafür hat sich in Rom in der Nähe der Porta Maggiore im Grabmal des Eurysaces, eines staatlichen Brotlieferanten, erhalten. Hier bildeten Getreidemaße das vielfach wiederholte Dekorationsmotiv, und der Schmuckfries zeigt die verschiedenen Vorgänge bei der Brotherstellung. Entstanden ist das Grabmal in den letzten Jahren der Republik.
Nur noch kurze Zeit sollte vergehen, bis die soziale Schicht der Neureichen, der auch Eurysaces angehörte, die politische Macht Augustus anvertraute, der seiner Herkunft nach ebenfalls ein Plebejer war.

Grabmal des Bäckers Eurysaces. 40-30 v. Chr. Als Schmuckelemente wurden hier die zylindrischen Formen verwendet, in denen die Getreidemenge abgemessen wurde. Auf dem Fries sind die verschiedenen Vorgänge bei der Brotbereitung wiedergegeben. Die Darstellung ist typisch für die «plebejische Kunst» gegen Ende der Republik und zu Beginn der Kaiserzeit.

Die Kaiserzeitliche Periode (31 v. Chr. – 193 n. Chr.)

Der augusteische Klassizismus

Die Heraufkunft des augusteischen Prinzipats nach der Periode der Bürgerkriege ist einer der kompliziertesten historischen Vorgänge der Antike. Im Gegensatz zu Caesar, dessen unverhüllte Absicht es war, eine Monarchie von orientalischem Typ zu begründen, versuchte Augustus einen Kompromiß, wie ihn wohl auch die innere Situation Roms erforderte. Als er im Januar 27 v. Chr. feierlich vor dem Senat erklärte, daß er die ihm während des Bürgerkriegs anvertrauten außerordentlichen Vollmachten zurückgeben und die alte republikanische Verfassung wiederherstellen wolle, waren seine wahren Absichten nicht ohne weiteres erkennbar. Faktisch lag die Macht beim Heer, und Augustus blieb sein oberster Befehlshaber. Wenngleich die republikanischen Einrichtungen mit beispielloser Akribie wiederhergestellt wurden, was allein schon als Beweis für ihre geringe Lebensfähigkeit dienen könnte, blieb das Hauptorgan der Revolution, das Heer, bestehen. Genauer definiert, war das Resultat dieser Bemühungen eine auf das Militär gestützte Autokratie unter dem Deckmantel der Freiheit.

Allerdings trugen andere Kräfte ein Großteil dazu bei, die augusteische Macht zu begründen, und bildeten fortan ihre soziale Grundlage. In einem als Ganzes zutreffenden Tatenbericht, den Augustus auf Bronzetafeln am Eingang zu seinem Mausoleum aufstellen ließ, versichert er, im Augenblick des Krieges gegen Antonius und Kleopatra habe ihn «ganz Italien» zum Heerführer erwählt. Was verstand er hier unter «ganz Italien»? Zweifellos waren es alle jene, die mit einem etwas unhistorischen Ausdruck als «italische Mittelklasse» bezeichnet werden könnten, der niedere Stadtadel, die mittleren und kleinen Landeigentümer, die Geschäftsleute, das heißt die ständischen Gruppen, die bisher von der aktiven Politik ausgeschlossen waren, da diese das Privileg der Senatorenklasse und der Einflußreicheren unter den Rittern bildeten. Moralisch und wirtschaftlich hatten sie die Hauptlast der blutigen Bürgerkriege zu tragen gehabt, die Italien und die Provinzen nun schon achtzig Jahre lang beunruhigten. Da sie weit zahlreicher vertreten waren als die führende Aristokratie, kam es ihnen vor allem auf die Wiederherstellung des Friedens an, während die republikanische Freiheit als Parole der im Abstieg begriffenen Führungsschicht sie weniger interessierte. Vor allem diese Klasse hatte zum Zeitpunkt der Schlacht von Actium Augustus in der Hoffnung zur Macht verholfen, daß er den Bürgerkriegen ein Ende setzen und eine neue Regierung schaffen werde, wodurch die Senatorenklasse endgültig aus dem Sattel gehoben würde. Diesen Auftrag führte der Imperator alles in allem getreulich aus.

Das umfangreiche Werk der Wiederherstellung der Ordnung, das den Hauptteil seines politischen Programms ausmachte, basierte vor allem auf der Ideologie der Mittelklassen, deren Repräsentant er letztlich war und an die er sich ausschließlich wandte. Im Gegensatz zu der kultivierten Oberschicht, die der hergebrachten Religion skeptisch gegenüberstand und die ihr Weltbild aus der griechischen Philosophie bezog, sowie zum einfachen Volk, dessen soziale und politische Be-

Rom. Caesar-Forum, Westseite. Die hier wiedergegebene Kolonnade, in deren Innern sich Tavernen befanden, wurde nach der Feuersbrunst von 283 n. Chr. unter Diokletian erbaut. Im ganzen stammt das heutige Forum aus der Zeit des Wiederaufbaus durch Trajan.

Rom. Marcellus-Theater und Tempel des Apollo Sosianus. Das erste unter Caesar begonnene und unter Augustus fertiggestellte Theater liegt an der Stelle, wo man im Republikanischen Zeitalter die provisorischen hölzernen Theater errichtet hatte. Der Tempel, der 431 v. Chr. geweiht wurde, geht in seinem heutigen Erscheinungsbild auf einen Wiederaufbau im Augusteischen Zeitalter zurück. Im Jahre 1940 hat man die Säulen wiederaufgerichtet.

Das Werk des Augustus nach seiner Autobiographie

Ich ließ die Curia errichten und das daran anschließende Chalcidicum, den Tempel des Apollo auf dem Palatin mit den Portici, den Tempel des vergöttlichten Caesar, das Lupercal, den Porticus der Octavia nahe beim Circus Flaminius, dem ich den Namen dessen belassen habe, der ihn errichtet hat, das Pulvinar des Circus Maximus, die Tempel des Iuppiter Feretrius und des Iuppiter Tonans auf dem Capitol, den des Quirinus, die Tempel der Minerva, der Iuno Regina und des Iuppiter Libertas auf dem Aventin, den Larentempel auf der höchsten Stelle der Via Sacra, den Tempel der Penaten in der Velia, den Tempel der Iuventas und den Tempel der Magna Mater auf dem Palatin. Ich ließ wiederaufbauen den Tempel des Iuppiter Capitolinus und das Theater des Pompeius, wobei ich große Summen aufwendete und keine Inschrift mit meinem Namen anbringen ließ. Ich stellte an mehreren Punkten die Wasserleitungen wieder her, die im Laufe der Zeit schadhaft geworden waren, und verdoppelte die Leistung der Aqua Marcia, indem ich eine neue Quelle in ihren Kanal einleitete.

Ich habe das Caesarforum und die zwischen dem Castor- und dem Saturntempel gelegene Basilica fertiggestellt, die von meinem Vater begonnen wurden, und als diese durch ein Feuer zerstört wurde, begann ich mit einem Neubau, wobei ich den Grundriß vergrößerte und ihr die Namen meiner Söhne beilegte. Für den Fall, daß sie nicht zu meinen Lebzeiten vollendet würde, gab ich die Anordnung, daß sie von meinem Erben beendet würde. Während meines sechsten Konsulats restaurierte ich zweiundachtzig Tempel, ohne irgendwelche zu übergehen, die dessen bedurften. In meinem siebenten Konsulat erneuerte ich die Via Flaminia von Rom bis Rimini samt allen Brücken außer der Milvischen und Minucischen Brücke. Ich erbaute auf eigenem Grund den Tempel des Mars Ultor und das Augustusforum sowie das Theater neben dem Apollotempel auf einem Terrain, das ich größtenteils aus Privathand erworben hatte und gab ihm den Namen meines Schwiegersohnes Marcellus.

[Augustus, Meine Taten, 19 ff.]

nachteiligung einen Ausgleich in den Heilslehren orientalischer Religionen fand, vertrat der Mittelstand kulturell einen ausgeprägten Konservativismus. Seine weltanschaulichen Überzeugungen entsprachen dem römisch-italischen Moralkodex aus der Zeit vor dem Einströmen des hellenistischen Kultureinflusses. Diese Überzeugungen waren traditionsgebunden, national und durch die Wertbegriffe des römischen Staatskults bestimmt, der allerdings im Laufe der Zeit seiner ursprünglichen religiösen Grundlage verlustig gegangen war. Die vielfachen Bemühungen des Augustus um eine Wiederbelebung vergessener Kulte, um die Wiedereinführung von Staatsämtern, die ihre Funktion nach und nach verloren hatten, und um die Wiederherstellung der Tempel römischer Gottheiten müssen in diesem Licht gesehen werden. Aus dieser Ideologie erklärte sich auch seine betonte Einfachheit bei repräsentativen Staatsakten. Auf sie gründeten sich seine Erlasse gegen den Luxus, die sich volkswirtschaftlich eher negativ auswirkten, und seine Versuche zur Erneuerung der öffentlichen Moral durch Bestrafung des Ehebruchs und weitreichende Ehegesetze.

Auf der andern Seite war die Wiederherstellung des Friedens, die Zentralisation der Macht und teilweise auch der Verwaltung für das innere Gefüge des Imperiums eine wirkliche Wohltat. Die Provinzen, die jetzt nicht mehr der Willkür unberechenbarer Statthalter ausgeliefert waren, blühten auf, und ganz Italien erlebte eine Zeit der wirtschaftlichen Erholung, wenn diese auch kurz bemessen war.

Das eindrucksvollste Phänomen dieser Periode ist die intensive Kolonisation, insbesondere des Westens. Gallien, Spanien, Nordafrika und die römischen Kolonien an Rhein und Donau überwanden mit erstaunlicher Schnelligkeit ihren noch bäuerlichen Status und nahmen eine urbane Wirtschaftsstruktur an. In Italien wurden die Kastelle durch städtische Zentren abgelöst, die als Wirtschaftsmittelpunkte für die Dörfer der Umgebung dienten. Dieser plötzliche Übergang zu einer Stadtkultur hatte anfangs etwas Künstliches, da er kein organisch gewachsener, sondern ein von oben her systematisch geförderter war mit dem Ziel, das Imperium in seinen verschiedenen Teilen zu einer kulturellen Einheit zu verschmelzen. Trotzdem war die augusteische Kolonialpolitik ein ausgesprochener Erfolg und hat letztlich die Voraussetzungen für die Entstehung des modernen Europa geschaffen.

Die Vereinigung der Macht in der Hand einer einzigen Persönlichkeit hatte im kulturellen Bereich bedeutsame Konsequenzen. Augustus kehrte wieder zur «Mäßigung» des Scipio Aemilianus und seines Kreises zurück, jedoch im Rahmen eines absoluten Regimes. Ohne daß er auf irgendeinen ernstzunehmenden politisch-ideologischen Widerstand gestoßen wäre, wenn man von den ersten Monaten des Prinzipats absieht, waren die Auswirkungen seiner Kulturpolitik so tiefgehend, daß wir ihren Spuren noch im heutigen Rom allenthalben begegnen. Sie reichten von der Literatur über die Architektur und bildende Kunst bis in die anonymen Bezirke der Kleinkunst. In der augusteischen Kulturpolitik verkörpert sich, in diesem Ausmaß wahrscheinlich zum ersten Mal in der Geschichte, der gelungene Versuch einer staatlichen Kontrolle über das gesamte öffentliche Leben, ein Modell, das Schule gemacht und in analogen historischen Situationen häufig Nachahmung gefunden hat.

Augustus zögerte nicht, in propagandistischer Absicht selbst zur Feder zu greifen. Außer mehreren nichterhaltenen Schriften verfaßte er jenen berühmten autobiographischen Text, der den Titel «Res gestae» trägt und seit der Entdeckung einer vollständigen Kopie in Ancyra, dem heutigen Ankara, als «Monumentum ancyranum» bezeichnet wird. Wie bereits erwähnt, war er auf Bronzetafeln eingegraben, die am Eingang seines Mausoleums auf dem Marsfeld aufgestellt waren. In diesem Dokument gibt er in einem Stil verfälschender Objektivität, wie wir ihn auch aus den «Commentarii» Julius Caesars kennen, die offizielle Version der historischen Fakten mit wenigen geschickt verteilten Werturteilen. Im ganzen darf man die «Res gestae» als ziemlich unglaubwürdig bezeichnen. Ihre Überzeugungskraft geht jedoch aus der Tatsache hervor, daß sie bis heute unwidersprochen geblieben und selbst in die Schulbücher eingegangen sind.

Trotz seiner literarischen Kompetenz bedurfte Augustus der Unterstützung anderer, um sein kulturpolitisches Programm durchzusetzen, und er betraute mit dieser Aufgabe in erster Linie Maecenas. Dieser entstammte der alten etruskischen

Aristokratie, und seine besondere Begabung lag nicht so sehr auf dem Felde der eigenen literarischen Produktion als in seiner Fähigkeit, talentierte Schriftsteller zu entdecken, die er vor den Wagen des Regimes spannte. Auch in dieser Hinsicht war der Erfolg weit größer, als man erwarten könnte, denn die Männer seiner Wahl waren Vergil und Horaz. Außerdem fand sich in Titus Livius ein Historiker, der mit der erforderlichen Breite und in meisterhaftem Stil die offizielle Geschichte der Augusteischen Periode verfaßte. Es wäre ungerecht zu behaupten, Vergil und Horaz hätten gegen ihre bessere Überzeugung geschrieben. In der Tat hatte sich das augusteische Friedensprogramm die bedingungslose Anerkennung jener Generation verdient, welche die furchtbare Zeit der Bürgerkriege miterlebt hatte, und überdies gab es auch garkeine andere politische Alternative. Die Verteidiger der Republik hatten nur ein überlebtes Regierungsprogramm anzubieten, dessen Unbrauchbarkeit keines Beweises mehr bedurfte. Die «Aeneis» war somit kein Werk politischer Propaganda, sondern drückte auf außerordentlich hohem künstlerischem Niveau die Zustimmung der italischen Mittelklassen zum augusteischen Friedens- und Reorganisationsprogramm aus. Vergil als kleiner Landeigentümer aus der Po-Ebene hatte in dieser Eigenschaft genug Gründe, innerlich daran Anteil zu nehmen. Doch wenn er auch in gutem Glauben schrieb, so läßt sich die propagandistische Absicht seines Werks nicht verkennen. Wie sonst könnte man sich die bis ins einzelne gehende Übereinstimmung zwischen bestimmten Stellen

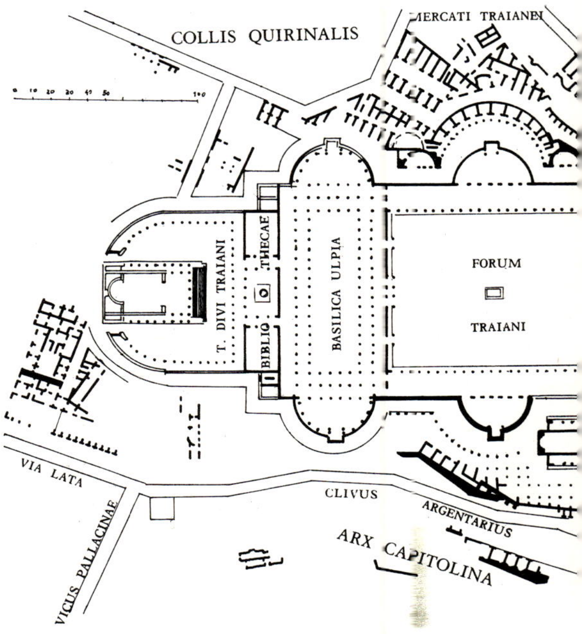

Rom. Plan der Kaiserforen

dieses Epos und den Darstellungsmotiven auf den Friesen der augusteischen Bauten erklären? Vergleicht man etwa die Aufzählung der Helden und Vorgänger des Augustus im 4. Buch der Aeneis mit der Reihe der Porträtdarstellungen auf den Portikusreliefs des Forum Augustus, so gleichen sie einander von Aeneas bis Julius Caesar wortwörtlich, sogar mit Einschluß der «Eloge» unter jedem Porträt, die in dem traditionellen Stil abgefaßt ist, wie wir ihn schon vom Grabmal der Scipionen her kennen. Man kann sich kaum vorstellen, daß diese genauen Entsprechungen unabhängig voneinander entstanden wären. In der Frage der Priorität neigt die Forschung neuerdings immer stärker dazu, das Vorbild in der Aeneis zu sehen.

Wie in der Literatur, so macht sich auch in der bildenden Kunst eine besondere Neigung für die Kultur des klassischen Griechenland bemerkbar. Es war nicht der erste römische Klassizismus, und diese Beobachtung gibt zu denken. Nach der Eroberung Griechenlands im 2. Jahrhundert v. Chr. hatte die klassische Kunst des 5. und 4. Jahrhunderts schon einmal größte Bewunderung gefunden und grundlegende Anregungen vermittelt. Auch in dieser Hinsicht greift also Augustus auf

Oben:
Rom. Fries von der Cella des Tempels des Apollo Sosianus (um 20. v. Chr.). Wiedergegeben ist eine Szene aus einem Triumph, vielleicht dem des Gaius Sosius, der im Zeitalter des Augustus den Tempel wiederaufbauen ließ, nachdem er über Judäa gesiegt hatte.

Rechts:
Rom. Augustus-Forum und Tempel des Mars Ultor. Im Verlauf der Schlacht von Philippi gegen Brutus und Cassius, die Mörder Caesars, gelobte Augustus dem Mars Ultor als dem «Rächer» einen Tempel. Geweiht wurde der Bau erst im Jahre 2 v. Chr. Gleich dem Tempel des Apollo Sosianus war er aus carrarischem Marmor erbaut. In Carrara wurde erst gegen Ende des Augusteischen Zeitalters in größerem Ausmaß Marmor gebrochen.

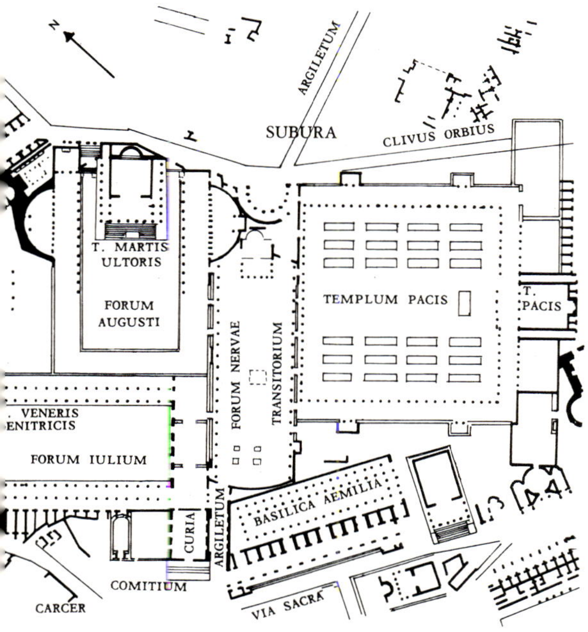

Vorgänge in der Generation des Scipio Aemilianus zurück, diesmal allerdings mit größerer Zielstrebigkeit und Systematik, da ihm die günstigere politische Situation seines Imperiums dies ermöglichte. So bekam die Kunst des Augusteischen Zeitalters den Charakter eines staatlich geförderten Klassizismus, und auch dieses Beispiel machte Schule. Der Klassizismus war noch im Zeitalter Ludwigs XIV. der Stil, in dem der Staat seinen absoluten Machtanspruch ausdrückte.

Das Architekturprogramm des Augustus war imponierend. Er selbst berichtet, daß allein im Jahre 29 v. Chr. zweiundachtzig Tempel erneuert wurden. Zwischen dem öffentlichen und privaten Aufwand bestand jedoch ein weiter Abstand. Persönliche Anspruchslosigkeit gehörte zu den Grundprinzipien der traditionellen römischen Moral. Wie bei Sueton zu lesen ist, besaß das bescheidene Haus des Augustus auf dem Palatin, das vorher dem Redner Hortensius gehört hatte, weder einen Marmorfußboden noch kostbare Einrichtungsgegenstände. Nach den Ergebnissen der letzten Grabungen ist es identisch mit dem sogenannten «Haus der Livia» auf dem Palatin. Für Augustus wurde es im Süden ein Stück erweitert. Im Anschluß daran entstand dann der großartige Apollo-Tempel zur Erinnerung an die Schlacht von Actium als eine Art Privatheiligtum für den Kaiser. Erst in späterer Zeit wurde das Ganze umbaut, sodaß das Haus des Augustus seitdem im Zentrum der kaiserlichen Palastanlage liegt. Im Gegensatz zur Schlichtheit seiner Privatwohnung konnten die öffentlichen Bauten nicht aufwendig genug sein. Au-

gustus rühmte sich, ein Rom aus Ziegelsteinen vorgefunden zu haben und ein Rom aus Marmor zu hinterlassen. Vom architektonischen Standpunkt aus war das vielleicht nicht immer eine Verbesserung. Zur Beschaffung des erforderlichen Materials wurden die großen Marmorbrüche bei Carrara erschlossen, und dieses kostbare Material fand zum erstenmal in solchem Ausmaß Verwendung. Doch mehr noch als durch bauliche Einzelleistungen war das augusteische Reformprogramm durch eine großzügige Urbanisierung Roms bedeutsam, die auf die allgemeine Verbesserung aller städtischen Einrichtungen gerichtet war. Schon Julius Caesar hatte gigantische städtebauliche Pläne gehabt, die unter anderm eine Verlegung des Tiber vorsahen, um die Vatikanzone mit dem Marsfeld zu vereinigen. Fast alle diese Projekte blieben durch seinen plötzlichen Tod unausgeführt. Was davon übrigblieb, ist jedoch genug, um von der Weitsicht des Diktators eine Vorstellung zu geben. Er hatte davon geträumt, aus dem altehrwürdigen Rom eine Weltstadt von dem Glanz und Reichtum der orientalischen Hauptstädte zu machen, deren unerreichtes Vorbild Alexandria darstellte.

Interessanterweise folgte Augustus den Absichten Caesars, die in zweierlei Richtung gingen, weitgehend. Einerseits hatte Caesar eine revolutionäre Erneuerung beabsichtigt, anderseits die Wiederherstellung aller öffentlichen Gebäude aus der Zeit der Republik. Augustus legte mit kluger Zurückhaltung das Hauptgewicht auf den zweiten Aspekt. Zur ersten Kategorie gehörte die Umgestaltung des Caesar-Forums, mit dessen Bau, wie Cicero in einem seiner Briefe berichtet, Caesar im Jahre 54 v. Chr. begonnen hatte. Damals hatte es sich nicht so sehr um ein öffentliches als um ein privates Unternehmen Caesars gehandelt, das er als Konsul auf eigene Kosten ausführen ließ. Allein der Erwerb des Geländes hatte die astronomische Summe von hundert Millionen Sesterzen verschlungen. Das Unternehmen war eine unmittelbare Reaktion Caesars auf eine Initiative des Pompeius gewesen, der ebenfalls auf eigene Kosten als Konsul im Jahre 55 v. Chr. auf dem Marsfeld das erste Theater aus Ziegelmauerwerk in Rom sowie den riesigen, von öffentlichen Gärten umgebenen Portikus errichten ließ, die seinen Namen für immer der Nachwelt bewahren sollten. Caesars Wunsch, seinen Rivalen auch auf diesem Feld zu überbieten, wird aus der Errichtung eines weiteren Theaters auf dem Marsfeld ersichtlich. Es wurde erst von Augustus fertiggestellt, und dieser widmete es dann dem Andenken seines Neffen Marcellus. Die Absicht des Caesar-Forums war, das republikanische Forum, das den Bedürfnissen der Zeit nicht mehr genügte, in Richtung auf das Marsfeld zu erweitern und gleichzeitig damit zum Ruhme seines Namens, vielleicht nach orientalischem Muster, einen repräsentativen Komplex zu schaffen; schon antike Schriftsteller wie Appianus verglichen das neue Forum mit den öffentlichen Plätzen des Parther-Reichs. Im Verlauf der Bauarbeiten, wahrscheinlich erst nach 48 v. Chr., ließ Caesar als Abschluß des Forums und in der genauen Verlängerung seiner Mittelachse den Tempel der Venus Genetrix erstellen. Er endigte in einer Apsis, in der sich die Cella mit dem Standbild der Göttin befand. Diese Apsis bildete das Endziel eines Rundgangs für den frommen Besucher. Nachdem er durch Kolonnaden zum Tempel hingeleitet worden war, gelangte er durch zwei innere Kolonnaden unmittelbar vor die Cella. Wenn man sich daran erinnert, welche dynastische Bedeutung der Kult der Venus Genetrix für Caesar hatte, begreift man die tiefere Absicht dieser Architektur. Aus der Sarkophaginschrift für seine Tante Julia wußte er bereits in früher Jugend um seine göttliche Herkunft aus der Gens Julia, die sich über Aeneas von Venus selbst herleitete. Zweifellos wollte er durch die Errichtung des Venus-Tempels diesem Privatkult die Funktion eines Staatskults verleihen und beabsichtigte aufgrund seiner mythischen Herkunft, in Rom eine Monarchie orientalischen Typs aufzurichten. Von starkem Einfluß in dieser Richtung war dann Caesars Aufenthalt in Ägypten. Er bestärkte ihn noch in solchen Ideen, denn hier begegnete er der Vergöttlichung des Herrschers auf Schritt und Tritt: So war das Caesar-Forum die monumentale Manifestation seiner Vorstellungen über sein eigenes Gottkaisertum.

Nur scheinbar standen die übrigen baulichen Unternehmungen Caesars im Gegensatz zu solchen Absichten. In den gleichen Jahren, in denen er die Arbeiten am Forum betreiben ließ, veranlaßte er auch die Wiederherstellung der antiken *Saepta* auf dem Marsfeld, jenes großen Platzes, auf dem die *Comitia centuriata* und alle

Rom. Die Basilica Julia auf dem Forum wurde unter Caesar begonnen. Augustus ließ sie nach einem Feuer von Grund auf erneuern und widmete sie dem Andenken seiner Enkel Gaius und Lucius Caesar. Nach den Eroberungen und Plünderungen, denen Rom jahrhundertelang bis zur Renaissance ausgesetzt war, hinterblieb von dem Gebäude nur soviel, daß man seinen Grundriß rekonstruieren konnte.

Die rege Bautätigkeit in Rom unter Augustus

Die Stadt Rom, die keineswegs so ansehnlich war, wie es die Würde des Imperiums erforderte und immer wieder von Überschwemmungen und Feuersbrünsten heimgesucht wurde, erfuhr unter Augustus eine solche Verschönerung, daß er sich mit gutem Recht rühmte, er hinterlasse in Marmor, was er in Ziegelstein vorgefunden habe. Er vermittelte ihr soviel Sicherheit, wie er nach menschlichem Ermessen konnte. Öffentliche Bauwerke errichtete er eine große Menge, von denen die bedeutendsten das Forum mit dem Tempel des rächenden Mars, der Apollotempel auf dem Palatin und der Tempel des Iuppiter Tonans auf dem Kapitol sein dürften. Zur Erbauung des Forums bewog ihn die Menge der Menschen und der Gerichtsverhandlungen, für welche die zwei vorhandenen Foren nicht ausreichten, sodaß ein drittes durchaus notwendig erschien.
Andere Bauwerke errichtete er auch unter fremdem Namen, nämlich im Namen seiner Enkel, seiner Gemahlin und Schwester: wie etwa den Portikus und die Basilika des Gajus und Lucius, desgleichen die beiden Portiken der Livia und Octavia und das Theater des Marcellus . . . Aber vielfach veranlaßte er auch die Einflußreichsten unter den Bürgern, die Stadt auszuschmücken, einen jeden nach seinem Vermögen, entweder mit neuen oder mit wiederhergestellten Monumenten und Bauten. Vielerlei wurde da von prominenten Mitbürgern erbaut, von Marcius Philippus der Tempel des Hercules, von Lucius Cornificius der Tempel der Diana, von Asinus Pollis das Atrium der Freiheit, von Munacius Plancus der Tempel des Saturn, von Cornelius Balbus das Theater, von Statilius Taurus ein Amphitheater und viele vortreffliche Gebäude schließlich von Marcus Agrippa.
Den ganzen Stadtumfang teilte er in Regionen und Straßenquartiere und traf zugleich die Einrichtung, daß über jene alljährlich durchs Los bestimmte Behörden, über diese die von der Einwohnerschaft jedes Straßenquartiers gewählten Quartiermeister die Aufsicht führen sollten. Gegen die Feuersbrünste führte er Nachtposten und Wächter ein. Um den Überschwemmungen Einhalt zu tun, ließ er das Bett des Tiber, das schon seit lange von Schutt angefüllt und durch eingefallene Gebäude verengt war, erweitern und reinigen. Um die Kommunikation der Stadt mit den Provinzen nach allen Seiten hin zu erleichtern, übernahm er selbst die Fortführung der Flaminischen Heerstraße bis nach Ariminum hin und verteilte die übrigen Straßen unter die Feldherren, welche Triumphe gefeiert hatten, zur Herstellung aus den ihnen zugefallenen Beutegeldern. Heilige Gebäude, welche vor Alter zusammengestürzt oder durch Feuersbrunst zerstört worden waren, stellte er wieder her und stattete sie wie die übrigen mit sehr reichen Geschenken aus.
[Sueton, Kaiserbiographien, Augustus, 29-30]

wichtigen Volksabstimmungen der Republikanischen Periode stattfinden. Die Tatsache, daß ein Gebäude in jenem Augenblick zum ersten Mal monumentale Abmessungen erhielt, in dem seine wirkliche Funktion beendet war, ist symptomatisch. Auch Augustus war ein Meister in Mystifikationen dieser Art. Allerdings neigte er weniger zu einer Vergöttlichung des Herrschers. Zu Lebzeiten hat er sie zumindest in seinem westlichen Herrschaftsbereich weit von sich gewiesen. Anders war es in Ägypten, wo man ihn als Gott Thot, eine dem griechischen Hermes und dem römischen Merkur verwandte Gottheit, verehrte, sowie im Osten, wo allenthalben Tempel für Roma und Augustus aus der Erde wuchsen. Opfer durften allerdings nur dem Genius des Kaisers dargebracht werden. Die Vergöttlichung erfolgte erst nach seinem Tode, und dies wurde auch bei allen folgenden Kaisern zur Regel.

Die unter Caesar begonnene Urbanisation der Stadt förderte Augustus mit allen Mitteln. Rom hatte nun ungefähr eine halbe Million Einwohner. So wurde es in vierzehn Stadtbezirke aufgeteilt, deren jeder eine besondere Verwaltung und die erforderlichen technischen Einrichtungen erhielt, zum Beispiel für je zwei Distrikte eine Feuerwache. Der Tiber wurde reguliert und die alten Stadttore der Servianischen Mauer wiederhergestellt; bis dahin hatten sie nur noch als topographische Orientierungspunkte gedient. Agrippa als enger Freund und Berater des Augustus führte eine neue Wasserleitung nach Rom hinein und erbaute die ersten großen öffentlichen Bäder auf dem Marsfeld in der Nähe des Pantheons, das ebenfalls in dieser Zeit entstand. Auch die übrigen Mitglieder der kaiserlichen Familie wurden zu baulichen Unternehmungen ermutigt, und zum letzten Mal finden wir andere Namen als die des Kaisers selbst mit öffentlichen Bauten verknüpft. Cornificus ließ den Diana-Tempel auf dem Aventin wiederaufbauen, Balbus das Theater auf dem Marsfeld, das seinen Namen trägt, Asinius Pollio das antike

Rom. «Ara Pacis». 13-9 v. Chr. Fries auf der Südseite des Altars. Von links nach rechts folgt auf die Gruppe der flaminischen Opferpriester (die drei vorderen mit merkwürdigen Hauben) Agrippa mit verschleiertem Kopf, hinter ihm seine Gemahlin Julia, die Tochter des Augustus, zwischen ihnen einer ihrer kleinen Söhne, wahrscheinlich Lucius Caesar, danach Tiberius, Antonia die Jüngere und ihr Gemahl Drusus mit ihrem Söhnchen Germanicus und anschließend die Familie des Enobarbus.

Aus einer Rede des Tiberius

Was in der Tat ist die erste Manifestation von Luxus, die ich verbieten sollte, um damit zu beginnen, die Sitten zur alten Einfachheit zurückzuführen? Vielleicht den grenzenlosen Umfang der Villen? Die riesige und aus allen Nationen zusammengesetzte Dienerschaft? Die Schwere der Silber- und Goldgefäße? Die Wunderwerke der Plastik und Malerei? Die kostbaren Gewänder, die ebenso von Männern wie von Frauen getragen werden? Und dazu noch den eigentlichen Luxus der Frauen, die Edelsteine, für die unser Gold zu entlegenen oder gar feindlichen Völkern abwandert?
Warum herrschte denn ehedem Sparsamkeit? Weil sich jeder selbst zu mäßigen wußte, solange wir Bürger einer einzigen Stadt waren. Auch als wir nur Italien beherrschten, war die

Versuchung noch nicht so groß. Erst durch unsere Siege über fremde Länder haben wir gelernt, fremdes Gut zu verprassen, durch die Bürgerkriege sogar unser eigenes. – Wie geringfügig sind die Dinge, die die Ädilen rügen! Wie leicht erscheinen sie, wenn man alles übrige bedenkt! Aber, fürwahr, niemand fällt es ein, zur Sprache zu bringen, daß Italien auswärtiger Hilfe bedarf, daß des römischen Volkes Leben täglich das unsichere Spiel der Meereswogen und der Stürme ist. Und wenn der Provinzen Überfluß uns Herren samt den Sklaven und den (wenigen) Äckern eines Tages nicht mehr erhalten kann, so werden uns vermutlich unsere Parks und Villen erhalten!? Diese Sorge, Senatoren, hat der Princeps zu tragen. Wird sie vernachlässigt, dann wird sie den ganzen Staat ins Verderben reißen.

[Tacitus, Annalen, III, 54]

«Atrium liberationis», auf dem die Sklaven freigesprochen wurden, und er ist auch der Erbauer der ersten öffentlichen Bibliothek in Rom. Doch die eigene Bautätigkeit des Augustus war unvergleichlich bedeutsamer. Zu den wichtigsten Bauten, die Rom ihm verdankt, gehören der Octavia-Portikus, den Augustus an der Stelle des Metellus-Portikus errichten ließ und der mit zwei Bibliotheken, einer griechischen und einer römischen, ausgestattet war, der Livia-Portikus auf dem Esquilin, das Marcellus-Theater, der Apollo-Tempel auf dem Palatin und eine unübersehbare Zahl anderer Tempel, die er teils neu erbauen, teils wiederherstellen ließ. Die Erweiterung der Öffentlichkeitszone der Foren wurde durch die Schaffung des Augustus-Forums fortgesetzt, das der Kaiser auf eigene Kosten erbaute. An der Rückseite des Forums errichtete er in einer dem Venus-Tempel des Caesar-Forums entsprechenden Position einen Tempel für Mars Ultor, den er als Rächer des Mordes an Caesar verstanden wissen wollte. Hier wird wiederum deutlich, daß es ihm um eine Verherrlichung der Dynastie ging, auch wenn sie jetzt eine mehr traditionelle Form angenommen hatte, die der römischen Mentalität eher entsprach. Der linke und rechte Seitenportikus waren mit Nischen versehen, in denen die Statuen der Gens Julia standen. Auf Aeneas folgten die Könige von Alba Longa und Rom sowie die namhaftesten Vertreter der Familie im Zeitalter der Republik. Am Ende beider Ahnenreihen war eine hohe Halle für eine Monumentalstatue des Augustus errichtet. Vielleicht wurde sie erst nach dem Tode des Imperators dort aufgestellt, aber sie war von vornherein geplant, um zu dokumentieren, daß sämtliche Ereignisse der römischen Geschichte auf die einzigartige Persönlichkeit des Herrschers hinführten. Er war es, der durch seine Person alle Gegensätze überbrückte und die feindlichen Gruppen in einer allgemeinen Befriedung ungeachtet ihrer Standes- und Parteizugehörigkeit miteinander vereinte. Dieses Programm kam dadurch nicht weniger klar und überzeu-

Rom. Das Mausoleum des Augustus wurde bald nach der Schlacht von Actium auf dem Marsfeld errichtet. Mit seinem Durchmesser von 87 Metern diente es der Bestattung aller Mitglieder der julisch-claudischen Familie. Wie schon der Name sagt, stellte diese Form des Grabmals eine Übernahme aus der Grabmalkunst der hellenistischen Herrscher dar. Zu beiden Seiten des Eingangs standen die Obelisken, die sich heute auf der Piazza del Quirinale und auf der Piazza dell Esquilino befinden.

gend zum Ausdruck, daß es in Marmor und Bronze verkörpert, statt in einer Inschrift ausgesprochen war.

Besonders aufschlußreich für das Verständnis der kulturellen und ideologischen Tendenzen des augusteischen Rom ist die ebenfalls auf dem Marsfeld errichtete Ara Pacis (der Friedensaltar). Durch ein Votum vom Jahre 13 v. Chr. gelobte der Senat anläßlich der Siege des Augustus in Spanien der Friedensgöttin diesen Altar, und im Jahre 9 v. Chr. wurde er geweiht. Bruchstücke davon hat man schon vor langer Zeit wiederaufgefunden. Sie waren seitdem in verschiedenen Antikensammlungen verstreut, und erst im Jahre 1938 konnte das Heiligtum nach einer systematischen staatlichen Grabungsaktion wieder aufgerichtet werden. Es stellt eine außerordentlich typische Lebensäußerung der Augusteischen Periode dar. Der Altar steht erhöht im Zentrum einer quadratischen Marmoreinfriedigung, die sich in zwei einander gegenüberliegenden Portalen öffnet. Offensichtlich ist hier eine hölzerne Einfriedigung nachgebildet, die den Altar ursprünglich umgab, denn der untere Teil der Innenseite zeigt noch deutlich die Lattengliederung eines solchen Vorbilds. Auch die marmornen Früchtegirlanden mit den Bucrani (Ochsenschädeln) im oberen Teil ahmen die natürlichen Girlanden bei einem Opferfest nach. Vielleicht hat ein solches Fest unmittelbar nach dem Votivgelübde in dem noch provisorischen Heiligtum stattgefunden.

Die Außenseite des Heiligtums ist von repräsentativer Reichhaltigkeit. Die unteren Reliefplatten sind von einer zierlichen Ornamentik aus Akanthusmotiven, die durch Vögel belebt sind, überzogen. Darüber ist auf den nicht von Türen unterbrochenen Seiten eine Prozession dargestellt, an der die gesamte kaiserliche Familie teilnimmt, und zwar im Augenblick des mit der Weihe des Heiligtums verbundenen Opfers. Auf den Türseiten befinden sich vier Reliefplatten. Die beiden neben dem Haupteingang geben mythische Ereignisse wieder, die im Zusammenhang mit der Gründung Roms stehen: Aeneas opfert den Penaten und die Lupercalia, jene legendäre Szene in der heiligen Grotte am Fuße des Palatin mit Romulus und Remus, die von der Wölfin gesäugt werden. Die Reliefs auf der Gegenseite sind Symboldarstellungen. Das erste, mit der auf zu Hauf geworfenen Waffen thronenden Göttin Roma, versinnbildlicht den endgültigen Sieg Roms und die auf der militärischen Überlegenheit gegründete kaiserliche Macht. Auf dem zweiten Relief ist die Erde als blühende Frau mit zwei Kindern in ihren Armen und Feldfrüchten im Schoß wiedergegeben, links und rechts flankiert von den Symbolgestalten der Luft und des Wassers und umgeben von Tieren und Pflanzen. Auch hier liegt der Sinn der Darstellung klar zutage. Gemeint ist die unge-

Lebensbericht eines Neureichen aus dem 1. Jahrhundert n. Chr. Aus dem Gastmahl des Trimalchio

Als ich aus Kleinasien kam, war ich nicht größer als dieser Kandelaber ist. Vierzehn Jahre habe ich den Schatz vom Prinzipal gemacht. Es ist ja keine Schande zu tun, was der Herr befiehlt. Ich stellte außerdem auch noch die Prinzipalin zufrieden. Ihr wißt, was ich meine: Ich schweige, weil ich keiner von denen bin, die gern prahlen. Im übrigen, da es die Götter einmal wollten, bin ich der Herr im Haus geworden, und jetzt habe ich meinen Padrone völlig in der Hand. Was will ich noch mehr? Als Miterben hat er mich neben dem Kaiser eingesetzt, und ich habe einen Besitz wie ein Senator gekriegt. Aber keiner hat je genug. Ich habe zu Handelsgeschäften Lust bekommen. Um euch nicht lange aufzuhalten: Fünf Schiffe habe ich bauen lassen, Wein geladen – damals wog er Gold auf – und nach Rom geschickt. Es war, als hätte ich's bestellt: Alle Schiffe sind gekentert, Tatsache, kein Theater. An einem Tag hat Neptun dreißig Millionen Sesterzen geschluckt. Denkt ihr, ich hätte den Mut verloren? Weiß Gott, mir hat dieser Schaden weder kalt noch warm gemacht, als ob gar nichts geschehen wäre. Ich habe andere Schiffe bauern lassen, größere und bessere und einträglichere, so daß keiner da war, der mich mit bauen lassen, größere und bessere und einträglichere, so daß keiner da war, der mich nicht einen mutigen Mann nannte. Ihr wißt, ein großes Schiff ist sicherer. Ich habe wieder Wein geladen, Speck, Bohnen, Parfüm und Sklaven. An diesem Punkt hat meine Gattin Fortunata ein gutes Werk getan; nämlich ihren ganzen Schmuck, die ganze Garderobe hat sie verkauft und mir hundert Goldstücke in die Hand gedrückt. Das war die Hefe für mein Vermögen. Alles geht gut und rasch, wenn die Götter es wollen. Mit einer einzigen Fahrt habe ich zehn Millionen zusammenverdient. Sofort habe ich alle Grundstücke eingelöst, die meinem früheren Herrn gehört hatten. Ich baue ein Haus, kaufe Knechte, Packtiere; was ich anfaßte, setzte alles an wie eine Wabe. Wenn ich anfange, mehr zu besitzen von allem, was mein Vaterland enthält, scheide ich aus dem Spiel aus. Ich ziehe mich aus den Geschäften zurück und verleihe Geld auf Zinsen. Einstweilen habe ich dieses Haus gebaut. Wie ihr wißt, war es eine elende Hütte; jetzt ist es ein Tempel. Es hat vier Eßzimmer, zwanzig Schlafräume, zwei Marmorkolonnaden, oben eine andere Wohnung, meinen eigenen Schlafraum und das Nest dieser Schlange hier, eine hochanständige Portierloge; der Gästetrakt ist ausreichend für alle meine Freunde ... Ihr könnt mir glauben: Soviel du hast, bist du wert. Ich besitze etwas, und so bin ich wer.

[Petronius, Satyricon, 75–77]

Grabmal der Caecilia Metella an der Via Appia. Um 20 v. Chr. Zur Zeit des Augustus-Mausoleums wurde es üblich, monumentale Grabstätten zu errichten. Meist waren sie von einem Grabtumulus bedeckt. Eine der bekanntesten ist das Grabmal der Caecilia Metella, der Tochter eines Metellus und Gemahlin eines Crassus. Im Mittelalter wurde es als Turm in die Befestigungsanlagen einbezogen, die sich die Caetani an der Via Appia errichteten. Aus dieser Zeit stammt der Zinnenkranz.

Folgende Seite:
Rom. Haus der Livia auf dem Palatin. «Tablinum». Die jüngsten Ausgrabungen haben ergeben, daß das Gebäude zu einem Baukomplex gehörte, in dem man das Haus des Augustus erkennen darf. Die Fresken an den Wänden des einen Raums (des sogenannten Tablinum) dürfen zu den schönsten Beispielen der Wandmalerei des «Zweiten Stils» gezählt werden und stammen vermutlich aus dem Beginn der Augusteischen Periode.

störte menschliche Existenz auf Erden, die durch die augusteische Friedenspolitik gewährleistet ist.

Schon diese Schilderung verdeutlicht, wie uneinheitlich die Gesamtkomposition des Friedensaltars ist. Realistische, mythische, symbolische und rein ornamentale Partien stehen ohne eigentlichen Zusammenhang nebeneinander. Die sie verbindende Gemeinsamkeit ist nur ihre propagandistische Absicht. Wie es in der Kunst dieser Zeit allenthalben zu beobachten ist, beeinträchtigt der staatspolitische Inhalt der Darstellung – in diesem Fall der feierliche Anlaß – die freie Entfaltung künstlerischer Intentionen. Das gleiche tritt mehr oder weniger auch auf literarischem Gebiet zutage, obwohl sich die Schriftsteller eines höheren sozialen Ansehens und damit wohl auch größerer Freiheit erfreuten als die Bildhauer und Maler. Da diese mit der Kraft ihrer Hände arbeiteten, galten sie nicht viel mehr als sonstige Handwerker. Die Kluft zwischen der Hand- und Geistesarbeit mußte in einer Gesellschaft wie der augusteischen, in der die schwere Arbeit den Sklaven oblag, naturgemäß sehr groß sein.

In ihrer Formensprache vertritt die Ara Pacis wie die gesamte offizielle Kunst der Augusteischen Periode einen akademischen Klassizismus, der zwar korrekt im einzelnen und technisch einwandfrei, im ganzen aber ohne innere Wärme und Überzeugungskraft ist. Auf dem Wege zu diesem Stil hatte die römische Kunst die verschiedensten Phasen der griechischen Kunst absorbiert, ihren klassischen Schönheitskanon, ihren hellenistischen Naturalismus, ihren neoattischen Klassizismus, um am Ende dann noch die «plebejische» Kunst hervorzubringen. Das Ergebnis dieser Stilverschmelzung war ein zwar gekonnter, aber unlebendiger und gefrorener Akademismus, denn imgrunde war eine echte Vereinigung von so vielen desparaten Elementen unmöglich.

Trotzdem darf man nicht verkennen, daß diese Epoche, wie es auch aus der Dichtung des Horaz hervorgeht, einen «bürgerlichen» Formenkanon geschaffen hat, der dann in jedem neuen Klassizismus wiederaufgenommen wurde, eine Kunstsprache ohne innere Spannungen und leidenschaftliche Anliegen, die für Jahrhunderte zur verpflichtenden Ausdrucksform der Kultur einer sozialen Mittelschicht in ganz Europa wurde. Eine Bestätigung für diese Auffassung von der augusteischen Kunst ist auch die Tatsache, daß sie in den übrigen städtischen Zentren des Imperiums starke Verbreitung fand und dort in allen kulturellen Lebensäußerungen wiederzufinden ist.

Das Mausoleum des Augustus, das, wie schon sein Name sagt, mehr von dem Vorbild der monumentalen Grabdenkmäler der hellenistischen Herrscher als von dem der etruskischen Grabtumuli beeinflußt war, wurde zu einem Modell, nach dem zahlreiche private Grabdenkmäler, darunter das Grabmal der Metelli an der Via Appia, erbaut wurden. Die dekorative Kunst orientierte sich an der Ara Pacis wie an den übrigen Historienreliefs und hat uns eine unübersehbare Menge von Opfer- und Grabaltären, Erinnerungssäulen, Heiligtümern und ähnlichem hinterlassen. Ungewöhnlich fruchtbar war die Augusteische Periode auch in der Kleinkunst. Silbergefäße, geschnittene Kameen und solche aus Glasfluß, Juwelen und vor allem die Gebrauchskeramik zeigen eine unmittelbare Abhängigkeit von der offiziellen Staatskunst. Zum Beispiel erreichte die schon in den letzten Regierungsjahren Caesars blühende Manufaktur von *Terra sigillata* in Arretium, dem heutigen Arezzo, unter Augustus die Dimensionen industrieller Produktion und blieb während der gesamten Kaiserzeit führend. Die Verbreitung der Arretinischen Keramik war in der Tat außergewöhnlich. Beispiele davon finden sich bis nach Südindien hin, ein sprechender Beweis für den Einfluß der graecoromanischen Kultur dieser Periode in Ländern, die bis dahin von westlichen Erzeugnissen unberührt geblieben waren.

Auch im privaten Bereich, der, wie wir für die Republikanische Periode schon feststellen konnten, für sich betrachtet werden muß, war die Situation nicht wesentlich anders. Hier läßt sich die Entwicklung der Wandmalerei ziemlich genau verfolgen, sowohl an den zahlreich erhaltenen Fresken in Pompeji und Herculanum als auch in Rom, wo verschiedene Privathäuser dieses Zeitabschnitts ausgegraben werden konnten.

Im Verlauf der ersten Hälfte des 1. Jahrhunderts hat sich jene Form der Wanddekoration verbreitet, die gemeinhin als «Zweiter Stil» bezeichnet wird und durch eine naturalistische Tendenz gekennzeichnet ist; die Wände sind mit Architekturperspektiven in ländlicher Umgebung geschmückt. Diese Darstellungsweise, die man als typisch römisch angesehen hat, ist in Wirklichkeit rein hellenistisch und verkörpert einen der wichtigsten Beiträge des Hellenismus zur römischen Kunst. In den ersten Regierungsjahren des Augustus wird dieser Darstellungsstil noch beibehalten. Das «Haus der Livia» auf dem Palatin ist ein vollkommenes Beispiel für den reifen «Zweiten Stil». In der «Villa Farnesina» dagegen, die am Ende des 19. Jahrhunderts auf dem rechten Tiber-Ufer ausgegraben wurde, zeigt die Wanddekoration (heute abgelöst und ins Thermenmuseum verbracht) bereits einen eklektischen Charakter. Neben hellenistischen Partien und anderen, die für den späthellenistischen Impressionismus typisch sind, gibt es hier stärker lineare und schematische Darstellungen und sogar Gemälde mit klassischen Stiltendenzen, die sich auf den Einfluß der griechischen Kunst um 450 v. Chr. zurückführen lassen. Alle diese Stileigentümlichkeiten treten nicht deutlich voneinander getrennt auf, sondern finden sich in schwer zu definierender Mischung vor. Ganz deutlich haben wir hier dieselbe Erscheinung vor uns, wie wir sie schon bei der Ara Pacis beobachtet haben, ein typisches Phänomen des akademischen Klassizismus, wenn auch in einem sozial anderen Milieu. Die Fresken der «Villa Farnesina» sind ihrem Stil nach zwischen zwanzig und vierzig Jahre jünger als die im Haus der Livia und etwa auf 20 v. Chr. zu datieren.

Etwa um 15. v. Chr. beginnt das, was man als «Dritten Stil» zu bezeichnen pflegt.

Prima Porta. Villa der Livia. Wandgemälde mit der Wiedergabe eines Gartens (heute im Museo Nazionale). Ende des 1. Jahrhunderts v. Chr.

Er ist durch einen Bildtypus gekennzeichnet, bei dem die Architekturelemente so stark vereinfacht sind, daß sie nur noch in grazilen Umrissen oder zarten Andeutungen sichtbar werden, während die Bildflächen Ton in Ton gehalten sind. Allgemein wurde eine Technik angewandt, die man als der Miniaturmalerei verwandt bezeichnen könnte. Es handelt sich um eine klassizistische Stilauffassung, die in die gleiche Richtung wie die diffusen Gestaltungstendenzen der zeitgenössischen Skulptur und Architektur geht. Man bevorzugt weiterhin großformatige mythologische Szenen, die jedoch ohne das bisherige betonte Interesse für die Hintergrundkulisse und die Perspektive wiedergegeben werden. Beliebt wird auch die flächige Gartenlandschaft, die frei von jeder architektonischen Zutat ist. Das beste Beispiel dafür bietet ein Fresko aus der Villa der Livia in Prima Porta, das sich heute im Nationalmuseum in Neapel befindet.

Oben:
Rom. Kolumbarium des Pomponius Hylas, eine unterirdische Grabkammer aus dem Zeitalter des Tiberius in der Nähe der Via Latina innerhalb der Aurelianischen Mauer, bekannt wegen ihrer Fresken und Wandmosaiken, die auch den Namen des Erbauers enthalten.

Öffentliche und private Kunst – Die Julisch-Claudische Periode

Nach der umfassenden staatlichen Neuordnung, die Augustus während seiner langen Regierungszeit vorgenommen hatte, blieb der Weg für seine Nachfolger so genau vorgezeichnet, daß es schwierig, wenn nicht unmöglich war, den einmal festgelegten Kurs grundlegend zu ändern. Dies gilt sowohl für die Außenpolitik als auch für die offizielle Kulturpolitik, die untrennbar miteinander verbunden waren. Als daher Caligula – und später Nero – versuchten, die Regierungsform des römischen Staates dem Modell der orientalischen Monarchien anzugleichen, hatte dies die verheerendsten Folgen. Unter Nero, dem letzten Vertreter des julisch-claudischen Hauses, lassen sich allerdings auf dem Feld der öffentlichen Bauten nur geringfügige Unterschiede von der staatlich gelenkten Kunst der Augusteischen Periode erkennen, wobei zu berücksichtigen ist, daß die Dokumentation dieser Zeit, insbesondere für die Innenstadt Roms, nur spärlich ist. Was hingegen den privaten Bereich betrifft, so beobachten wir von einer Herrschaftsperiode zur anderen deutliche Verschiedenheiten, was jedoch nicht, wie man annehmen könnte, durch das unvergleichlich umfangreichere Quellenmaterial, das uns hier zur Verfügung steht, bedingt ist, sondern durch den persönlichen Geschmack der einzelnen Kaiser. Naturgemäß konnten sie ihn da, wo die staatliche Repräsentation keine so wesentliche Rolle spielte, eher zur Geltung bringen.

Schon bei Tiberius, dem ersten Nachfolger des Augustus (14-37 n. Chr.), läßt sich dies feststellen. Nach seiner Natur und Erziehung in ausgesprochenem Gegensatz zu seinem Vorgänger stehend, sah er sich gezwungen, dessen Politik fortzusetzen, und das Ergebnis dieser Zwangslange war jene fast krankhafte Reizbarkeit und Bösartigkeit, die er als Herrscher an den Tag legte. Geschmacklich bevorzugte er die Kunst des reifen Hellenismus gegenüber dem neoattischen Klassizismus der augusteischen Architektur. Dies bezeugen uns die antiken Schriftsteller, aber auch die Bauten, die mit seinem Namen verbunden sind. Schon die öffentlichen Gebäude, die er wiederaufbauern ließ, als er noch garnicht Kaiser war, der Tempel des Castor und Pollux auf dem Forum und der Concordia-Tempel am Fuße des Kapitols, zeigen einen deutlichen Stilunterschied zu den von Augustus selbst gestifteten Tempeln, wie dem Tempel des Mars Ultor. Tiberius neigte mehr zu der «barocken» Formensprache Kleinasiens. Dies bestätigt auch die Wahl des Skulpturenschmucks am Concordia-Tempel. Alle diese Arbeiten stammen von Bildhauern des frühen und mittleren Hellenismus. Ganz auffallend ist diese Geschmackstendenz jedoch in seinen privaten Villen, zum Beispiel in seiner Villa auf Capri, wohin er seine Hofhaltung verlegte, um nie mehr nach Rom zurückzukehren, und in seinem Landhaus in Sperlonga, das man erst in jüngster Zeit wiederentdeckt hat. Die Wahl dieses Ortes war an sich schon bezeichnend. Tiberius liebte die einsame Meeresküste, um dort ungestört ein Leben kultivierten Müßiggangs zu führen, wie er es in der Zeit vor seiner Kaiserherrschaft auf Rhodos getan hatte. Er war darin Lucullus und Hortensius, jenen früher erwähnten Persönlichkeiten der späten Republik, nicht unähnlich,

Nächste Seite:
Rom. «Domus Aurea». Oben ein Ausschnitt aus den Gewölbefresken, unten ein Wohnraum im Ostteil des Palasts mit reicher Freskendekoration im «Vierten Stil».

und daß er in der Villa des Lucullus in Misenum gestorben ist, war für sein Dasein ein sehr typischer Abschluß.
Kennzeichnend für die Architektur und Innendekoration der Villen von Capri und Sperlonga ist ein ausgeprägter Sinn für die landschaftliche Umgebung. Diese wird als Gartenlandschaft gesehen, wobei man Naturhaftes ins Künstliche transformiert. Die Grotten werden zu Nymphäen, eine Kategorie, in die auch die berühmte Blaue Grotte bei Neapel gehört. Sie sind mit griechischen Statuen geschmückt, im Falle von Sperlonga mit späthellenistischen Originalen aus Rhodos. Auch die thematische Auswahl dieser Statuen ist aufschlußreich. Wiedergegeben werden Episoden aus der Odyssee, die sich im nahegelegenen Gaeta und Circei zugetragen haben sollen, dem Schauplatz von zwei der bekanntesten Abenteuer des Odysseus. Die Vermischung von Künstlichkeit und Natur sollte später in jener Naturauffassung wiederaufleben, die sich in der Gartenkunst der Renaissance in großartigen Parks manifestierte.
Eine neue Dekorationsform, die ebenfalls eine große Zukunft hatte, war das Wandmosaik. Diese Technik tauchte in der römischen Kunst gegen Ende der Republikanischen Periode zum ersten Mal auf und fand im Zeitalter des Tiberius und im ersten nachchristlichen Jahrhundert außerordentliche Verbreitung. Sie wurde mit Vorliebe zum Schmuck der Wände von Nymphäen und Brunnen angewandt. Wir begegnen ihr in Sperlonga und auf Capri, in der Domus Aurea und in zahlreichen Häusern Pompejis und Herculanums, hier vor allem in der letzten Phase zwischen dem Erdbeben von 62 und dem Vesuvausbruch von 79 n. Chr. In einem Einzelfall befindet sich ein Mosaik in einer Grabstätte, und zwar im Grabmal des Pomponius Hylas an der Via Latina, das der Zeit des Tiberius angehört. Zu den eindrucksvollen römischen Wandmosaiken des ersten nachchristlichen Jahrhunderts zählt die monumentale Darstellung eines Schiffes im Hafen, die das Nymphäum eines dem Patrizier Avidius Quietus gehörenden großen Hauses aus dem Zeitalter Domitians schmückte. In der häufigen Anwendung dieser Technik für die Dekoration von Nischen und weiten Flächen kündigen sich die mittelalterlichen Wandmosaiken der kirchlichen Kunst an.
Im Zusammenhang mit den kaiserlichen Villen muß auf eine charakteristische Erscheinung der ersten Dezennien der Kaiserzeit hingewiesen werden, die auch vom ökonomischen Standpunkt aus von einschneidender Bedeutung war. In der Periode von Augustus bis Nero starben nach und nach alle adligen Familien des Republikanischen Zeitalters aus. Dies war die Folge einer Reihe von Prozessen, die schon unter den Triumvirn Octavian, Antonius und Lepidus begonnen hatten und mit den Proskriptionen des Jahres 43 v. Chr., in deren Verlauf auch Cicero den Tod fand, ihren Höhepunkt erreichten. Die politische Absicht, die Mitglieder jener Klassen zu beseitigen, die bis dahin die herrschenden gewesen waren, ist evident. Anderseits war aber auch das ökonomische Ziel dieser Aktionen nicht unwesentlich. Wir werden Zeuge, daß ein Großteil der Privatvillen auf den Hügeln im Osten Roms, vom Pincio bis zum Esquilin, in kaiserlichen Besitz übergeht, so die Villa des Sallust, die des Pompeius, des Maecenas und andere. Derselbe Vorgang spielt sich auch außerhalb Roms ab. Die landschaftlich reizvollsten Küstenpartien und schönsten Inseln werden zum Patrimonium des jeweiligen Kaisers, so die Bucht von Baia, die Insel Capri und die Küste zwischen Gaeta und Terracina. An der Küste bei Sperlonga hat sich eine Inschrift mit dem Namen eines Procurators erhalten, der den kaiserlichen Besitz in Formia, Gaeta und Fondi zu verwalten hatte. Diese Art der Verstaatlichung mit ihren Vor- und Nachteilen dehnte sich in der mittleren und späteren Kaiserzeit auch auf einen Teil der Industrie aus. Ein typischer Fall dafür ist die Ziegelfabrikation, auf die wir noch zurückkommen werden.
Der Besitz großer Areale städtischen Bodens ermöglichte es einem dem Größenwahn verfallenen Herrscher wie Nero, gleich zwei riesige Palastanlagen zu erbauen, die Domus Transitoria und die Domus Aurea. Von der ersteren hat sich kaum etwas erhalten. Sie ging weit über die Grenzen des Palatin, des traditionellen Standorts der Kaiserpaläste seit Augustus, hinaus. Nur wenige Fresken mit homerischen Szenen sind als die frühesten Beispiele des «Vierten Stils» hinterblieben. Nachdem die Domus Transitoria noch zu Neros Lebzeiten durch die Feuersbrunst von 64 n. Chr. zerstört worden war, unternahm er den Bau eines noch größeren

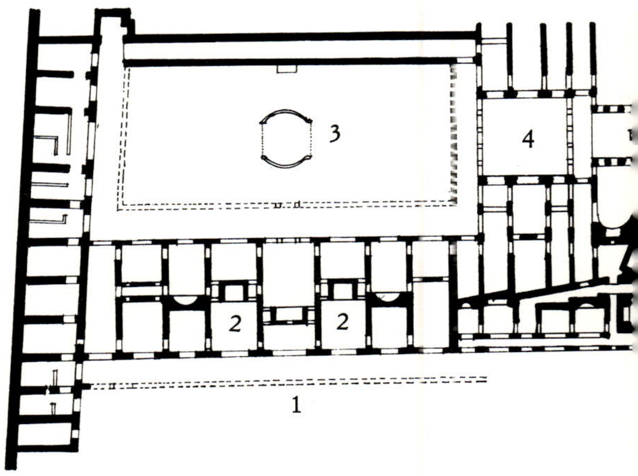

Rom. Grundriß der Domus Aurea:
1 Portikus vor der Fassade
2 Große Zimmer mit Alkoven (Wohnräume des Kaisers und der Kaiserin)
3 Peristyl
4 Nymphäum
5 Saal mit der goldenen Decke
6 Großer Korridor für die Dienerschaft
7 Achteckige Halle mit Springbrunnen

Das Goldene Haus des Nero

Die größten Summen jedoch verschlang seine Bauwut. Er verlängerte den Kaiserpalast vom Palatin bis zum Esquilin und nannte ihn zuerst das Durchgangshaus, später nach dem Wiederaufbau infolge einer Feuersbrunst das Goldene Haus. Hinsichtlich der Ausdehnung und Pracht desselben dürften folgende Angaben genügen. Das Vestibül war der Art, daß darin der hundertundzwanzig Fuß (177,42 m) hohe Koloß, ein Porträt Neros, stehen konnte, die Ausdehnung des ganzen Baues so ungeheuer, daß seine aus drei Säulenreihen bestehenden Portiken tausend Fuß (1,479 km) lang waren, daß es ferner einen Teich einschloß, der wie ein Meer von Gebäuden umgrenzt war, welche Städte vorstellen sollten, dazu Ländereien, wo Kornfelder mit Weinpflanzungen, Viehweiden mit Wäldern, belebt von einer Menge der verschiedenartigsten zahmen und wilden Tiere, abwechselten. In dem Gebäude selbst war übrigens alles mit Vergoldungen, edlen Steinen und Perlmutter ausgelegt. Die Speisezimmer hatten getäfelte Decken von Elfenbeinplatten, welche beweglich waren, um Blumen, und mit Röhren versehen, um wohlriechende Wasser von oben her über die Gäste zu streuen und zu sprengen. Der Hauptspeisesaal war eine Rotunde, welche in einem fort Tag und Nacht sich wie das Weltall drehte. Die Bäder wurden teils mit Meerwasser, teils mit Wasser aus der Albula gespeist. Als Nero dieses Prachtgebäude nach der Vollendung einweihte, sagte er, um seine Zufriedenheit auszudrücken, bloß: «Jetzt fange ich doch endlich an, wie ein Mensch zu wohnen!»

[Sueton, Kaiserbiographien, Nero 34]

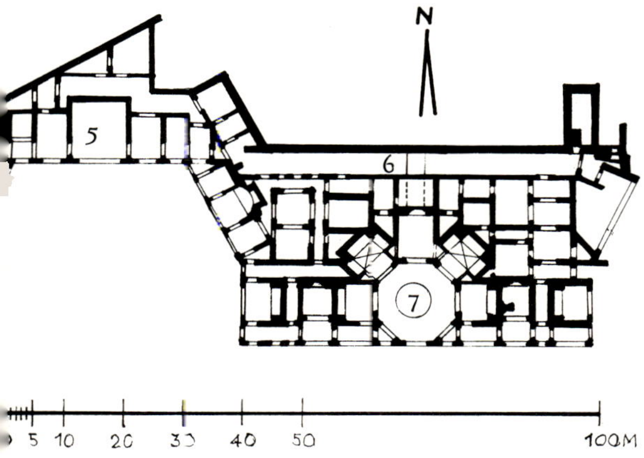

Palasts, der sich vom Palatin über den Esquilin zum Caelius erstreckte und einen umfangreichen Teil der Innenstadt einnahm. Sehr bald zirkulierten Epigramme und Pamphlete der empörten Bewohner Roms, darunter das von Sueton verfaßte berühmte Epigramm, das den Quiriten (Inhabern des Bürgerrechts) empfiehlt, auszuwandern, da «Rom von einem einzigen Haus eingenommen wird».
In Wirklichkeit war die Domus Aurea nicht so sehr ein Palast als vielmehr eine repräsentative Villa in einem riesigen Park, der mit seinen zahlreichen Pavillonen im Grünen, mit Teichen, Parkwegen, Wäldchen und bebauten Feldern nach den Grundsätzen der erlesensten Gartenkunst gestaltet war. Ein noch erhaltenes Beispiel dieser Gattung ist die Hadrians-Villa in Tivoli, die ebenfalls die Funktion einer kaiserlichen Hofhaltung hatte. Allerdings besaß die Domus Aurea den großen Vorzug, daß sie im Weichbild der Stadt lag.
Von dieser großartigen Residenz ist nur der von den Trajans-Thermen überbaute Teil erhalten. Unter diesen hat man zwei deutlich nach ihrer Bauweise unterschiedene Gebäude ausgegraben, einen einfacheren Bau im Westen und einen aufwendigeren im Osten. Zeigen sie vielleicht die unterschiedliche Hand der beiden Baumeister Severus und Celer, die nach dem Bericht von Plinius dem Älteren mit dem Bau der Domus Aurea betraut waren? Plinius hat uns auch den Namen des Malers überliefert, der die Fresken geschaffen hat. Er nennt einen Fabullus oder an anderer Stelle Famulus, die einzige Malerpersönlichkeit des Vierten Stils, die uns namentlich bekannt ist. In ihren Hauptteilen sind die Fresken ziemlich schlecht erhalten. Es handelt sich um eine komplizierte und barocke Abfolge von Architektur- und Phantasiemotiven, wie sie uns schon aus dem «Zweiten Stil» bekannt sind. Ihr ornamentaler Reichtum paßt gut zu dem Gesamtstil der Neronischen und erst recht der Flavischen Periode, welche die Schlichtheit des augusteischen Klassizismus ein für allemal hinter sich gelassen hatte. Hier erleben wir die Wiederaufwertung des «barocken» Elements des Hellenismus, das sich seit Tiberius im privaten Bereich immer mehr durchgesetzt hatte, in der offiziellen Kunst. Ihre Architekturschöpfungen und Skulpturendekorationen gehören zu den bemerkenswertesten Leistungen, welche die römische Kunst aufzuweisen hat.

Die letzten Eroberungen –
Höhepunkte der staatlichen Repräsentationskunst unter den Flaviern und Trajan

Höhepunkt der staatlichen Repräsentationskunst unter den Flaviern und Trajan
Der nach Neros Tod ausbrechende Bürgerkrieg brachte Flavius Vespasianus, der einer unbekannten Sabinerfamilie entstammte, an die Macht. Trotz der kurzen Dauer seiner Regierung gab sie der römischen Geschichte eine neue Wendung. Während Augustus im Kampf gegen Antonius die italischen Mittelklassen hinter sich gehabt hatte, stützte sich Vespasian auf die Provinzen gegen ein Italien, das ihm von seinem Rivalen Vitellus streitig gemacht wurde. Auch in der Folgezeit tendierten die Flavier dazu, die bürgerlichen Oberschichten in den Städten der latinisierten Westprovinzen politisch zu begünstigen. Aus dem römischen Senat verschwanden nun die Vertreter der Adelsfamilien endgültig. Dieser Prozeß hatte schon in der Julisch-Claudischen Periode begonnen, aber nun wurde auch der von Augustus geschaffene Stadtadel beseitigt.
Solche Vorgänge standen in vollem Einklang mit der wirtschaftlichen Situation dieser Jahre. Italien befand sich nunmehr in einem Zustand des Niedergangs. Die landwirtschaftliche Produktion war stark rückläufig. Zum Beispiel wurde Öl, das in der Spätrepublikanischen Zeit eines der Hauptausfuhrprodukte gewesen war, jetzt weitgehend aus Spanien importiert. Auch industriell stand Italien vor dem Ruin. Die Produktion der Arretinischen Keramik hatte ganz aufgehört. Keramikfabriken in Gallien deckten nun den allgemeinen Bedarf und belieferten mit ihren Erzeugnissen auch Italien. Im Laufe des 2. Jahrhunderts verschlimmerte sich dessen wirtschaftliche Lage noch weiter. Aus dem italischen Staatswesen war inzwischen ein Weltstaat geworden, dessen Zentrum Rom ohne wirtschaftlichen Rückhalt lediglich die parasitäre Hauptstadt eines ungeheuren Territoriums dar-

Seite 104-105:
Rom. Colosseum. Ostansicht, vom Hang des Palatin aus gesehen; im Vordergrund der Konstantins-Bogen. Die Außenmaße des ovalen Baus betragen 188 mal 156 Meter, seine Höhe ist 48,50 Meter. Durch den Einsturz eines Teilstücks der Außenmauer gewinnt man einen Einblick in die tragende Baukonstruktion aus Travertin. Diese wurde zuerst errichtet und erst später mit Ziegelmauerwerk ausgefüllt.

Seite 106-107:
Rom. Colosseum. Inneres. Da der ursprüngliche Fußboden der Arena sich nicht erhalten hat, blicken wir in ein kompliziertes System von unterirdischen Räumen, die alle eine wichtige Funktion für die Darbietungen des Amphitheaters hatten.

stellte, in dem die Provinzen den Charakter autonomer Nationen besaßen und die Funktion der eigentlichen Wirtschaftszentren des Imperiums übernommen hatten.
Auch auf dem künstlerischen Sektor bedeutete der Übergang vom Julisch-Claudischen zum Flavischen Zeitalter eine deutliche Zäsur. Zwar nahm die öffentliche Bautätigkeit in Rom ungestört ihren Fortgang, ja sie verstärkte sich eher noch. In dieser Phase entstanden so bedeutungsvolle Bauten wie das Colosseum, die Titus-Thermen, das Stadion des Domitian, das Friedensforum und das sogenannte Forum des Nerva, das in Wirklichkeit ebenfalls ein Werk Domitians war. Allein die plebejische Kunst, die für das Stadtbürgertum Zentralitaliens zwischen dem Ende der Republik und dem Beginn der Julisch-Claudischen Periode so charakteristisch gewesen war, hatte ihren tiefsten Punkt erreicht. Nichts beweist so deutlich den zunehmenden Verfall dieser Klasse als die aus der Endzeit dieser Produktion hinterbliebenen Grabdenkmäler.
Dagegen entwickelten sich in der Flavischen Periode und noch ausgeprägter im 2. Jahrhundert n. Chr. autonome nationale Kulturen mit eigenständigen Kunstäußerungen, sodaß wir von einer gallischen, einer rheinischen und einer afrikanischen Kultur sprechen können. Durch die Vermittlung Roms übernahmen vor allem die westlichen Provinzen die hellenistische Kultur und verarbeiteten diese, indem sie Elemente ihrer lokalen künstlerischen Überlieferung damit vereinigten. Diese Entwicklung sollte bedeutungsvoll werden für die unterschiedlichen Nationalstile des Mittelalters, deren römische Grundlage in ornamentalen Einzelheiten überall sichtbar ist.
Die offizielle Kunst in Rom blieb von allen diesen Entwicklungen unberührt. Allerdings war sie nicht mehr Ausdruck des Eigenlebens einer organisch gegliederten Gesellschaft, sondern mehr denn je die Manifestation einer reinen Hofkunst, die immer stärker von der Persönlichkeit des Imperators bestimmt war. Trotz des fortdauernden Einflusses dieser hauptstädtischen Kunst auf die Provinzen wäre es ein grober Irrtum, die Kunst der Provinzen nur als unbedeutendere Nachahmung ihres großen Vorbilds zu betrachten.
Mit den Flaviern und noch mehr mit Trajan nahm die offizielle Kunst einen stark homogenen Charakter an, und die kleinen Geschmacksschwankungen, die im Julisch-Claudischen Zeitalter noch vorhanden waren, wichen nun einer gleichmäßigen Monumentalität. Die Architektur, die sich von der klassizistischen Formensprache der Augusteischen Periode freigemacht hatte, knüpfte wieder an die republikanische Bauweise an und erzielte in der Weiterentwicklung dieser Grundlagen repräsentative Ergebnisse.
Das bedeutendste in dieser Periode entstandene Bauwerk in Rom ist das Colosseum, nicht zuletzt durch seine vollendete Konstruktionstechnik, die man im Laufe der Kaiserzeit entwickelt hatte. Der riesige Bau war in einer erstaunlich kurzen Zeit vollendet. Begonnen im Jahre 77 unter Vespasian, wurde er unter Titus weitergeführt und bereits im Jahre 80 geweiht. Man hatte also kaum drei Jahre gebraucht, um eines der imposantesten Bauwerke zu errichten, das die antike Architektur aufzuweisen hat.
Merkwürdigerweise gibt es von der Baugeschichte des Colosseums noch immer keine Gesamtdarstellung. Bis jetzt konnten nur in Spezialuntersuchungen Einzelprobleme seiner Entstehung genauer geklärt werden. Bekannt ist, daß der Bau in einem Tal errichtet wurde, das vorher von einem Teich eingenommen war, der zum Park der Domus Aurea Kaiser Neros gehört hatte. Man hat diese Tatsache als Beweis für die überragenden konstruktiven Fähigkeiten der flavischen Baumeister betrachten wollen. Vermutlich war sie eher eine Maßnahme zur Arbeitsersparnis. Die Ausschachtungen für die Fundamente hätten Erdbewegungen von 125000 Kubikmeter erfordert, während die schon vorhandene Mulde des Sees einen Großteil dieser Arbeiten unnötig machte. Das Neue und Einmalige beim Bau dieses monumentalen Theaters lag in dem konstruktiven Vorgehen seiner Baumeister. Zuerst errichteten sie sämtliche Travertinpfeiler mit den zugehörigen Gewölben, sozusagen das Skelett des Bauwerks, das als die tragende Stützte der Cavea (der Zuschauertribüne) diente. Diese Bauweise ermöglichte die gleichzeitige Tätigkeit mehrerer Bauhütten und hatte den Vorteil, daß man in der schlechten Jahreszeit weitgehend unter Dach arbeiten konnte. Das Material für

Rom. Die «Domus Augustana» auf dem Palatin stammt aus dem Zeitalter Domitians («Augustus» hat in diesem Fall die allgemeine Bedeutung «Herrscher»). Blick in den großen Innenhof, der als repräsentativer Eingang des Palasts von der dem Circus Maximus zugekehrten Seite aus diente. In seiner Mitte erhob sich eine große Fontäne innerhalb einer kunstvollen Brunnenanlage. Im Hintergrund erkennt man die oberen Geschosse, die dem ansteigenden Gelände geschickt angepaßt sind.

Neuplanung Roms nach einer Brandkatastrophe unter Nero

Übrigens machte sich Nero den Untergang seiner Vaterstadt zunutze und erbaute sich einen Palast, der nicht so sehr durch Edelsteine und Gold, die ja längst etwas Gewöhnliches und durch Verschwendung Gemeines waren, ein Wunderwerk sein sollte, als durch Wiesen und Teiche, durch den Wechsel von einsamen Wäldern, freien Plätzen und Ausblicken.
Der Raum, den diese Palastanlagen noch von der Stadt übrig ließen, wurde übrigens nicht, wie nach dem gallischen Brande, mit ungleichmäßigen und planlos aufgeführten Bauten ausgefüllt. Vielmehr wurden regelmäßige Häuserzeilen und breite Straßen angelegt, man beschränkte die Höhe der Häuser, ließ Hofräume frei und baute Säulengänge an, um die Front der Mietshäuser zu decken. Diese Säulengänge versprach Nero auf eigene Kosten zu bauen und die Bauplätze den Hausbesitzern abgeräumt zu übergeben. Ferner setzte er je nach dem Stande und Vermögen eines jeden verschieden hohe Preise aus und legte eine Zeit fest, innerhalb der sie die Paläste oder Mietshäuser vollendet haben mußten, um sie zu erlangen. Zur Aufnahme des Schuttes bestimmte er die Sümpfe bei Ostia. Die Schiffe, die mit Getreide den Tiber aufwärts gefahren waren, mußten den Schutt als Rückfracht nehmen. Die Häuser selbst sollten bis zu einer bestimmten Höhe ohne Gebälk, nur aus Sabiner- oder Albanersteinen erbaut werden, weil diese feuerfest sind. Ferner sollte das Leitungswasser, das bisher von Privatleuten willkürlich abgefangen wurde, staatliche Aufseher bekommen, damit es der Allgemeinheit reichlicher und an zahlreicheren Stellen zur Verfügung stände. Auch mußte ein jeder Feuerlöschgeräte in seinem Vorhofe bereit halten. Die Häuser sollten auch keine gemeinsamen Wände mehr haben, jedes Gebäude ringsum eigene Brandmauern. Alle diese Maßnahmen wurden aus praktischen Gründen getroffen, verschönerten aber auch die neue Stadt. Trotzdem waren einige der Meinung, es sei die alte Bauart der Gesundheit zuträglicher gewesen, weil die engen Straßen und hohen Häuser die Sonnenglut besser abhielten.

[Tacitus, Annalen, XV, 42-43]

die noch fehlende Vermauerung und Ummantelung konnte von einer großen Anzahl von Arbeitern herangeschafft und in verhältnismäßig kurzer Zeit verbaut werden, ähnlich wie man heute bei Stahlskelettbauten verfährt.

Die öffentliche Bautätigkeit der Flavier blieb jedoch nicht auf das Colosseum beschränkt. Vespasian ließ das Friedensforum errichten, das Plinius als das schönste Bauwerk Roms bezeichnet hat. Titus gelang in seiner kurzen Regierungszeit die Vollendung der Thermen, die seinen Namen tragen; er vervollständigte damit die repräsentive Bebauung des Gebiets rund um das Colosseum. Der eifrigste Bauherr unter den flavischen Herrschern war aber ohne Zweifel Domitian, dessen Bautätigkeit durch eine verhältnismäßig lange Regierungszeit (82-96) begünstigt wurde. Seiner Natur nach tendierte er zu einer stark zentralisierten Herrschaftsgewalt nach Art der orientalischen Despotien, und so war er nach Nero der erste Kaiser, der ein großartiges privates Bauprogramm entwickelte. Sein Vater Vespasian und sein Bruder Titus hatten sich, wohl auch wegen der berechtigten Empörung der Bürger über die Verschwendungssucht ihrer Vorgänger, mit den vorhandenen Residenzen begnügt und sogar aktiv an der Beseitigung der Reste der Domus Aurea mitgewirkt. Trajan führte wohl oder übel diese Arbeit in der Erkenntnis ihrer eminenten politischen Bedeutung zu Ende.

Domitian hingegen ließ sich auf dem Palatin eine luxuriöse Palastanlage erbauen und darüberhinaus zahlreiche Kaiservillen, deren anspruchsvollste am Albanersee gelegen war und der späteren Hadrians-Villa im Luxus ihrer Ausstattung und der Größe ihrer Parkanlagen kaum nachstand. Der vom Kaiser bevorzugte Baumeister war Rabirius. Die Quellen überliefern seinen Namen auch als Erbauer

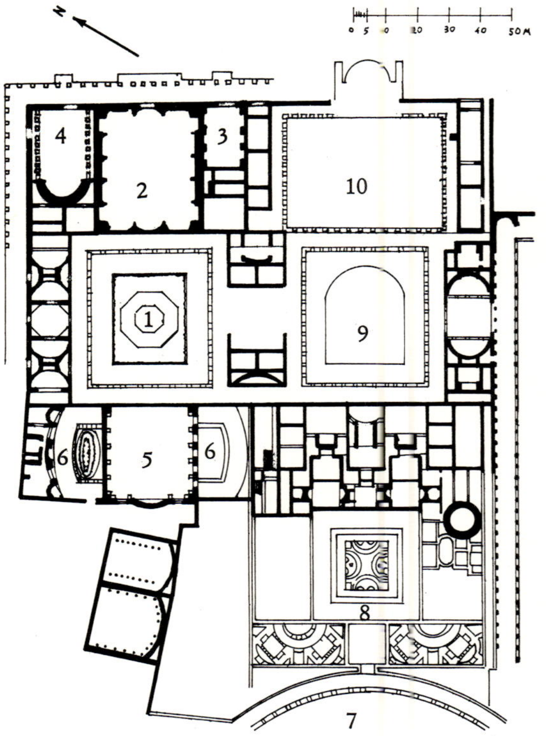

Oben:
Rom. Palatin. Heutige Ansicht der Fassade der Kaiserpaläste zum Circus Maximus hin. Im Hintergrund die große Exedra mit dem Portal der «Domus Augustana», im Vordergrund die mächtigen Reste der Palastanlage des Septimius Severus.

Links oben:
Rom. Die «Domus Augustana» auf dem Palatin. Blick auf das Stadion, das den Gebäudekomplex nach Süden abschloß.

Rom. Grundriß des Domitians-Palasts auf dem Palatin.
Links die sogenannte Domus Flavia:
1 Peristyl
2 Aula Regia
3 Lararium
4 Basilika
5 Triclinium
6 Nymphäum
Rechts die sogenannte Domus Augustana:
7 Fassade
8 Atrium mit großer Fontäne
9 Peristyl
10 Peristyl

des Kaiserpalasts auf dem Palatin. Der Palast Domitians unterschied sich insofern stark von der Domus Aurea, als er ein geschlossener Baublock war. In sich bestand er aus zwei Teilen, der Domus Flavia im Nordwesten, die Repräsentationszwecken diente, und dem daran anschließenden Komplex, der Domus Augustana, in der sich die Wohngemächer der Kaiserfamilie befanden.

Bei der Planung des Wohntrakts hatte der Baumeister die natürliche Gestalt des nach dem Circus Maximus hin abfallenden Geländes geschickt berücksichtigt und eine reizvolle Stufengliederung der Innenräume vorgesehen. Die Front des Palasts öffnete sich in einem weiten Halbrund. Auf diese Exedra folgte ein Peristyl mit einer Fontäne. Dahinter lag eine größere Anzahl von Zimmern, in deren Mitte zwei Treppen zur oberen Terrasse des Hügels führten, wo sich weitere Gruppen von Zimmern zu beiden Seiten zweier Peristyle befanden. An das Ganze schloß im Südwesten eine Reitbahn an. Solche Hippodrome waren eine beliebte Zutat großer Villen.

Die Domus Flavia enthielt eine kleinere Anzahl von Räumen, die ebenfalls um ein Peristyl angeordnet waren. Sie bestanden hauptsächlich aus zwei Gruppen. Im Nordwesten lag die Aula Regia, die von der Basilika und dem sogenannten Lararium (einer Privatkapelle) flankiert war. Im Südwesten befand sich das aufwendig ausgestattete Triclinium (der Speisesaal), zu dessen beiden Seiten sich ein Nymphäum anschloß. Die erste Gruppe von Räumen diente der kaiserlichen Repräsentation und wurde auch von den Nachfolgern Domitians noch lange zu diesen Zwecken benutzt. Der Domitians-Palast ist durch seine im Vergleich zu den übrigen Kaiserpalästen zentrale Lage, durch seine hervorragende Raum-

SENATVS
POPVLVSQVEROMANVS
DIVOTITODIVIVESPASIANIF
VESPASIANOAVGVSTO

Rom. Titus-Bogen. Erbaut wurde er unter Domitian am oberen Abschnitt der Via Sacra. Auf seinem Innengewölbe befinden sich die berühmten Reliefs zur Erinnerung an den Sieg über Judäa im Jahre 71 n. Chr.

Die Bauten des Domitian

Unter diesem Kaiser entstanden zahlreiche öffentliche Gebäude: Die sieben Atrien, die Pfeffermagazine, über denen sich heute die Konstantinsbasilika erhebt, und die Magazine des Vespasian, der Tempel des Castor und der der Minerva, die Porta Capena, das Heiligtum der Gens Flavia, das Divorum, der Isis- und Serapistempel, der Tempel der Minerva Chalcidica, das Odeon, der alte Porticus Minucius, das Stadion, die Titus- und die Trajansthermen, das Amphitheater bis zum obersten Geschoß, die Tempel des Vespasian und des Titus, der Tempel des Iuppiter Capitolinus, die vier Gladiatorenkasernen, der Domitianspalast auf dem Palatin, die Fontäne der Meta Sudans und das Pantheon.

[Der Chronograph von 354]

Die Wunder Roms

Beinah ebenso groß sind die Wunderwerke der Stadt wie die Erfolge der römischen Waffen; wenn man die Gesamtmasse zusammenstellen und gewissermaßen an einer Stelle aufhäufen wollte, so würde sich etwas so Großartiges zusammenfinden, als wenn sozusagen eine zweite Welt an einem Orte beschrieben würde. Denn wenn wir auch den von Cäsar erbauten Circus Maximus, der nur eine Länge von drei Stadien (1800 Fuß) hat und eins breit ist, aber mit den Gebäuden vier Morgen Land bedeckt und Sitze für 250000 Menschen bietet, nicht unter die großen Bauwerke rechnen wollen, müssen wir dann nicht unter den Prachtbauten zum mindesten die bewunderungswürdige Basilika des Paulus mit den Phrygischen Säulen, das Forum des vergöttlichten Augustus, den Friedenstempel des Kaisers Vespasian, die schönsten Bauten, welche die Welt jemals gesehen hat, anführen? Nicht auch das Dach des von Agrippa aufgeführten Diribitorium, während schon vorher der Baumeister Valerius aus Ostia für die Spiele Libos dem Theater zu Rom eine Decke gegeben hatte.

[Plinius der Ältere, Naturgeschichte, XXXVI, 101-103]

Die Entstehung des Hafens von Civitavecchia zur Zeit Kaiser Trajans

Der herrliche Landsitz ist von saftgrünen Äckern umgeben und liegt unmittelbar an der Küste; in einer Bucht wird eben jetzt ein Hafen angelegt, dessen linke Mole bereits auf solidem Fundament ruht, während an der rechten noch gearbeitet wird. Vor der Hafenausfahrt entsteht eine Insel, die als Wellenbrecher gegen die vom Wind herangetriebenen Wassermassen dienen und auf beiden Seiten den Schiffen ein sicheres Einlaufen gewähren soll. Die Anlage ist ein Meisterwerk der Technik. Ein breites Last-

gliederung, durch die Vielseitigkeit und Kühnheit seiner architektonischen Lösungen, etwa der riesigen Deckenwölbung der Aula Regia, das eindrucksvollste uns hinterbliebene Beispiel eines kaiserlichen Palasts. Und dies ist gewiß kein Zufall. Domitian war ein Herrscher, für den die Repräsentation der Kaisermacht ein zentrales Anliegen darstellte. Er betrachtete diese Würde als ein von den Göttern verliehenes *Charisma* und war der erste Kaiser, der zu Lebzeiten den Titel *Dominus* annahm.

Auch auf dem Gebiet des staatlichen Bauwesens war Domitian von einer bemerkenswerten Tatkraft. Seine Hauptleistung bestand ohne Zweifel in der Wiederherstellung des Marsfelds und des Kapitols, wo um 80, in der Regierungszeit seines Vorgängers Titus, ein großes Feuer gewütet hatte. Als Zeugnis seiner umfangreichen öffentlichen Bautätigkeit hat sich allerdings nur jenes große Stadion erhalten, das der heutigen Piazza Navona zugrunde liegt.

Der Kaiser beabsichtigte, der Nachwelt auch ein Forum zu hinterlassen, das Forum Transitorium. Es wurde jedoch erst nach seinem Tod im Jahre 97 unter Nerva geweiht und trug fortan dessen Namen. Was sich davon erhalten hat, zeigt in seiner Architekturdekoration die barocke Formensprache der späten flavischen Kunst. Die gleichen Stiltendenzen finden sich zum Beispiel auch in den hervorragenden Reliefs des Titus-Bogens, in denen der Triumph dieses Herrschers postum dargestellt ist, vermutlich erst in der Regierungszeit Domitians.

Seinen Höhepunkt erreichte das römische Historienrelief im Zeitalter Trajans, jenes «neuen Caesar», unter dem das Imperium durch die Annexion dreier neuer Provinzen, nämlich Dakiens, Arabiens und Mesopotamiens, seine größte Ausdehnung erfuhr. Seine Eroberungen suchte der Kaiser durch einer Reihe von imposanten öffentlichen Bauten mit den entsprechenden Historienreliefs zu verherrlichen. Dazu gehörte auch das Forum Trajanum, ein Werk des Apollodorus von Damaskus. Dieser hatte als Ingenieuroffizier im zweiten Dakischen Krieg die monumentale Steinbrücke über die Donau gebaut. Im Trajans-Forum nahm er das von Julius Caesar bereits in Angriff genommene Vorhaben einer Verbindung zwischen dem republikanischen Forum und dem Marsfeld wieder auf und führte es einer endgültigen Lösung entgegen. Bei dieser Gelegenheit wurde der Geländesattel zwischen Quirinal und Kapitol ausgeglichen, wie eine Inschrift auf der Trajans-Säule besagt. Vom ideologischen Standpunkt aus war es bezeichnend, daß der Imperator gleichzeitig mit dem Bau eines eigenen Forums zum Wiederaufbau des Caesar-Forums schritt. Beide zusammen sollten seinen imperialen Machtanspruch verkörpern. Das Trajans-Forum diente vor allem der Verherrlichung seiner eigenen Taten, insbesondere seiner großen Erfolge im Dakischen Krieg. Man darf vermuten, daß eine Reihe von überlebensgroßen Statuen dakischer Kriegsgefangener die Attika der beiden Seitenportici krönten. Auch der monumentale, in drei Durchgängen sich öffnende Triumphbogen, der den Eingang des Forums bildete, scheint mit Reliefdarstellungen des siegreichen Feldzugs und des anschließenden Triumphs geschmückt gewesen zu sein. Anscheinend waren sie aber nicht identisch mit den späteren Reliefs gleichen Inhalts auf dem Konstantins-Bogen. In der Mitte des Platzes war das bronzene Reiterstandbild des Imperators aufgestellt, um der Bedeutung seiner Person für den römischen Staat das entsprechende Gewicht zu verleihen. Augustus hatte in seinem Forum nichts Vergleichbares versucht. Aber eine Parallele dazu bot das Caesar-Forum, in dessen Mitte ebenfalls eine Reiterstatue den Ruhm des Diktators verkündete.

Der eindrucksvollste und nahezu unversehrt erhaltene Bestandteil des trajanischen Bauprojekts ist die berühmte Säule. Sie darf als das früheste Beispiel eines Triumphmonuments gelten, wie es sich nur in wenigen Exemplaren erhalten hat, in Rom nur noch in der Säule des Marc Aurel und in Konstantinopel in der Theodosius- und Arcadius-Säule.

Da die Trajans-Säule in der Antike auf einem von der Basilica Ulpia und den beiden Bibliotheken des Forums umschlossenen, engen Platz stand, konnte man ihre Reliefs von den Dachterrassen dieser Gebäude aus besser betrachten, als dies heute von unten her möglich ist, zumal sie ursprünglich eine reiche polychrome Bemalung aufwiesen. Die Säule wirkte auf diesem begrenzten Raum weniger durch ihre Monumentalität als durch den Inhalt ihrer Darstellungen.

Rom. Nerva-Forum. Südostseite. Im Zentrum des Forums befand sich ein Minerva-Tempel. Die Darstellungen auf dem Fries über den wenigen noch vorhandenen Säulen behandeln Mythen aus dem Minerva-Kult. Der Gesamtkomplex wurde bereits in der Regierungszeit Domitians erbaut, aber erst unter Nerva geweiht. Der barocke Reichtum der Architekturdekoration ist typisch für den Spätstil der Flavischen Periode.

schiff bringt gewaltige Felsblöcke heran; diese werden einer nach dem andern versenkt, bleiben durch ihr Eigengewicht an Ort und Stelle und fügen sich nach und nach zu einer Art Damm zusammen. Schon ragt ein steinerner Rücken sichtbar aus dem Wasser, der die anbrandenden Wogen bricht und weithin aufwallen läßt. Das gibt dort ein gewaltiges Getöse, und das Meer ringsum ist weiß von Schaum. Auf die Felsblöcke will man später noch Pfeiler setzen, die mit der Zeit dem Ganzen das Aussehen einer natürlichen Insel geben sollen. Dieser Hafen wird den Namen des Erbauers tragen, trägt ihn schon jetzt und wird sich als überaus nützlich erweisen, denn die auf weite Strecken hafenlose Küste wird sich seiner als Zufluchtsort bedienen.

[Plinius der Jüngere, Briefe, VI, 31]

Architekten im Dienste Trajans

Caius Plinius an den Kaiser Trajan: Herr, das Theater in Nicaea, das zum großen Teil bereits steht, aber noch nicht ganz fertig ist, hat, wie ich höre - die Abrechnung ist nämlich noch nicht geprüft - mehr als 10 Millionen verschlungen; ich fürchte, für nichts und wieder nichts. Denn das Bauwerk hat sich gesenkt und große Risse bekommen, mag es daran liegen, daß der Boden feucht und weich oder das Material mürbe und nicht widerstandfähig ist. Jedenfalls müßte man sich überlegen, ob man es fertigstellen, liegenlassen oder gar abreißen sollte. Denn die Pfeiler und Substruktionen, mit denen man es von Zeit zu Zeit abzustützen sucht, erscheinen mir eher kostspielig als solide . . .

Ebenso haben die Nikomeder ein durch Feuer zerstörtes Gymnasium vor meiner Ankunft wiederaufzubauen begonnen, und zwar weit geräumiger und ausgedehnter, als es gewesen war, und schon eine bedeutende Summe darauf verwandt; ziemlich zwecklos, fürchte ich. Denn der Bau ist uneinheitlich und zusammenhanglos. Außerdem behauptet ein Architekt, allerdings ein Konkurrent dessen, der ihn begonnen hat, die immerhin 22 Fuß dicken Wände könnten die aufliegenden Lasten nicht tragen, weil sie immer nur mit Bruchstein gefüllt und nicht mit Ziegelwerk verkleidet seien.

Auch die Bewohner von Claudiopolis bauen oder - genauer gesagt - graben ein gewaltiges Bad in einer Niederung, die dazu noch von einem Berge überragt wird, und zwar mit dem Gelde, das die von Dir gnädigst ernannten Ratsherren als Eintrittsgeld bereits gezahlt haben oder auf meine Aufforderung hin zahlen werden.

Sie bot eine fortlaufende Schilderung der Zeitgeschichte, ähnlich wie dies die Schriftrollen der benachbarten Bibliothek in Worten taten. In großer Ausführlichkeit waren hier die Ereignisse der beiden dakischen Feldzüge des Kaisers wiedergegeben. Tatsächlich ist die dokumentarische Reichhaltigkeit der Illustrationen so groß, daß sie angesichts der lückenhaften schriftlichen Überlieferung über die Regierungsperiode Trajans die vollständigste Geschichtsquelle über diese Kriege darstellen. Auch in anderer Hinsicht war die Trajans-Säule ein bedeutsames Monument. In ihrer Basis hatte man in einer dafür vorgesehenen kleinen Cella die Asche des Imperators in einer goldenen Urne beigesetzt, und dies war nach dem Wunsch Trajans von vornherein die Zweckbestimmung dieser Triumphsäule.

Mit Trajan erreichte das Historienrelief den Status seiner Reife. Daß es in den baulichen Unternehmungen gerade dieses Herrschers einen so hervorragenden Platz einnahm, ist wohl kaum ein Zufall. Schon seit Anbeginn stand es, wie wir bereits sahen, in Zusammenhang mit dem römischen Imperialismus, und eine seiner Hauptaufgaben war, die Idee der Welteroberung zu propagieren. Trajan als neuer Caesar und Soldatenkaiser hatte die Grenzen des römischen Imperiums bis zu ihren äußersten Möglichkeiten erweitert. Er mußte seiner Natur nach gerade dieser Kunstgattung besondere Förderung angedeihen lassen, was letztlich dazu führte, den Bauten des urbanen Zentrums von Rom immer stärker und am Ende ausschließlich den Charakter einer Hof- und Staatsarchitektur zu verleihen.

Die Reliefs der Trajans-Säule sind stilistisch und inhaltlich nahe verwandt mit den späteren auf dem monumentalen Fries des Konstantins-Bogens, denen die Reliefs des Trajans-Forums möglicherweise zum Vorbild gedient haben. Sie werden dem gleichen Bildhauer zugeschrieben, der gewöhnlich als «Meister der Ruhmestaten Trajans» bezeichnet und häufig für identisch mit dem Baumeister des Forums, Apollodorus von Damaskus, erklärt wird. Man hat auch in den Reliefs des Titus-Bogens eine Jugendarbeit dieses Künstlers erkennen wollen, und tatsächlich besteht eine gewisse Ähnlichkeit mit dem Stil der Reliefs der Trajans-Säule.

Im Entstehungsprozeß einer eigenständig römischen Kunst stellt die Trajans-Säule den Status des erreichten Ziels dar. Seit dem ersten Auftreten des Historienreliefs, etwa in der Ara des Domitius Enobarbus, bei der die übernommene griechische Form mit römischen Inhalten erfüllt worden war, was einen sichtbaren Eklektizismus zur Folge hatte, ist es nun in eine Phase eingetreten, in der das griechische Erbe vollständig absorbiert und durch Elemente der plebejischen Kunst bereichert ist. Das Historienrelief hat sich jetzt in jeder Weise dem realistischen Geschichtsinhalt angeglichen, den es wiedergeben soll. Sein Erscheinungsbild ist ein grundlegend neues, und es ist zu einem höchst charakteristischen Ausdruck der offiziellen römischen Kunst geworden. Die einzelnen Szenen, die auf der Trajans-Säule in der ununterbrochenen Folge ihres zeitlichen Ablaufs wiedergegeben werden, sind trotzdem in sich geschlossene Episoden, die dadurch nichts von ihrer einmaligen Aussagekraft verloren haben. Es ist das erste Mal, daß die Kontinuität des geschichtlichen Hergangs sich so vollständig im Relief widerspiegelt. Ein Vergleich mit der Prozession der Ara Pacis, in der die gefrorene Bewegung eines Augenblicks für immer festgehalten ist, kann besser als alle Worte den Unterschied zwischen der idealisierenden Kunst des augusteischen Klassizismus und der erzählerischen Natürlichkeit des trajanischen Darstellungsstils dartun. Betrachtet man dann Einzelheiten des Reliefs, so nimmt man bewundernd den Reichtum der künstlerischen Mittel wahr, die von Fall zu Fall angewandt sind. Sie reichen von einer erstaunlichen plastischen Modulationsfähigkeit bis zu Abstraktionen, die scheinbar dem Realismus der Gesamtdarstellung widersprechen, wie zum Beispiel die Stadtprospekte aus der Vogelschau mit ihren unwirklichen Proportionen oder die viel zu klein wiedergegebenen Schiffe. Alles dies behält seine Überzeugungskraft durch die erzählerische Kontinuität, die eine Episode mit der andern verbindet. Statt diese Kontinuität zu stören, dient die verkürzende und gleichsam stenographische Art der Wiedergabe dazu, das Wesentliche des Hergangs mitzuteilen. Aber auch manche aus der griechisch-humanistischen Tradition überkommenen Werte sind noch lebendig. So wird

Rom. Trajanischer Markt. Diese monumentale Exedra aus Ziegelmauerwerk, hinter der sich ein unregelmäßiger Komplex von in mehreren Stockwerken aufsteigenden Läden und Werkstätten verbarg, ist eines der berühmtesten Beispiele von planvoller Urbanisierung Roms für nichtoffizielle Zwecke.

Da ich also befürchte, daß dort öffentliche Gelder, hier – was noch kostbarer ist als alles Geld – Dein Gnadengeschenk übel angelegt wird, sehe ich mich gezwungen, Dich zu bitten, nicht nur wegen des Theaters, sondern auch wegen dieser Bäder einen Architekten zu schicken, der entscheiden wird, ob es praktisch ist, nach den einmal gemachten Aufwendungen die Bauten, so gut es geht, zu Ende zu führen, wie sie begonnen sind, oder auszubessern, was mangelhaft, und zu verwerten, was verwertbar ist, damit wir nicht, während wir zu retten suchen, was einmal aufgewendet ist, schlecht verwenden, was wir drauflegen müssen.
Trajan an Plinius: Was mit dem in Nicomedia im Bau befindlichen Theater geschehen muß, wirst Du am besten an Ort und Stelle überlegen und bestimmen. Mir genügt es, wenn Du mir meldest, für welche Seite Du Dich entschieden hast...
Für Gymnasien haben die Griechen eine Schwäche; deshalb haben sich auch die Nicomeder vielleicht allzu kühn an dessen Errichtung herangemacht. Aber sie müssen mit dem zufrieden sein, was ihnen genügen könnte.
Was Du den Bewohnern von Claudiopolis raten willst betreffs des Bades, das sie, wie Du schreibst, an einer wenig geeigneten Stelle begonnen haben, mußt Du selbst wissen. An Architekten kann es Dir nicht fehlen. Es gibt keine Provinz, in der sich nicht tüchtige Ingenieure fänden; Du mußt Dir nur nicht einbilden, es sei einfacher, sie sich aus Rom schicken zu lassen, denn auch zu uns kommen sie meist aus Griechenland.
[Plinius der Jüngere, Briefwechsel mit Kaiser Trajan, 39-40]

Inschrift auf der Trajanssäule

Senat und Volk von Rom dem Kaiser Caesar Nerva Trajanus Augustus, Sohn des göttlichen Nerva, dem Germanicus, Dacicus, Pontifex Maximus, zum siebzehnten Male mit der Würde des Tribunen bekleidet, Kaiser zum sechsten Male, Konsul zum sechsten Male, Vater des Vaterlands. (Diese Säule) gibt Zeugnis von der Höhe des Berges, der abgetragen wurde, und von der Großartigkeit der Arbeiten, die zu diesem Zweck ausgeführt wurden.

zum Beispiel der Kaiser nicht in hieratischer Frontalansicht, sondern als Mensch unter Menschen dargestellt. Römisch an dieser Auffassung ist, daß er porträthafte Züge trägt. Er erscheint in natürlicher Haltung im Gespräch mit seinen Untergebenen, vorzugsweise in Dreiviertelansicht. Es ist schwer zu beurteilen, wieviel Propaganda sich hinter einer solchen Konzeption verbirgt. Man darf nicht vergessen, daß es sich um ein Publikum handelte, das für gewisse Seiten des humanen Griechentums noch empfänglich war. Die gleiche Mentalität stellt man bei der Darstellung der besiegten Feinde fest. In ihrer Rolle als Verwundete oder Gefangene sind sie nicht wie in der späteren römischen Kunst als wilde Bestien dargestellt, sondern als Menschen, denen man Achtung und Verständnis schuldig ist. Aeschylos hatte die bei Salamis besiegten Perser in ähnlicher Weise geschildert.
Im Gegensatz zu Rom als urbanem Zentrum, das einen Sonderfall darstellte, bot das übrige Italien in dieser Periode ein Bild des wirtschaftlichen Niedergangs. Die Flavisch-Trajanische Periode war eine Übergangszeit. Unabwendbar wurde das allgemeine Desaster dann erst im 2. Jahrhundert. Wir sprachen schon von dem völligen Dahinschwinden jener volkstümlichen oder «plebejischen» Kunst, die in der Spätrepublikanischen und Julisch-Claudischen Periode die künstlerische Lebensäußerung der Provinzstädte gewesen war. Diese Erscheinung war die Folge des Ruins der mittelständischen Unternehmerschicht, die das Rückgrat des republikanischen und augusteischen Italien gewesen war. Ihre zunehmende Verarmung läßt sich in ihrem Anfangsstadium zum Beispiel in den vom Vesuvausbruch verschütteten Städten deutlich ablesen. Auf das Erdbeben von 62 n. Chr., das große Teile von Pompeji und Herculanum zerstört hatte, folgte eine Phase des Wiederaufbaus, die im Augenblick der Katastrophe noch nicht abgeschlossen war. Bei näherer Untersuchung der wiederaufgebauten Häuser stellt man außer einem allgemeinen Absinken des künstlerischen Niveaus (was sich in der geringeren Qualität der neuen Wandgemälde bemerkbar macht) bei den anspruchsvolleren Häusern und Villen eine eigentümliche Veränderung fest. Das «Haus des Cryptoporticus» in Pompeji und das «Samnitische Haus» in Herculanum gehen in die Hände anderer Besitzer über, die sie in mehrere Wohnungen aufteilen. Besonders auffallend ist die Veränderung der «Villa der Mysterien», die aus einer Luxusvilla zu einem einfachen Gutshaus wird, wobei ihre gepflegten Räume zu landwirtschaftlichen Zwecken herabgewürdigt werden. Ähnlich ergeht es fast allen Villen im Umkreis von Pompeji in der Zeit zwischen Nero und den Flaviern. Im «Satyricon» des Petronius, das in der Regierungsperiode Neros geschrieben ist, beklagen die Teilnehmer am Gastmahl des Trimalchio den wirtschaftlichen Niedergang der Stadt, in der sie leben (einer Hafenstadt Campaniens, in der fast mit Sicherheit Pozzuoli zu erkennen ist). Hier handelte es sich jedoch, wie wir wissen, erst um den Beginn jener krisenhaften Wirtschaftslage, die sich unaufhaltsam verschärfte.
Es fehlt nicht an Tatsachen, die gegen einen allgemeinen Niedergang zu sprechen scheinen. Am auffallendsten darunter ist der lebhafte Wiederaufbau von Herculanum. Hier werden in der Zeit zwischen dem Erdbeben und dem Vesuvausbruch in den am Meer gelegenen Vierteln der Stadt zahlreiche Neubauten errichtet. Wir erleben die Fortsetzung eines Prozesses, der schon in der Julisch-Claudischen Periode begonnen hatte, als man mehrere Grundstücke aufkaufte, um sich prächtige Häuser mit Blick über das Meer zu erbauen wie das «Haus der Hirsche», das «Haus mit dem Mosaik-Atrium», das «Haus mit dem Telephas-Relief», die durch die jüngsten Ausgrabungen wieder ans Licht gekommen sind. Diese rege Bautätigkeit in Herculanum war jedoch keineswegs die Regel. Anders als Pompeji, das stets ein großes Handels-, Industrie- und Landwirtschaftszentrum gewesen war, hatte Herculanum in der Kaiserzeit nur die Rolle eines kleinen Erholungsorts gespielt, in dem die wohlhabenden Römer den Sommer zu verbringen pflegten. So war es vom wirtschaftlichen Niedergang seiner Umgebung weitgehend verschont geblieben. Aber schon die Tatsache, daß man Grundstücke aufkaufen konnte, um große Villen darauf zu erbauen, spricht für die wirtschaftliche Notlage der besitzenden Klasse seiner Bewohner. Diesmal gelangte der Grundbesitz nicht so sehr in die Hände der Neureichen, wie es in der Vergangenheit der Fall gewesen war, sondern an Leute aus der Großstadt, deren Reichtum nicht vom Ertrag der

Seite 118:
Rom. Trajans-Säule. Sie wurde 113 geweiht und ist mit Einschluß ihrer Basis 38 Meter hoch. Ihr Schaft mißt genau 100 römische Fuß. In ihrer Basis, die mit Trophäen und mit von Adlern gehaltenen Girlanden geschmückt ist, befindet sich eine kleine Cella, in der die Urne mit den sterblichen Resten Trajans beigesetzt wurde. Der Historienfries, der die beiden Feldzüge gegen die Daker zum Thema hat, läuft mit einer Länge von etwa 200 Metern spiralförmig um die Säule. In ihrem Innern führt eine enge, aus dem Marmor ausgehauene Wendeltreppe, die durch kleine Schlitze belichtet ist, auf eine schmale Plattform, die durch den Abakus des Kapitells gebildet wird. Bekrönt war die Trajans-Säule von der Statue des Imperators. Sie stürzte im Mittelalter herunter und wurde am Ende des 16. Jahrhunderts unter Papst Sixtus V. durch eine Statue des hl. Petrus ersetzt.

Rechts:
Detail von einer der zwei marmornen Relieftafeln des Trajans-Forums. Der Kaiser hält eine Ansprache von der julianischen Rostra aus. Im Hintergrund sind der Augustus-Bogen und der Tempel des Castor und Pollux sichtbar.

Ein weiteres Detail von den Reliefs des Trajans-Forums. Rom, Forum Romanum, Curia.

Rom. Reliefs auf der Trajans-Säule. Vorige Seite von unten nach oben: 1. Aufschlagen eines Lagers; gefesselte dakische Kriegsgefangene; ärztliche Behandlung verwundeter Legionäre; Abmarsch des römischen Heeres; ein Gefangener wird vor den Kaiser geführt. 2. Trajan empfängt an der Donau zwei Anführer der Barbaren, die ihre Unterwerfung anbieten; Übergang des Heeres über die Donau auf einer Schiffsbrücke. 3. Ansprache Trajans an seine Soldaten; Fällen von Bäumen; die abgeschlagenen Köpfe zweier dakischer Anführer werden auf der Spitze von Speeren vor den Palisaden des Lagers aufgepflanzt. 4. Trajan beobachtet von einem Hügel aus den Angriff der numidischen Reiterei.
Linke Seite von unten nach oben: 1. Aufschlagen eines Lagers; Fertigstellung der Arbeiten; die Reiterei geht auf einer Holzbrücke über den Fluß. 2. Flucht der Daker; die Römer durchwaten einen Fluß; Trajan, auf einer Tribüne stehend, empfängt Gesandte der Daker. 3. Das römische Heer bereitet in einer Stadt an der Donau eine neue Expedition vor; das Heer setzt mit Hilfe verschiedener Arten von Schiffen samt Pferden und Ausrüstungsmaterial über den Fluß.

Relief des Hadrian-Tempels mit der symbolischen Darstellung einer Provinz. Rom, Palazzo dei Conservatori.

örtlichen Wirtschaft abhing, sondern sich auf den Besitz riesiger Ländereien gründete. Plinius der Ältere sowie sein Neffe und Adoptivsohn Plinius der Jüngere sind Beispiele für diesen sozialen Status. Ihre Schriften haben unter anderm das Verdienst, uns ein getreues Bild von der ökonomischen und sozialen Situation ihrer Zeit zu liefern.

Die reife Periode des Imperiums und seine Organisation unter Hadrian und den Antoninischen Kaisern

Während sich Trajan als neuer Caesar, Führer seiner Soldaten und Mehrer des Imperiums fühlte, wollte Hadrian bewußt ein neuer Augustus sein, der die Reorganisation des römischen Staatsgefüges auf allen Gebieten, dem der Verwaltung, der Wirtschaft und der Kultur, als seine Hauptaufgabe betrachtete. Diese ideologische Bindung an den ersten Imperator war auch die Ursache dafür, daß er zahlreiche augusteische Bauten erneuerte, darunter das Augustus-Forum und das Pantheon, während es Trajan um eine Verwirklichung der städtebaulichen Pläne Caesars gegangen war.
Die mit Hadrian heraufkommende Periode, die unter Commodus endete, war die Zeit der Hochblüte der römischen Provinzen. Die dortige Wirtschaft war in voller Entwicklung. Güterproduktion und Handel zeigten einen bis in die moderne Zeit nie wieder erreichten Hochstand. Die Fahrtrouten ihrer Handelsschiffe gingen bis in den Persischen Golf und den Indischen Ozean, und die Erzeugnisse Chinas

Die Villa Plinius des Jüngeren in der Toscana

Das Landhaus liegt am Fuße eines Hügels und schaut doch gleichsam von oben in die Welt; so sanft und gemächlich geht es bergan in unmerklicher Steigung, daß man nicht zu steigen meint und es erst merkt, wenn man oben ist. Ein großer Teil der Baulichkeiten blickt nach Süden und lockt gleichsam die Sonne in die breiten, vorgelagerten Arkaden . . .
Am Ende der Arkaden springt ein Speisesaal vor; aus der Flügeltür blickt man auf das Ende der Terrasse und weiterhin auf Wiesen und viel bebautes Land, aus den Fenstern auf die Langseite der Terrasse und den Erker des Gutshauses und anderseits auf die dichtbelaubten Wipfel der Reitbahn. Etwa in der Mitte der Arkaden liegt etwas zurück ein Pavillon; er umkränzt ein Plätzchen, das von vier Platanen beschattet wird. Zwischen ihnen sprudelt Wasser aus einem marmornen Becken und erquickt die umstehenden Platanen und den Boden unter ihnen mit feinem Sprühregen. In diesem Pavillon befindet sich ein Schlafzimmer, das kein Tageslicht, keinen Lärm, kein Geräusch einläßt, und mit ihm verbunden ein Speiseraum zum täglichen Gebrauch und zur Bewirtung von Freunden; es blickt auf jenes Plätzchen, auf andre Arkaden und alles, was man von dort aus sieht. Da ist auch noch ein weiteres Gemach, von der nächststehenden Platane umgrünt und beschattet, mit Marmor bekleidet bis zum Paneel, und der Anmut des Marmors gibt ein Gemälde nichts nach, das Zweige und auf den Zweigen sitzende Vögel darstellt. In diesem Gemach befindet sich ein kleiner Quell, in dem Quell ein Becken, und mehrere Röhrchen ringsum erzeugen ein liebliches Plätschern.
Am Ende der Arkaden ist ein geräumiges Schlafzimmer, ein Pendant zu dem Speisesaal; aus dem einen Fenster blickt man auf die Terrasse, aus dem andern auf Wiesen, vorerst aber auf einen Teich, der unter dem Fenster liegt und ihm zugute kommt, anziehend für Auge und Ohr, denn von oben einfallendes Wasser wird in einem Marmorbecken aufgefangen und schäumt dort. Dies Gemach ist im Winter angenehm warm, weil es reichlich Sonne erhält. Angeschlossen ist ein Heizgewölbe, und wenn es trübes Wetter ist, vertritt es durch Abblasen von Dampf die Sonne. Sodann führt ein geräumiges, freundliches Auskleidezimmer für das Bad in den Kühlraum, in welchem sich ein weites, schattiges Schwimmbecken befindet. Will man ausgiebiger oder wärmer schwimmen, ist da im Hofraum ein Bassin, in nächster Nähe ein Brunnen, an dem man sich wieder abkühlen kann, wenn man von dem lauen Wasser genug hat. An den Kühlraum schließt

und Indiens flossen in die Länder des Mittelmeers. Gleichzeitig nahm die Stadtkultur als typische Erscheinung der antiken Gesellschaft einen ungeheuren Aufschwung. Mit seinen Provinzen, die jetzt nahezu den Charakter von Nationen angenommen hatten, war das Imperium nicht mehr lediglich eine politisch-administrative Zwangseinrichtung, die sich auf die militärische Überlegenheit des Stadtstaats Rom gründete. Es bildete eine Vereinigung von Städten mit beträchtlicher Selbständigkeit, die durch eine gemeinsame Verwaltung miteinander verbunden waren. Ihre Einheit beruhte auf den wirtschaftlichen, sozialen und kulturellen Errungenschaften des städtischen Lebens und war in gleicher Weise in den westlichen wie in den östlichen Provinzen vorhanden.

In diesem Rahmen stellte Italien einen Sonderfall dar. Weitgehend entvölkert und wirtschaftlich parasitär, war es nur noch eine Ansammlung senatorischer Latifundien, wie sie dann für seine spätere Feudalstruktur bestimmend wurden. Anders verhielt es sich mit Rom selbst und mit den ihm eng verbundenen kleineren Handelszentren wie Ostia und Portus Romanus, das Claudius gegründet und Trajan erweitert hatte. Hier herrschte eine rege Handelstätigkeit. Im ganzen war die Hauptstadt jedoch von ihrem ehemaligen Hinterland abgeschnitten, das sie nicht mehr zu ernähren vermochte. Roms Funktion wurde in zunehmendem Grad eine repräsentative und verwaltungstechnische. Es bildete den Schauplatz für die öffentlichen Staatsfeiern und den Hintergrund für die offiziellen Kunst- und Kulturäußerungen des kaiserlichen Hofs. Um sein monumentales Zentrum drängten sich die Volksmassen in engen Wohnquartieren, auf Staatskosten ernährt und mehr oder weniger in den Dienstleistungsbetrieben des Stadtstaats beschäftigt. Das Problem der Unterbringung dieser Menschenmengen, die man fast auf eine Million geschätzt hat, suchte man durch hohe Mietshäuser mit mehreren Wohnungen in jedem Stockwerk, den *insulae,* zu lösen, deren moderne Bauweise in den in Rom und vor allem in Ostia hinterbliebenen Beispielen uns noch heute beeindruckt.

Das starke Gewicht der Provinzen manifestierte sich auch darin, daß die beiden ersten Kaiser des 2. Jahrhunderts, Trajan und Hadrian, aus der Provinz Hispania stammten. Überdies wurde der Ölbedarf der Hauptstadt und eines Großteils von Italien in diesem Zeitraum fast ausschließlich durch spanische Einfuhren gedeckt. Dies stellte sich bei Grabungen auf dem künstlichen Hügel des Testaccio in der Nähe des Tiber-Markts heraus. Er bestand aus einer unübersehbaren Menge spanischer Ölamphoren, was sich aus ihren Fabrikstempeln und Herkunftsbezeichnungen ergab.

Die Bautätigkeit in Rom erreichte ihren Höhepunkt unter Hadrian. Auch auf diesem Sektor läßt sich die Tendenz zu staatlicher Reglementierung erkennen. Seit der Periode Trajans war es vielfach üblich geworden, außer dem Fabrikstempel das Konsulatsjahr auf den Mauerziegeln anzugeben. Mit Hadrian wurde dies obligatorisch und scheint im Jahre 123 gesetzlich verankert worden zu sein. Wenigstens würde sich so die große Zahl der mit dieser Jahreszahl versehenen Backsteine erklären. Die Staatsautorität griff damit in einen der wichtigsten Industriezweige Roms ein. Mit Hilfe der Ziegelstempel läßt sich verfolgen, wie die Brennöfen und Tongruben allmählich aus Privathand in kaiserlichen Besitz übergingen. Nun waren die idealen Vorbedingungen für eine weitgespannte öffentliche Baupolitik mit möglichst geringen Kosten geschaffen.

Die monumentalste Bauschöpfung dieser Periode ist das Pantheon. Durch eine Überprüfung seiner Ziegelstempel hat man nachweisen können, daß es nichts mehr von dem frühen Pantheon des Agrippa aus dem Jahre 27 v. Chr. enthält, sondern eine völlige Neukonstruktion darstellt, die sich in den Beginn der Hadrianischen Regierungsperiode zwischen 118 und 128 datieren läßt. Der Bau, der zum Bedeutendsten gehört, was uns die römische Architektur hinterlassen hat, trug als die Lösung eines schwierigen technischen Problems nicht nur seinen Wert in sich, so bewundernswert diese Leistung auch sein mochte. Die architektonische Form des Pantheons hatte eine Symbolfunktion, denn es war als Abbild der ungeheuren Himmelskuppel gedacht.

In konstruktiver Hinsicht ist es der größte mit den begrenzten technischen Mitteln seiner Zeit erschaffene Kuppelbau des antiken Rom. Sein Durchmesser beträgt 43,30 Meter und damit etwas mehr als der der Peterskuppel. Im Gesamtent-

sich ein mäßig temperierter an, dem sich die Sonne freigebig zur Verfügung stellt; mehr noch dem Warmbad, denn es springt vor. Dort findet man drei Wannen, zwei in der Sonne, eine dritte ein wenig weiter von der Sonne ab, aber nicht weniger hell. Im Oberstock des Auskleidezimmers ist ein Spielplatz, der für mehrere Arten von Spielen und mehrere Gruppen von Spielern Raum hat. Nicht weit von dem Bade führt eine Treppe in eine gedeckte Wandelhalle, vorher aber noch zu drei Zimmern. Von diesen geht eines auf das genannte Plätzchen mit den vier Platanen, ein zweites auf die Wiese, das dritte auf Weingärten und hat verschiedene Teile des Horizonts als Hintergrund. Am Ende dieser Wandelhalle ist ein aus ihr herausgeschnittenes Gemach, das auf die Reitbahn, auf Weingärten und Berge schaut, anschließend ein der Sonne ausgesetzter Raum, besonders im Winter. Hier beginnt ein Trakt, der die Reitbahn mit dem Gutshause verbindet.

Dies ist das Bild der Schauseite, diesen Zwecken dient sie. Zur Seite befindet sich ein wenig erhöht eine gedeckte Wandelhalle für den Sommer, die die Weingärten nicht anzublicken, sondern zu berühren scheint. In ihrer Mitte empfängt ein Speisezimmer die herrlichste Luft aus den Tälern des Apennin; hinten geben breite Fenster den Blick auf Weingärten frei, die Flügeltür ebenfalls auf Weingärten, aber durch die Halle hindurch.

Am vorderen Ende der Wandelhalle ein Gelaß, dem die Halle selbst einen nicht weniger reizvollen Anblick bietet als die Weingärten. Unter der Wandelhalle befindet sich ein kellerartiges Gewölbe, im Sommer eisig infolge der eingeschlossenen Kaltluft.

Am andern Ende dieser beiden Hallen, dort, wo das Speisezimmer endet, beginnen Arkaden, vormittags winterlich kalt, sommerlich warm, wenn der Tag sich neigt. Von ihnen aus betritt man zwei Pavillone; in dem einen genießen vier, in dem andern drei Zimmer dem Lauf der Sonne folgend entweder Sonnenschein oder Schatten.

Vor diesen reizvoll angeordneten Baulichkeiten erstreckt sich weithin die Reitbahn. Sie ist in der Mitte offen und bietet sich sogleich beim Eintreten den Augen in ihrer ganzen Ausdehnung dar. Sie ist von Platanen eingefaßt; diese sind mit Efeu bewachsen und grünen oben mit ihrem eigenen, unten mit fremdem Laub. Der Efeu überwuchert Stamm und Äste und verkettet mit seinen Ranken die benachbarten Platanen miteinander. In den Zwischenräumen steht Buchsbaum; die äußeren Buchsbaumstauden flankiert Lorbeer und vereinigt seinen Schatten mit dem der Platanen ...

[Plinius der Jüngere, Briefe, V, 6]

wurf basiert es auf einem System von sinnreich vereinfachten Maßverhältnissen, wobei die Höhe gleich dem Durchmesser ist. Sein Inneres besteht aus einem zylindrischen Unterbau, der von einer Halbkugel bedeckt ist. Der Radius dieser Halbkugel stimmt mit der Höhe des Zylinders genau überein. Auf der Klarheit dieser Maßbeziehungen beruht die Großartigkeit und die feierliche Wirkung des Baues, und es tut ihm keinen Abtrag, daß er im Innern durch komplexe architektonische Unterteilungen gegliedert ist. Sie heben die Achsen und Brennpunkte eines Raumes sogar hervor, der sonst undifferenziert und in seiner überwältigenden Größe für das menschliche Begriffsvermögen schwer faßbar bliebe. Seine Gliederung hatte aber nicht nur eine rein statische Funktion, sondern sie entsprach auch den Erfordernissen des Kultes. Das Pantheon war, wie sein Name sagt, «allen Göttern» geweiht. Die Kuppel als Symbol des Himmelsgewölbes besaß in einer großen Mittelöffnung ihre einzige Lichtquelle, wenn man von dem Lichteinfall durch den Eingang absieht. Daß diese die Sonne versinnbildlichte, war für den antiken Menschen selbstverständlich und dadurch wohl noch evidenter, daß die Deckenkasetten, wie man vermuten darf, mit Sternen geschmückt waren. Die Verteilung der Nischen und Aediculae (überdachten Altäre) innerhalb eines nach den Kardinalpunkten des Kompasses orientierten Achsensystems zeigt, daß die Statuen der Gottheiten an bestimmten Stellen ihren Platz hatten, wie es nach den genauen Vorschriften der antiken Auguraldisziplin erforderlich war, sodaß der irdische Tempel zu einer getreuen Projektion des himmlichen Pantheons wurde.

Der riesigen Deckenwölbung des Baus kamen die zahlreichen Erfahrungen der römischen Wölbungsarchitektur zugute, wodurch nunmehr auch die Überwölbung großer Flächen kein Problem mehr darstellte. Vom Ende des 2. Jahrhunderts an waren den Römern die statischen Gesetze der Wölbetechnik geläufig. Nicht vollständig gelöst erscheint dagegen das schwierige Problem der organischen Einheit zwischen dem Tempelinnern und seiner äußeren Erscheinung. Die Fassade besteht noch heute aus einem monumentalen achtsäuligen Portikus, der nach griechischer Bautradition von einem Giebel gekrönt ist. Ursprünglich hatte dieser Portikus eine wesentlich größere Tiefe, und das Ganze erhob sich über einer Treppe. In der Frontalansicht, dem vorgesehenen und auch einzig möglichen Blickpunkt, war daher der weit zurückliegende zylindrische Unterbau und ein Großteil der Kuppel nicht sichtbar, und das Pantheon wirkte wie ein traditioneller Tempel, was vielleicht auch beabsichtigt war, um seine Funktion zu verdeutlichen. Auf diese Weise bestand jedoch zwischen dem Äußeren und dem Inneren kein organischer Zusammenhang. Der heutige Anblick nach der Erhöhung des Bodenniveaus ist durch den Wegfall der Treppe und den flacheren Portikus noch unbefriedigender, und der optische Gegensatz zwischen dem Frontportikus und dem Kuppelbau fällt jetzt noch wesentlich stärker ins Auge. Vorhanden war er natürlich auch ursprünglich schon, nur trat dieses Mißverhältnis damals nicht so klar zutage.

Seit seinem augusteischen Ursprung hatte dem Pantheon eine dynastische Absicht zugrunde gelegen, die Glorifizierung der Gens Julia und ihrer göttlichen Ahnen, unter denen Venus als die Stammutter betrachtet wurde. Es ist vielsagend, daß eines der ersten großen Bauvorhaben Hadrians die Wiedererrichtung gerade dieses Tempels war. Dies paßte genau in das politische, religiöse und dynastische Programm des Imperators. Noch stärker als Augustus ging es Hadrian darum, den Zusammenhang zu betonen zwischen der unveränderlichen kosmischen Ordnung, die sich in der Herrschaft der Götter verkörperte, und der unveränderlichen Ordnung der irdischen Welt, die sich in dem politischen System des römischen Imperators ausdrückte, der ebenfalls ein künftiger Gott war. Nichts kann uns besser eine Vorstellung vermitteln von der Herrscherideologie, die mit Hadrian Gestalt annahm, als das Pantheon.

Eine so universalistische und zentralistische Ideologie mußte sich in allen Kunstäußerungen widerspiegeln, vor allem aber in den öffentlichen Bauten und in der Hofkunst. Wie Augustus, jedoch mit größerer Durchschlagkraft, die durch die veränderte politische und soziale Situation bedingt war, verwirklichte Hadrian ein Kulturprogramm, das erneut im Klassizismus die ihm gemäße Ausdrucksform fand. Hadrians Klassizismus war allerdings weniger starr als der des Augustus

Plinius der Jüngere stiftet seiner Heimatstadt eine griechische Statue

Aus der mir zugefallenen Erbschaft habe ich kürzlich eine korinthische Bronzestatue erstanden, nicht eben groß, aber hübsch und ausdrucksvoll, soviel ich davon verstehe, der ich sonst vielleicht von allem etwas verstehe, hiervon aber nur sehr wenig; doch für dies Bildwerk habe auch ich Verständnis. Es ist nämlich nackt und versteckt weder etwaige Fehler, noch läßt es Vorzüge zu wenig in Erscheinung treten. Es stellt einen alten Mann im Stehen dar; Knochen, Muskeln, Sehnen, Adern, auch die Runzeln treten hervor wie bei einem Lebenden; die Haare schütter und zurückweichend, die Stirn breit, schmales Gesicht, ein schmächtiger Hals; die Arme herabhängend, die Brüste schlaff, der Bauch eingezogen; auch im Rücken dieselben Altersmerkmale, soweit hier von solchen die Rede sein kann. Die Bronze selbst ist, wie die echte Farbe erkennen läßt, alt und gut, kurz alles so, daß es ein Künstlerauge fesseln, ein Laienauge erfreuen kann.

Das Bildwerk reizte mich, an Kunstverständnis noch ein Kind, zum Kauf. Aber ich habe es nicht erstanden, um es in meinem Hause zu behalten – bisher habe ich nämlich daheim noch keine korinthische Arbeit –, sondern um es in meiner Heimatstadt an belebtem Orte aufzustellen, am liebsten im Iuppitertempel, denn es scheint mir eine des Gottes würdige Gabe zu sein.

Also übernimm Du, wie Du stets alle meine Aufträge ausführst, auch diese Obliegenheit und laß schon jetzt einen Sockel herstellen, aus Marmor, einerlei welchem, der meinen Namen tragen soll und auch meine Ehrenämter, falls Du der Meinung bist, daß auch diese hinzugefügt werden sollten.

[Plinius der Jüngere, Briefe, III, 6]

Hadrian und seine Villa in Tivoli

(Hadrian) war groß von Statur, von elegantem Äußeren, mit sorgfältig frisiertem Haar, mit dichtem Bart, der die Schwären seines Gesichts bedeckte und von robuster Konstitution. Er pflegte lange Ausritte zu machen und übte sich beständig im Gebrauch der Waffen und im Speerwurf. Auf der Jagd gelang es ihm oft, mit eigener Hand einen Löwen zu erlegen . . . Bei Gelagen ließ er bei jeder Gelegenheit Tragödien, Komödien und volkstümliche Possen aufführen, Flötenspieler auftreten und Dichterlesungen veranstalten. Er erbaute sich bei Tivoli (Tibur) einen wundervollen Landsitz und ließ darin die Anlagen mit Namen der berühmtesten Sehenswürdigkeiten, die an allen Orten und in den Provinzen existierten, versehen. Er nannte sie Lykeion, Akademie, Prytaneum, Canopus, Poikile und Tempe; und damit nichts daran fehle, ließ er auch die Unterwelt nachahmen . . . Er lebte 72 Jahre, 5 Monate und 17 Tage. Kaiser war er 21 Jahre und 11 Monate.

Sterbend soll er folgende Verse gedichtet haben:

Kleines schweifendes Seelchen,
Gast und Gefährte des Körpers,
die du jetzt gehst
in sumpfige, kalte, kahle Orte,
wo du dich nicht mehr
wirst erfreuen können!

Ähnliche Verse machte er auch auf Griechisch, und nicht viel bessere.

[Historia Augusta, Hadrian, 25, 26]

Die baulichen Leistungen Hadrians

Obgleich er allenthalben eine unübersehbare Zahl von Bauten errichtete, ließ er seinen Namen auf keinen davon vermerken, wenn man von dem Tempel absieht, den er dem Andenken seines Adoptivvaters Trajan weihte. In Rom erneuerte er das Pantheon, die Saepta, die Basilica des Neptun, zahlreiche Tempel, das Forum des Augustus, die Thermen des Agrippa, und weihte alle diese Werke im Namen ihrer ursprünglichen Erbauer. In seinem Namen ließ er die Brücke und das Mausoleum am Tiber erbauen sowie den Tempel der Bona Dea. Mit Hilfe seines Baumeisters Decrianus versetzte er den Koloß (die Kolossalstatue Neros) stehend, ohne ihn umzulegen, von der Stelle, an der sich nun der Tempel der Venus und Roma befindet, ein bewundernswürdiges Unternehmen, bei dem unter anderem vierundzwanzig Elefanten eingesetzt wurden.

[Historia Augusta, Hadrian, 19, 9-13]

Rom. Schnitt und Grundriß des Pantheons (118-128)

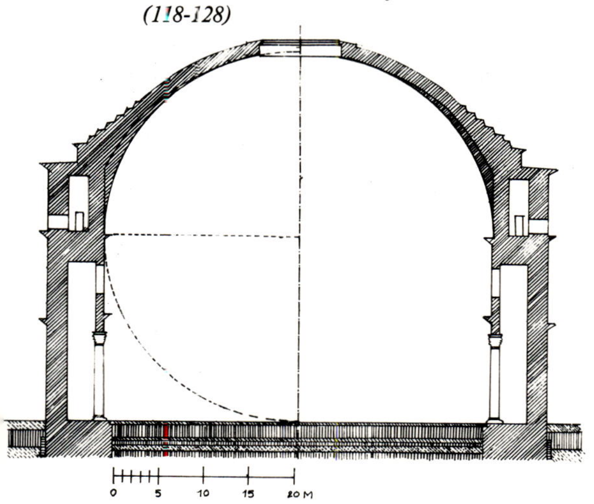

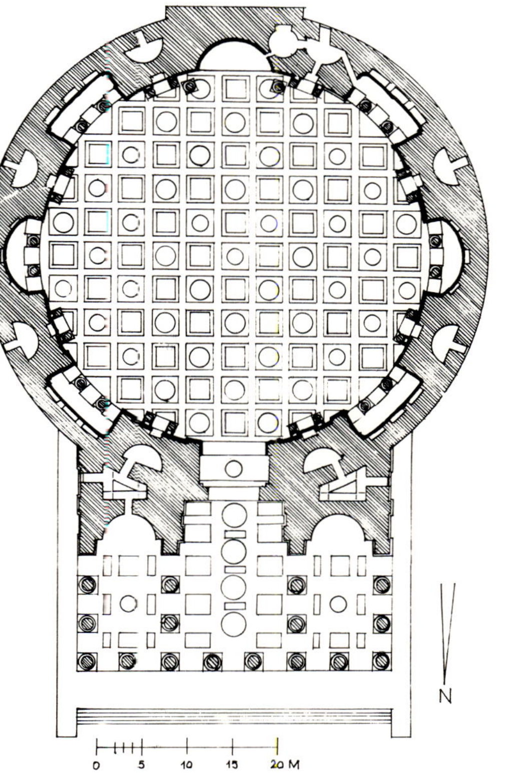

und weniger ausschließlich auf das neoattische Schönheitsideal beschränkt, auch wenn das klassische Athen stets den grundlegenden Bezugspunkt seines Bauwollens darstellte. Bekanntlich hielt er sich gerne dort auf und schmückte die Stadt reich mit Bauten. Aber auch die künstlerischen Ausdrucksformen des Hellenismus und Ägyptens lehnte er nicht unbedingt ab, auch wenn er, wie wir aus den Quellen wissen, das turbulente Alexandria nicht schätzte, das in allen Lebensäußerungen seinem Programm der Ordnung und olympischen Selbstherrlichkeit entgegengesetzt war. Es ist kaum zufällig, daß unter den wenigen Historienreliefs, die wir aus dieser Periode kennen, statische Themen wie Ansprachen und Apotheosen die Hauptrolle spielen. Sich in kriegerischer Pose dargestellt zu sehen, mußte diesem friedliebenden Herrscher mißfallen. Kennzeichnend sind die später auf dem Konstantins-Bogen wiederverwandten Tondi, auf denen der Imperator bei der Jagd dargestellt ist und den Jagdgottheiten Opfer darbringt. Es war eine uralte orientalische Vorstellung, die dann die hellenistischen Fürsten übernahmen, daß die einzige Betätigung, die in Friedenszeiten eines Herrschers würdig war, die Jagd wäre. Für Rom hatte Scipio Aemilianus in dieser Hinsicht das Vorbild geliefert. Von ihm berichtet Polybios, er habe sogar die für den echten Römer so bedeutsame politische Tätigkeit auf dem Forum hintangesetzt, um sich in der Pontinischen Ebene den orientalischen Freuden der Jagd hinzugeben. Abgesehen von dem wirklichen Vergnügen, gehörten diese Freuden zum programmatischen Ablauf jedes Herrscherlebens. Am überzeugendsten kommen jedoch Gemütsart und innere Neigungen Hadrians in seiner Privatsphäre zum Ausdruck, die einen bestimmenden Einfluß auf seine Herrscherfunktionen hatte. Die meisten seiner Regierungshandlungen nahmen ihren Ausgang von jener grandiosen Landvilla, die er sich in einiger Entfernung von Tivoli erbauen ließ. Im Unterschied zu Augustus, der aus politischen Gründen Wert darauf legte, seine bürgerliche Herkunft und seinen bürgerlichen Geschmack zu beweisen, der nur ein bescheidenes Haus auf dem Palatin bewohnte und bei jeder Gelegenheit seine Mäßigkeit betonte, suchte Hadrian sich einerseits vor seinem Hof, anderseits vor dem Chaos des städtischen Lebens abzuschirmen. Er wünschte sowohl außerhalb als auch hoch über der banalen Sphäre seiner Mitbürger ein Leben zu führen, das seinem kaiserlichen Rang entsprach und diesen seine Verehrung als eine erhabene Persönlichkeit leichter machte. In einer solchen Auffassung trennte ihn eine Welt von der Herrschervorstellung seines Vorgängers Trajan. Dieser hatte sich gern im Kreise seiner Soldaten und der ihn umjubelnden Menge als Mensch unter Menschen gezeigt, und wäre es auch nur aus politischem Kalkül gewesen. Sein Bild entsprach jedenfalls weitgehend dem traditionellen republikanischen Wirklichkeitssinn. Mit Hadrian nimmt das Herrscherbild einen offizielleren Charakter an. Er gibt sich unnahbar und in idealisierter Verkleidung seiner natürlichen Person.

Die Hadrians-Villa unterscheidet sich nach ihrer Größenordnung nicht von den übrigen kaiserlichen Landsitzen. Aber es handelt sich hier nicht um einen Palast mit anschließendem Park, eine Konzeption, die sich seit der Renaissance allgemein durchgesetzt hat, sondern um eine Reihe von Pavillonen im Grünen mit komplexen Formen und unterschiedlichen Funktionen, die den natürlichen Höhenlinien des Geländes angepaßt waren. Die Gebäude schlossen nicht aneinander an, sondern waren auf vier Hauptachsen verteilt, wie es sich nach der Bodengestalt ergab. Ihre Länge betrug zwischen 62 und 115 Meter. Im übrigen wurden sie nicht alle auf einmal konzipiert und erbaut, sondern entstanden, wie eine Überprüfung der Ziegelstempel ergeben hat, erst nach und nach zwischen 117 und 138, also praktisch im Laufe der ganzen Regierungsperiode Hadrians.

Der Vielfalt der Flächenplanung entsprach auch die Vielseitigkeit des Einzelentwurfs. Eine Reihe von kühnen und meist völlig neuartigen technischen Lösungen sorgte für immer neue Überraschungen. Vor allem die Bedachung in Form von Gewölben, Kuppeln und Halbkuppeln ergab abwechslungsreiche und unerwartete Raumkonzeptionen. Die strenge Achsenbezogenheit des Gebäudes, die für die römische Architektur so typisch ist, wurde aufgegeben und durch komplizierte Grundrißplanungen ersetzt, die zugunsten stärker bewegter Lösungen auf eine Symmetrie verzichteten. Es ist begreiflich, daß italienische Barockbaumeister, die diese phantasievollen Bauten kennenlernten, vor allem Borromini, sich außer-

Folgende Seite:
Rom. Tondi aus der Zeit Kaiser Hadrians, die in den Konstantins-Bogen eingesetzt sind. Dargestellt ist links eine Eberjagd, rechts die Darbringung eines Opfers für die Jagdgöttin Diana.

Links und unten:
Rom. Pantheon. Inneres und Äußeres. Die Inschrift Agrippas auf dem Architrav des ursprünglichen Baus ließ Hadrian kopieren und auf den von ihm errichteten Neubau setzen.

gewöhnlich davon angezogen fühlten, sie nachskizzierten und wesentliche Anregungen davon empfingen. Die Piazza d'Oro, die Kleinen Thermen und das Teatro Marittimo gehen in der Tat weit über die traditionellen antiken Architekturschemata hinaus und nehmen moderne Formen vorweg.
Man hat vielfach angenommen, der Kaiser selbst sei der Baumeister der Hadrians-Villa gewesen, in der er sich gerne als Künstler fühlte und wo er sich nahezu in allen Kunstzweigen versuchte, von der Malerei über die Baukunst bis zur Dichtkunst. Allein es ist unwahrscheinlich, daß Hadrian alle jene technischen Kenntnisse besessen hätte, die zur Verwirklichung eines Werks erforderlich waren, das zu den bemerkenswertesten Architekturschöpfungen der Antike gehört. Immerhin darf man vermuten, daß er kompetent genug war, um als Auftraggeber seine eigenen Wünsche zur Geltung zu bringen. Manche Lösungen (wie etwa das Teatro Marittimo) verkörpern zu stark eine persönliche Vorstellung, als daß sie ganz unabhängig von den Wünschen Hadrians entstanden sein könnten. Jene durch einen ringförmigen Kanal abgeschlossene Insel, auf der sich der Kaiser mit Hilfe zweier Schwenkbrücken völlig von der Außenwelt abschließen konnte, zeigt allzu deutlich sein Bedürfnis, inmitten seiner Residenz allein zu sein und sich von den unaufhörlichen Ansprüchen und Sorgen der Verwaltung eines großen Reiches einmal zu befreien. Der in sich gekehrte und romantische Charakter der hadrianischen Poesie, die uns erhalten ist, bestätigt in jeder Weise diese Interpretation seiner Persönlichkeit.
Außer bei solchen Einzelheiten, in denen die Wesensart des Kaisers sich unmittelbar ausdrückt, ist aber auch die aktive Beteiligung Hadrians an der Gesamtplanung wahrscheinlich, nicht so sehr von der technischen Seite her, sondern mehr in bezug auf die ideologische Bedeutung, die jedes der Gebäude besaß. Nach der

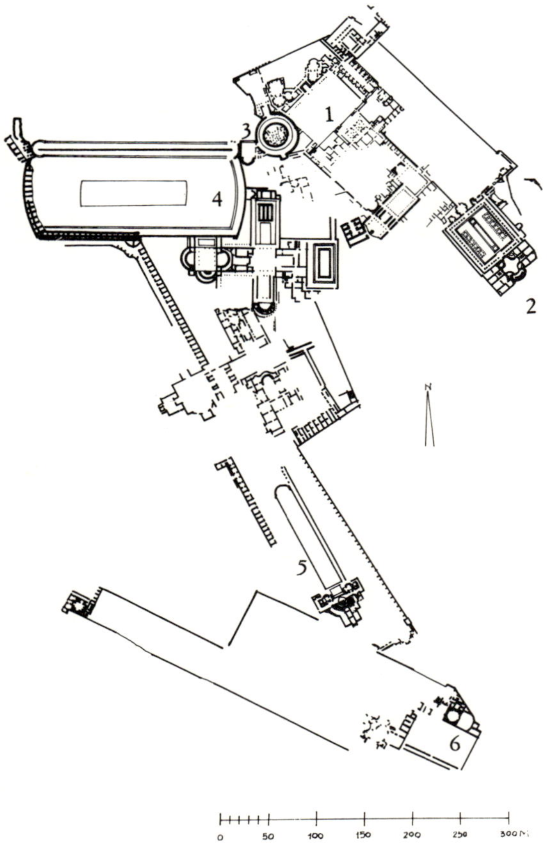

Tivoli. Gesamtplan der Hadrians-Villa (118-134):
1 Bibliothekshof
2 Piazza d'Oro (Goldener Platz)
3 Teatro Marittimo
4 Poekile (ein säulengeschmückter Bezirk)
5 Canopus
6 Accademia

Tivoli. Hadrians-Villa. Blick auf den Canopus. Wie in der «Historia Augusta» berichtet wird, hatte sich Hadrian in seiner Villa Nachbildungen der berühmten Bauwerke errichten lassen, die ihn auf seinen Reisen durch die Provinzen besonders beeindruckt hatten. Möglicherweise dürfen wir in dem langgestreckten Becken unserer Abbildung den Kanal wiedererkennen, der Alexandria mit dem Serapis-Heiligtum in Canopus verband. Das Gebäude hinten links, ein Sommertriklinium, hat denselben Grundriß wie der Isis-Tempel in Rom. Die jüngsten Ausgrabungen haben Skulpturen zutagegefördert, die sich auf Ägypten beziehen, darunter eine Darstellung des Nils und eines Krokodils, außerdem noch griechische Kopien, wie die der Koren des Erechtheion. Die Rekonstruktion der Kolonnaden ist möglicherweise unhistorisch, da genaue archäologische Grundlagen dafür fehlen.

Links:
Tivoli. Hadrians-Villa. Detail der Bögen des Canopus mit einer Reproduktion der Amazone des Phidias und eines Ares nach griechischen Originalen des 5. Jahrhunderts v. Chr. Die hier aufgestellten Statuen sind Zementreproduktionen. Die ursprünglichen Statuen befinden sich in dem nahegelegenen kleinen Museum.

Rechts:
Tivoli. Hadrians-Villa. Das sogenannte Teatro Marittimo, eine kreisrunde kleine Insel, die mit einer Folge von kleinen Räumen bebaut und von einem ringförmigen Kanal und einem Säulenportikus umgeben ist. Ursprünglich verbanden zwei hölzerne Schwenkbrücken das Gebäude mit der Außenwelt, das im Bedarfsfall völlig davon isoliert werden konnte. Es handelt sich um einen der merkwürdigsten Bauten der Villa, dessen Zweckbestimmung noch im Dunkeln liegt, wenngleich man annehmen darf, daß sich der Kaiser hierhin zurückzog.

Tivoli. Hadrians-Villa. Ausschnitt aus dem Gesamtplan:
1 Kleine Thermen
2 Große Thermen
3 Vestibül
4 Canopus

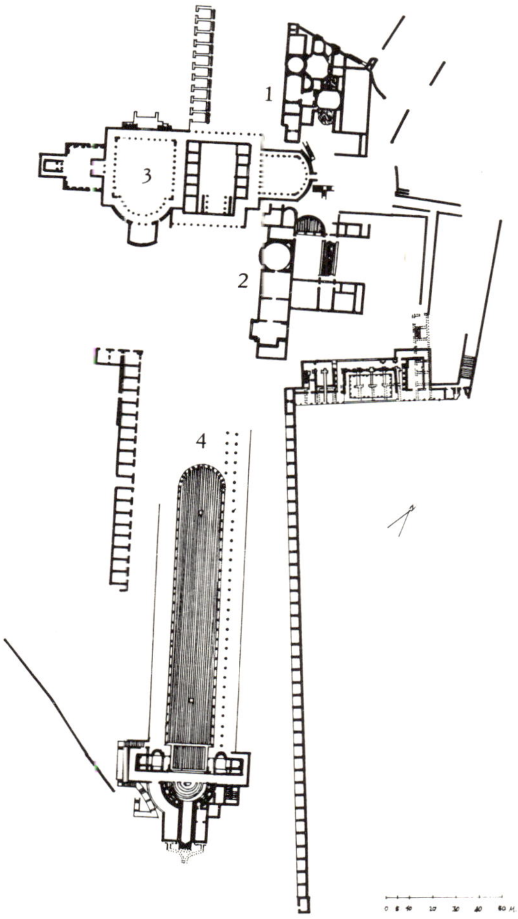

Bemerkung eines Historikers des 4. Jahrhunderts sollen in der Villa die berühmtesten Bauwerke wiedergegeben sein, die der Kaiser auf seinen Reisen durch die Provinzen bewundert hatte. Es besteht kein Grund, an dieser Behauptung zu zweifeln; allerdings muß man das Wesen und die Grenzen dieser Nachahmungsabsichten begreifen. Alle Gebäude der Villa Hadrians entsprachen, wie man aus ihren Ruinen erkennen kann, vollkommen dem Stil seines eigenen, nämlich des 2. Jahrhunderts. Es kann sich also, wenn eine Nachahmung beabsichtigt war, nur um eine sehr freie Abwandlung dieser zum Teil älteren Vorbilder gehandelt haben, gleichsam in der Erinnerung an das Gesehene. Der Versuch einer genauen Kopie eines Baudenkmals ist in dieser Periode auch noch kaum denkbar. Aber selbst mit diesen Einschränkungen behält die überlieferte Bemerkung ihre Bedeutung. Hadrian wollte sich in der Tat mit repräsentativen und für die Provinzen symbolischen Modellen umgeben. Seine Villa sollte ein Mikrokosmos des Imperiums, eine Art romantisches Kompendium der Sehenswürdigkeiten des von ihm beherrschten Weltreichs sein. Dazu gehörte auch eine Fülle von ägyptischen und

DIVO ANTONINO ET

Rom. Tempel des Antoninus und der Faustina auf dem Forum. Er wurde vom Kaiser zu Ehren seiner vergöttlichten Gemahlin nach deren Tode im Jahre 141 errichtet, wie eine Inschrift auf dem Architrav bezeugt. Nach dem Tode des Kaisers im Jahre 161 wurde der Tempel auch diesem geweiht, wobei man seinen Namen auf dem oberen Teil des Architravs hinzufügte. Im Mittelalter verwandelte man den Tempel in eine Kirche, die San Lorenzo in Miranda benannt wurde. Auf den monolithischen Säulen aus Cippolinmarmor sieht man noch die Einschnitte, die für Seile gemacht wurden, mit Hilfe derer die Säulen für andere Zwecke entfernt werden sollten.

Die Mißhelligkeiten des Großstadtlebens im Rom des 2. Jahrhunderts

Ein elendes Zimmer ist teuer, und teuer sind die Wänste der Sklaven, das einfachste Essen ist teuer. Schämt man sich doch, von irdnem Geschirr zu speisen . . .
Rom schätzt nur Eleganz, die über die Kraft geht; hier nimmt man mehr als gut, muß es sein, sogar aus der Truhe des andern. Dies ist die Krankheit der Zeit: hier leben wir alle in Armut, die voller Anspruch; um kurz es zu sagen, in Rom kostet alles Geld.
Einsturz hat man noch nie im kühlen Praeneste gefürchtet, nie in Volsinii je, dort zwischen den waldigen Höhen, nie bei den schlichten Gabinern und Tiburs ragendem Burgberg: unsere Hauptstadt, sie ruht in vielen von ihren Quartieren nur auf schmächtigen Stützen; denn so widersetzt sich dem Einsturz stets der Verwalter, und hat er die Risse und Spalten verkleistert, läßt er ruhig den Mieter trotz drohendem Niederbruch schlafen.
Leben sollte man dort, wo kein Brand, keine nächtlichen Schrecken drohen. Da ruft schon nach Wasser, schon trägt sein Gelumpe vondannen Ucalegon; schon brennt dir im Haus die dritte Etage: Du ahnst nichts. Denn beginnt an der untersten Treppe das Trippeln ängstlicher Menschen, dann brennet als letzter, wer einzig vorm Regen ist durch die Ziegeln geschützt, wo die Tauben, die zärtlichen, brüten. Cordus, er hatte ein Bett, noch kleiner als Proculas, und sechs Näpfchen, zum Schmuck für den Tisch, dazu noch ein winziges Krüglein, und als Träger des Tischs einen ruhenden Chiron aus Marmor; . . . alt war die Kiste bereits, die griechische Bücher verwahrte, Mäuse, die Feinde der Musen, benagten die göttlichen Lieder. Nichts hatte Cordus, wer leugnet's? Er hat aber restlos verloren all dies Nichts. Doch es ist dann der äußerste Gipfel des Jammers, daß dem Nackten, der Brocken erbetteln muß, keiner mit Speise
Krank vor Schlaflosigkeit stirbt meist hier der Mensch; doch die Schwäche selber, sie stammet vom Mahl, das unverdauet und schwer im fiebrigen Magen ihm liegt. Denn welch ein Mietshaus erlaubt denn Schlaf? Man kann in der Stadt nur mit riesigem Aufwande schlummern. Daher der Quell allen Leids: das Poltern der Wagen im engen Durchlaß des Blocks und das Schelten bei steckengebliebenen Herden rauben sogar einem Drusus den Schlaf und den Kälbern des Meeres.
Ruft ein Geschäft, dann läßt der Reiche sich tragen, die Menge weichet, er eilt dahin, in riesiger Sänfte befördert, über die Köpfe und liest ein bißchen und schreibt oder schlummert: Trotzdem kommt er zuerst; uns steht, wenn wir eilen, im Wege vorn ein Menschengewoge, vom Rücken her drängt unsre Lenden

griechischen Skulpturen, teils Originalen, teils römischen Kopien, die sich heute im Vatikanischen Museum befinden.
Die Persönlichkeit des Antoninus Pius unterscheidet sich von der seines Vorgängers durch ihr wesentlich bescheideneres Niveau. Er war in jeder Hinsicht ein «Bürger». Allerdings trug das Imperium auch weiterhin die Prägung, die Hadrian ihm verliehen hatte, und man folgte noch für Jahrzehnte der einmal eingeschlagenen Richtung seiner Politik. Der Tempel, den Antoninus Pius seinem vergöttlichten Vorgänger errichten ließ, ist uns nur noch in seiner nördlichen Kolonnade erhalten, die eine Seite der heutigen Börse auf der Piazza di Pietra bildet. Genau wie bei dem Tempel, den Hadrian seinem Vorgänger an der Nordseite des Trajans-Forums errichten ließ, bildete der Tempel der Piazza di Pietra die von vornherein vorgesehene Ergänzung zu einer Reihe von Bauten Hadrians: des seiner Schwiegermutter Matidia geweihten Tempels, der Basilika der Matidia und der Basilika der Marciana. Aus allen diesen Bauten spricht das Anliegen, der eigenen Dynastie Dauer zu verleihen. Da überdies jeder Imperator mit seiner Vergöttlichung rechnen konnte, pflegte er bei seiner dynastischen Neuplanung eine freie Stelle vorzusehen, wo dann nach seinem Tode das Heiligtum für ihn selbst als dem neuen Gott Platz finden konnte.
Bezeichnend waren die Skulpturen, die sich in der Cella des Hadrians-Tempels befanden. Zwischen Trophäen stand eine Anzahl von weiblichen Figuren, jede davon als Symbol einer Provinz. Gleichzeitig ließ Antoninus Pius eine Münzserie prägen, die ebenfalls Personifikationen der Provinzen auf dem Revers zeigte. Nach alledem, was man über das starke Interesse Hadrians für die Verwaltung der Provinzen weiß, das sein Nachfolger in gleichem Maße besaß, ist die politische Bedeutung dieser Münzprägungen evident. Zu erwähnen wäre noch ihr trockener und etwas steifer Darstellungsstil, der gegenüber dem lebendigen und von hellenistischer Geistesart durchtränkten Klassizismus Hadrians archaisch wirkt. Die Tendenz der Epoche des Antoninus Pius, der aus dem Stand der hohen römischen Bürokratie kam, war, die römische und italische Vergangenheit wiederaufzuwerten und sich augusteischen Traditionen zuzuwenden. Doch dieser Wiederbelebungsversuch der toten Welt des formenstrengen Klassizismus überdauerte seine Regierungszeit nicht und wurde sehr rasch von einer völlig entgegengesetzten Ideologie und künstlerischen Formensprache abgelöst.
Schon unter Marc Aurel (161-180) ist dieser Wandel deutlich spürbar. Der antoninische Klassizismus erhält nun eine individuelle Prägung, wie aus den Porträts des Kaisers und noch mehr aus denen seines Mitregenten Lucius Verus erkennbar wird. Ein wirklicher Bruch mit der klassischen Tradition findet dann im Zeitalter des Commodus (180-192) statt, des degenerierten Sohns von Marc Aurel. Es war die Zeit, in der die tiefreichende wirtschaftliche, politische und soziale Krise einsetzte, von der das Imperium am Ende des 2. und zu Beginn des 3. Jahrhunderts in seinen Grundfesten erschüttert wurde. Nur durch die totale Neuordnung, die von Diokletian begonnen und von Konstantin und seinen Nachfolgern im 4. Jahrhundert weiter fortgesetzt wurde, vermochte es zu überleben.
Unter Marc Aurel beginnen die unterworfenen germanischen und sarmatischen Völkerschaften sich gegen ihre römischen Unterdrücker zu erheben, ein Phänomen, das in der Geschichte des späten Imperiums erstmalig ist, und diese Erhebung wird zur entscheidenden Ursache für den schließlichen Zusammenbruch der römischen Staatsmacht. Die Quaden und Markomannen fallen in Italien ein, und der Kaiser persönlich muß den Oberbefehl des Heeres übernehmen. Gleichzeitig verbreitet sich eine furchtbare Pestepidemie, der Marc Aurel selbst in seinem Wiener Lager zum Opfer fällt. Eine Vorahnung von dem schlimmen Ausgang des Unternehmens enthält ein uns überliefertes Dokument von der Hand des Kaisers, sein griechisch geschriebenes Tagebuch. Aus ihm spricht ein Pessimismus, der selbst den Fortbestand des Imperiums in Frage stellt. Nur das für Marc Aurel charakteristische starke Gefühl der Pflicht und Verantwortung geben ihm die Kraft, die ihm anvertraute Aufgabe zu erfüllen. Einzelne Sätze zeigen, bis zu welchem Grad sich die negative Beurteilung der Situation in den Köpfen führender Persönlichkeiten spiegelte, so zum Beispiel, wenn sich der Kaiser der berühmten Antwort des Seeräubers an Alexander den Großen erinnert und daran anknüpfend schreibt, auch der römische Legionär sei ein Räuber. Wenn man sich

vergegenwärtigt, wer dieses Urteil fällte, so kann man nicht unbeeindruckt davon bleiben. Es war zwar nur die private Meinung des Kaisers, aber es ist symptomatisch für den Schwund des Glaubens an die moralische Berechtigung der römischen Welteroberung und damit an den Bestand des Imperiums überhaupt.

Das Monument, das diesen historischen Augenblick für die Nachwelt am getreuesten festgehalten hat, ist die Triumphsäule, die Commodus zwischen 180 und 192 für seinen kaiserlichen Vater errichtet hat. Die Marc Aurels-Säule ist deutlich beeinflußt von der Trajans-Säule, unterscheidet sich jedoch auch in vieler Hinsicht von ihr. Sie besitzt eine höhere Basis und hat nicht so viele Windungen wie ihr Vorbild, woraus eine größere Höhe der Figuren resultiert. Das Relief tritt überdies stärker hervor. Dies entsprach dem Geschmack der Epoche für starke Kontraste von Licht und Schatten und machte außerdem die Darstellung leichter lesbar. Die erzählerische Flüssigkeit der Wiedergabe, die ein Hauptkennzeichen der Trajans-Säule war, ist hier abgelöst von einer rhythmischen Gliederung des Geschehens. Durch die geringere Zahl von dichter zueinandergerückten Personen, die ein höheres Relief zeigen, durch den stark vereinfachten oder kaum angedeuteten Landschaftshintergrund, durch die ständige Wiederholung feststehender Bildthemen, durch die fast vollständige Frontalität der immer wiederkehrenden Figur des Imperators und seiner Würdenträger zeigt die Säule einen Darstellungsstil, der sich dem spätantiken Formenkanon nähert. Dem Bildhauer ist der Ausdruck wesentlicher als die Ausgewogenheit der Form. Durch die Verschiebung des Gleichgewichts zwischen jenen beiden grundlegenden Gestaltungsprinzipien jeder künstlerischen Äußerung zugunsten des Ausdrucks ist ein Werk von starker Dramatik, aber auch von inhumaner Härte entstanden. Die grausamen Seiten des Kriegs werden besonders hervorgehoben. Szenen wie das Niedermetzeln der Feinde, die Enthauptung von Gefangenen, die Fortführung von Frauen und Kindern werden unaufhörlich wiederholt, und die Gesichter der Barbaren, aber auch die der Römer, sind in Trauer, Schmerz oder Wut verzerrt und oft bis ins Groteske entstellt. Der Drillbohrer ist zu einem bevorzugten Werkzeug des Bildhauers geworden. Im Gegensatz zum Meißel, der mehr flächig arbeitet und die organisch geschlossene Form des Gegenstands hervorhebt, erzeugt der Bohrer tiefe Einschnitte und schafft dunkle Schattenzonen neben vollbelichteten Graten. Dadurch entsteht ein mehr malerischer als plastischer Effekt. Die fragmentarischen und malerisch aufgelösten Formen waren für die neuen Inhalte die wesentlich geeignetere Darstellungsweise. Es sind die Lebensäußerungen einer Gesellschaft, die im Vorgefühl einer baldigen Krise einer fragwürdigen Zukunft entgegengeht. Wir stehen am Anfang der Übergangszeit, die sich ein Jahrhundert später in der spätantiken Kunst manifestierte.

Auch in der privaten Kunst bildete das 2. Jahrhundert eine Zeit tiefgehender Veränderungen. Nach der Hadrians-Villa entstanden in den Vororten Roms zahlreiche imposante Landhäuser, die noch heute, zusammen mit den Aquädukten und Grabmalen, zu den Sehenswürdigkeiten der römischen Campagna gehören. Eine der hervorragendsten Bauschöpfungen ist die Villa «Pagus Triopius» des Herodes Atticus, eines reichen Bankiers aus der Zeit zwischen Hadrian und Marc Aurel. Sie lag an der Via Appia und erstreckte sich von der dritten bis zur siebenten Meile. Einer der wenigen Reste dieser riesigen Liegenschaft ist ein kleiner Tempel aus der Zeit Marc Aurels, der heute in die Kirche San Urbano alla Caffarella verwandelt ist. Die Archäologen wollen darin ein der Demeter und Faustina geweihtes Heiligtum erkennen. Das Tempelchen ist, abgesehen von den vier Marmorsäulen seiner Fassade, ein reiner Backsteinbau.

Diese Bevorzugung von Mauerziegeln erklärt sich wohl nicht nur aus Sparsamkeitsgründen, sondern man tat dies offenbar auch wegen der dekorativen Wirkung. Daß die Baustruktur eines Gebäudes klar zutage tritt, ist eine der typischen Eigenarten dieser Periode. Auch die Bauten in Ostia, genau wie die gleichzeitigen in Rom, haben Backsteinfassaden, auf denen leichte Reliefs oder polychromer Dekor aus unterschiedlichem Material die einzige schmückende Zutat bilden. Besonders zu erwähnen ist in diesem Zusammenhang die Grabmalkunst. Die Veränderung der Begräbnisgewohnheiten durch den Übergang von der Verbrennung zur Leichenbestattung und die auf orientalischen Einfluß zurückgehende Einführung des Marmorsarkophags brachten es mit sich, daß man mehr Raum für die Gräber

in Kolonnen das Volk: der stößt mit dem Arm, der mit harter Stange, der schlägt an den Kopf dir 'nen Balken, und der da ein Ölfaß. Schwarz sind die Beine vor Schmutz; bald treten mich viele mit breiten Sohlen, es klebt auf der Zeh mir der Nagelschuh eines Soldaten; auf dem Wagen schwanken gar mächtige Tannen heran, ein andres Gefährt bringt Fichten, die hochgepackt wanken und drohen dem Volke von oben. Wenn erst die Achse zerbricht, die ligurischen Marmor herbeibringt, und mit gebrochenem Stein das Menschengewoge verschüttet, was bleibt dann noch am Leben? Wo findet man Glieder, wo Knochen? Dann vergehet, zerquetscht, wie die Seele, der Leib einer Masse.

Höre nun andre Gefahren dir an, mit denen die Nacht droht: Weit ist der Raum bis zur Höhe der Dächer, von wo deinen Schädel trifft ein Ziegel, und rissige oder zerbrochene Töpfe fliegen gar oft aus dem Fenster: die Wucht verrät dir das Pflaster, ist es verletzt und gezeichnet. Du kannst leicht weltfremd erscheinen und um plötzliches Pech ganz unbekümmert, sobald du ohne ein Testament zum Mahl gehst: droht dir der Tod doch aus den Fenstern, die all' dich belauern, und wo du vorbei mußt. Drum sollst du beten und nur den bescheidenen Wunsch bei dir hegen, daß zufrieden sie sind, dich mit breiten Schalen zu taufen.

[Juvenal, Satiren, I, 3]

Die Fragwürdigkeit der menschlichen Existenz

Wie von einer Anhöhe aus betrachte die ungezählten Scharen mit ihren ungezählten Religionsgebräuchen, die Seefahrten in alle Himmelsgegenden unter Stürmen und auf glattem Meeresspiegel, und die Verschiedenheiten der Dinge, die da werden, mit uns sind und dahinschwinden. Betrachte auch die Lebensweise, wie sie ehedem war, wie sie nach dir sein wird und wie sie jetzt bei unkultivierten Völkern herrscht; ferner, wie viele nicht einmal deinen Namen kennen, wie viele ihn gar bald vergessen und wie viele, heute deine Lobredner, morgen deinen Tadel anstimmen werden, und wie weder der Nachruhm noch der Ruhm, noch sonst etwas dieser Art irgend einen Wert besitzt!

Die kleine Spinne ist stolz darauf, wenn sie eine Fliege gefangen hat. Mancher Mensch, wenn er ein Häschen, ein anderer wenn er in seinem Netz eine Sardelle, ein dritter, wenn er einen Eber oder Bären, und noch ein anderer, wenn er Sarmaten fängt. Sind aber all diese, wenn man die Triebfedern untersucht, nicht insgesamt Räuber?

[Marc Aurel, Selbstbetrachtungen, IX, 30; X, 10]

Links:
Rom. Säule des Marc Aurel. Diese Triumphsäule, die sich auf der heutigen Piazza Colonna erhebt, wurde von Commodus zu Ehren seines Vaters errichtet und kurz vor 193 fertiggestellt. Wie die Trajans-Säule mißt sie ohne Basis 100 römische Fuß (29,6 Meter). Der schräg umlaufende Fries schildert den Feldzug gegen die Quaden und Markomannen. Gekrönt war die Säule mit einer Statue Marc Aurels. Sixtus V. ersetzte sie durch eine Statue des hl. Paulus, entsprechend zu der Statue des hl. Petrus auf der Trajans-Säule.

Rechts:
Rom. Säule des Marc Aurel. Detail. Der Fries ist breiter, das Relief tritt stärker hervor, und die Figuren sind größer als auf der Trajans-Säule.

Umgebung von Rom. San Urbano alla Caffarella. Das mittelalterliche Kirchlein umschließt einen kleinen Tempel des 2. Jahrhunderts, der ganz aus Mauersteinen erbaut war, abgesehen von den Säulen der Fassade. Er gehörte vielleicht zur Villa des Herodes Atticus (dem Pagus Triopius). Das Areal dieser Villa lag an der Via Appia und erstreckte sich von der dritten bis zur siebenten Meile. Vielleicht handelt es sich aber auch um einen Tempel der Demeter und Faustina.

Unten:
Santa Maria Capua Vetere (im antiken Capua). Ländliches Amphitheater. Dieser Bau aus dem Zeitalter Hadrians ist das zweitgrößte uns erhaltene Theater nach dem Colosseum. Die Länge seiner Achsen beträgt 167 mal 137 Meter. Es war diesem im Entwurf sehr ähnlich und hatte ebenfalls drei Sitzreihen übereinander, die von einer Attika gekrönt waren, sowie unterirdische Gelasse unter der Arena. Bemerkenswert sind die Götterköpfe auf den Schlußsteinen der Bögen.

Umgebung von Rom. Sogenannte «Tomba di Annia Regilla». Dieses hervorragend schöne, aus Backstein errichtete Grabmal des 2. Jahrhunderts hat sich in der Nähe der Via Appia im Caffarella-Tal erhalten. Seine abgelegene Lage schließt eigentlich einen Zusammenhang mit dem Pagus Triopius aus, zumal wir wissen, daß die Gemahlin des Herodes Atticus in Griechenland begraben wurde.

Rechts:
Ostia. Neptuns-Thermen. Dieser wundervolle Mosaikfußboden mit Motiven aus dem Kult der Meeresgötter ist das größte in Ostia erhaltene Mosaik. Es schmückte einen Saal der von Hadrian und Antoninus Pius erbauten Thermen. Die Gattung des Schwarz-Weiß-Mosaiks war im Italien der Kaiserzeit weit verbreitet.

Links:
Ostia. Capitolium. Hinter dem Forum der Stadt, dem antiken Hafen von Rom, erhob sich dieser Tempel aus der Periode Hadrians. Er war der Kapitolinischen Trias geweiht. Während von seiner Eingangskolonnade und seiner Marmordekoration nichts verblieben ist, hat sich der Rohbau aus Mauerziegeln weitgehend erhalten.

brauchte. Deshalb traten an die Stelle der im 1. Jahrhundert üblichen Mausoleen nun allgemein Grabstätten in Form von kleineren Tempeln oder ähnlichen Gebäuden, sogar auch in jenen Fällen, wo man an der Sitte der Urnenbeisetzung festhielt. Im 2. Jahrhundert genießt daher das aus Backstein erbaute Grabmal mit seinem großen Innenraum den Vorzug, ein Typus, wie er sich zum Beispiel in den Nekropolen der Isola Sacra zwischen Ostia und Portus Romanus, in denen des Vatikan und der Via Latina vorfindet. Ein berühmtes Grabmal dieser Art ist das kleine Gebäude, das man fälschlich als Mausoleum der Annia Regilla, der Gemahlin des Herodes Atticus, bezeichnet hat. Hier ergab die Anwendung von Backstein ein Höchstmaß an dekorativer Wirkung, sowohl durch die Polychromie des Materials als auch durch das meisterhafte Intaglio der Mäanderfriese. Daß es sich hier nicht um ein als «zweitklassig» eingeschätztes Material handelt, beweisen auch die Grabmale an der Via Latina, deren Äußeres aus Backstein gleichsam als kostbarer Schrein für jene Fresken und Stukkaturen dient, die zum Vollendetsten gehören, was uns die römische Kunst hinterlassen hat.
Eine charakteristische Kunstäußerung dieser Phase ist auch das Schwarz-Weißmosaik, das zwar bereits bekannt war, aber nun eine außerordentlich starke Verbreitung findet und nicht nur in den Thermen, sondern auch in Privathäusern und selbst in einfachen Lagerräumen angewandt wird. Es genießt vor allem im städtischen Bereich den Vorzug, während man außerhalb vorwiegend polychromes Mosaik antrifft.

Folgende Seite:
Rom. Grabmal der Pancrati an der Via Latina aus der Mitte des 2. Jahrhunderts. Zwei Detailaufnahmen von seiner freskierten und stuckierten Innendekoration.

Die Zeit des Niedergangs (190-330)

Die wirtschaftlich-soziale Krise im 3. Jahrhundert

Im Jahre 193 riefen die Legionen an Rhein und Donau Septimius Severus zum Kaiser aus, und der römische Senat sah sich wohl oder übel gezwungen, diese Wahl zu bestätigen. Damit begann die Severische Dynastie, die sich bis 235 behaupten konnte. Mit einem fähigen General an der Spitze schien die Grenzverteidigung des Imperiums gesichert zu sein, zumindest für eine gewisse Zeit. Jedoch die latente Wirtschaftskrise verschärfte sich im Verlauf der nächsten vierzig Jahre beständig, bis um die Mitte des 3. Jahrhunderts der völlige finanzielle Zusammenbruch erfolgte. Massenprägungen von schlechtem Geld, Teuerung und Warenknappheit, nicht zuletzt aber die Unterhöhlung der altrömischen Lebens- und Gesellschaftsdisziplin hatten schon unter den Antoninern zu dieser bedrohlichen Inflation aller Werte geführt, und die Gewährung des römischen Bürgerrechts an alle freien Bewohner des Imperiums, die unter Caracalla im Jahre 212 zum Gesetz erhoben wurde, hatte dem Staat nicht die erwarteten Einkünfte gebracht, da er nicht die Macht hatte, die fiskalischen Konsequenzen daraus zu ziehen und die allgemeine Erbschaftssteuer auch zu erheben.

Nach dem Tode des letzten Kaisers dieser Dynastie, Alexander Severus, wurde das Imperium für über fünfzig Jahre zum Schauplatz willkürlich wechselnder Militärdiktaturen, wobei die Kaiser im Abstand weniger Jahre oder sogar nur weniger Monate aufeinander folgten. Innerhalb der Provinzen machten sich Selbständigkeitsbestrebungen bemerkbar, was in Einzelfällen (wie im Falle von Gallien und Palmyra in Syrien) bis zur Erlangung der Unabhängigkeit führte. Die Geldentwertung manifestierte sich vor allem in dem immer geringeren Silbergehalt des Denars, der schließlich nur noch wenige Prozente betrug. Hatte sich der Staat im vorhergehenden Jahrhundert vor allem auf den Konsens der provinziellen Mittelklassen gestützt, so nahm er für diese immer mehr den Charakter des gehaßten Steuereintreibers an, und am Ende vermochte er seine Autorität nur noch mit Gewalt durchzusetzen. Kulturelle Erscheinungen verstärkten die politischen Schwierigkeiten. So verschaffte sich der besondere Nationalcharakter der verschiedenen Völker innerhalb des Imperiums Geltung gegenüber der graecoromanischen Kultur der herrschenden Klasse, sodaß sie barbarische Züge anzunehmen begann. Mit dem Verfall der Wirtschaft und der Gesellschaft gingen auch die ideologischen Werte dahin, auf denen die graeco-romanische Kultur sich gegründet hatte und deren Erbe und Verbreiter das Imperium gewesen war.

Aus heutiger Sicht läßt sich die Tiefe dieser Krise vor allem auf religiösem Gebiet ablesen. Nach der fast völligen Auflösung der traditionellen Glaubensinhalte triumphierten Heilslehren orientalischen Ursprungs, die in allen sozialen Schichten Eingang gefunden hatten, vor allem aber in der Unterschicht. Während die oberen Klassen der Bevölkerung in vagen, diesseitsflüchtigen Philosophien wie dem Neuplatonismus Trost fanden, bildeten diese religiösen Volksbewegungen, an erster Stelle das Christentum, eine revolutionäre und allen traditionellen

Eindrücke eines Zeitgenossen vom Niedergang und Verfall der Welt im 3. Jahrhundert n. Chr.

Nicht mehr reicht im Winter des Regens Fülle aus, um die Samen zu nähren, nicht mehr stellt sich im Sommer die gewohnte Hitze ein, um das Getreide zur Reife zu bringen, nicht mehr kann sich der Frühling seiner früheren Milde rühmen, und auch der Herbst spendet uns die Früchte der Bäume nicht mehr in so reicher Menge. Weniger wird aus den durchwühlten und erschöpften Bergen an Marmorplatten gewonnen, weniger Schätze an Silber und Gold liefern die bereits ausgebeuteten Bergwerke, und die ärmlichen Wasseradern versiegen noch mehr von Tag zu Tag. Mehr und mehr erlahmt und ermattet auf den Fluren der Landmann, auf dem Meere der Schiffer, im Felde der Soldat; es schwindet die Uneigennützigkeit auf dem Markte, die Gerechtigkeit vor Gericht, in der Freundschaft die Eintracht, in den Künsten die Fertigkeit, in den Sitten die Zucht.
So sendet die Sonne bei ihrem Untergang Strahlen mit weniger hellem und feurigem Glanze aus, so wird des Mondes Scheibe wieder dünner, wenn sich sein Lauf dem Ende nähert und seine Hörner verblichen sind, und der Baum, der einst grün und ertragreich gewesen, wird später, wenn seine Äste verdorren, unfruchtbar und durch das Alter entstellt, und auch die Quelle, die ehedem aus überströmenden Adern reichlich hervorsprudelte, wird altersschwach und versiegt und läßt kaum mehr in kleinen Tropfen ihr Naß heraussickern. Das ist der Grundsatz, der für die Welt aufgestellt ist. Das ist Gottes Gesetz, daß alles, was entstanden ist, wieder vergeht, und alles, was gewachsen ist, altert, daß das Starke schwach, das Große klein wird und, wenn es dann schwach und klein geworden ist, sein Ende nimmt.

[Der hl. Cyprianus, Brief an Demetrianus]

Rom. Bogen der Argentari. Die Kaufleute und Wechsler des Forum Boarium stifteten diesen Bogen, wie seine Inschrift besagt, im Jahre 204 dem Kaiser Septimius Severus als monumentales Eingangsportal des Marktplatzes. Seine Reliefs zeigen Mitglieder der kaiserlichen Familie beim Opfer sowie gefangene Barbaren.

Werten abholde Macht, die der Staat mit allen Mitteln zu unterdrücken suchte; aber er hatte keinerlei Erfolg.

Die allgemeinen Mißstände wirkten sich naturgemäß auf die künstlerischen Leistungen der Zeit negativ aus. Doch auch in diesem Fall bestanden Unterschiede zwischen Rom und den Provinzen sowie zwischen den Provinzen selbst. In Rom folgte auf die erstaunlich lebhafte Bautätigkeit der Severischen Periode in den mittleren Jahren des Jahrhunderts ein allgemeiner Stillstand. Neubauten waren nun kaum mehr zu verzeichnen. Man beschränkte sich auf die Wiederherstellung des Vorhandenen. An die Regierungszeit des Gallienus zum Beispiel (253-268), die noch eine Zeit relativer Erholung darstellt, erinnert nur eine Inschrift auf einem alten Tor der bereits von Augustus wiederhergestellten Servianischen Mauer. Das bedeutendste Werk dieser Periode entstand unter dem Zwang der Verhältnisse. Es war die Stadtmauer, die Kaiser Aurelian in wenigen Jahren (271-275) erbauen ließ und die zu Beginn des 5. Jahrhunderts unter Honorius verstärkt wurde. Zur Verteidigung Roms gegen die anstürmenden Barbaren war sie dringend erforderlich. Auch die meisten Provinzen gingen in dieser Periode wirtschaftlich zurück, was sich fühlbar auf die Zahl und den Umfang ihrer öffentlichen Bauten auswirkte. Eine Ausnahme bildeten nur die afrikanischen Provinzen, die im 3. Jahrhundert ihre wirtschaftliche Hochblüte erlebten. Sie verdankten ihren Reichtum der Landwirtschaft und dem Handel. Afrikanisches Öl verdrängte das spanische auf sämtlichen Märkten des Imperiums. Parallel damit ging eine kulturelle Aufwärtsentwicklung auf allen Gebieten, von der Literatur über die Architektur bis zu den bildenden Künsten. Vor allem die Kunst des Mosaiks erreichte in Nordafrika einen nie gekannten Hochstand, und ihr verdanken wir die größten Meisterwerke, die uns die Antike an Fußbodenmosaiken hinterlassen hat.

In Rom ist die offizielle Kunst der Zeit des Septimius Severus im Triumphbogen des Forum Romanum verkörpert, der den Namen dieses Kaisers trägt. Die Weihinschrift gibt das Jahr 203 als Entstehungsdatum an, und so trennt den Bogen nur ein Jahrzehnt von der Marc Aurels-Säule. Stilistisch besteht daher auch wenig Unterschied zwischen den beiden Baudenkmälern. Auf dem Septimius Severus-Bogen sind die Feldzüge dieses Kaisers gegen die Parther und Araber dargestellt. Bei den vier großen Schlachtenpaneelen auf beiden Fassaden fällt auf, daß die verschiedenen Szenen übereinander angeordnet sind. Das hat zu der Vermutung geführt, die Darstellungen seien ursprünglich für eine Triumphsäule bestimmt gewesen, was jedoch unwahrscheinlich ist. Eher darf man annehmen, daß ihnen jene bekannten Bildtafeln zugrundelagen, die schon seit Republikanischer Zeit bei den «Triumphen» der siegreichen Feldherrn mitgeführt wurden. Als älteste Darstellung dieser Art gilt ein vom Esquilin stammendes Fresko, das Episoden aus dem Samnitenkrieg widergibt. Aufschlußreich ist in diesem Zu-

Rom. Thermen des Caracalla. Blick ins Innere. Das Bauwerk als bis dahin größtes seiner Gattung (Anfang des 3. Jahrhunderts) erhebt sich am Außenrand des kleinen Aventin in nächster Nähe der Via Appia. Das erforderliche Wasser kam aus einem Abzweig des Martianischen Aquädukts, der eigens zu diesem Zweck erbaut wurde.

Rom. Grundriß der Thermen des Caracalla (Erstes Viertel des 3. Jahrhunderts):
1 Natatio (Schwimmbad)
2 Große Mittelhalle
3 Tepidarium
4 Caldarium
5 Palästren

Folgende Seite:
Der Alexander-Aquädukt in der Campagna war ein Werk des Alexander Severus, des letzten Kaisers der Severischen Dynastie, und wurde nach ihm benannt.

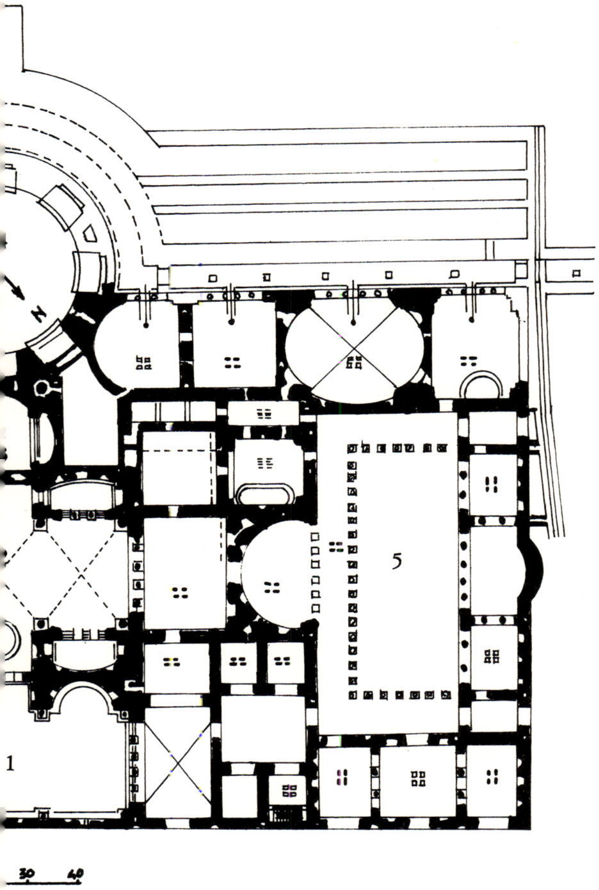

sammenhang die Bemerkung des antiken Schriftstellers Herodianus, daß Septimius Severus von seinen Feldzügen in den Nahen Osten «Commentarii» nach Rom geschickt habe, versehen mit Illustrationen von wichtigen Begebenheiten. Vielleicht entstanden die Reliefs nach dem Vorbild dieser authentischen Zeichnungen. Merkwürdig ist allerdings das Bedürfnis eines durch Gewalt an die Macht gelangten Herrschers, sich beim Senat durch Berichte über seine militärischen Erfolge beliebt zu machen. Auch die ikonographischen und stilistischen Einzelheiten des Septimius Severus-Bogens erinnern an die populären Darstellungen, wie sie anläßlich von Siegen in der offiziellen Kunst üblich waren und in allen Perioden wiederkehren, von den klassizistischen Figurendarstellungen der Ara Pacis bis zum erzählerischen Reichtum der Trajans-Säule. Die Auflösung der klassischen Form führt nun zu einer ungewöhnlichen Lebendigkeit der einzelnen Szenen. In den großen Schlachtenpaneelen und auf dem Fries mit der Wiedergabe des Triumphs stellt man typische Anzeichen von plebejischer Ungezwungenheit fest. Über die allen Historienbildern gemeinsame Vogelperspektive der Städte hinaus herrscht ein ausgesprochenes Desinteresse an einer sorgfältigen Wiedergabe der Landschaft und des räumlichen Zusammenhangs. Schematisierung und Wiederholung der Figuren und das Übergewicht des Inhaltlichen durch die kontinuierliche Fortsetzung der Erzählung ohne Rücksicht auf die Gesetze der Komposition kennzeichnen den Darstellungsstil des 3. Jahrhunderts; er steht in diametralem Gegensatz zur klassisch-hellenistischen Kunstauffassung, in der sich die Einzelelemente der Idee der Gesamtkomposition unterordnen. Jetzt wird die Realität analytisch zerlegt, und dies führt zu einer expressiven, formlosen Kunstsprache, wie sie einem Zeitalter entspricht, in dem der Staat und auch die übrigen weltanschaulichen Bindungen der antiken Welt in Auflösung begriffen waren, sodaß als einziger Restbestand das Individuum in einer ideologischen Leere zurückblieb. Es hatte keine Wahl, als sich auf sich selbst zurückzuziehen und im Bewußtsein des eigenen spirituellen Werts Genüge zu finden. Nicht umsonst ist die wichtigste römische Kunstäußerung dieser Periode das Porträt, das nun die höchste Stufe seiner Vollendung erreicht.

In einem Monument der nichtoffiziellen Kunst, dem Ehrenbogen, den die Wechsler und Kaufleute des Forum Boarium dem Imperator im Jahre 204 setzten, erreichte die plastische Form eine noch stärkere Auflösung. Die menschlichen Figuren sind jetzt übersponnen von einem ornamentalen Filigran, dem die besondere Vorliebe des Bildhauers zu gelten scheint.

Zeittypisch war auch die Entwicklung der Ziegelfabrikation. Römische Backsteine lassen sich aufgrund ihres Stempels, der den Namen des Herstellers und der Offizin enthält, genau identifizieren. Im Laufe des 2. Jahrhunderts hatten sich die Ziegeleien immer mehr in den Händen weniger Besitzer konzentriert, wobei die kleineren Unternehmen der Konkurrenz der großen erlagen. Als die Offizin Lucillas der Jüngeren als größte unter allen durch Erbschaft in die Hand ihres Sohnes Marc Aurel gelangte, fand dieser Konzentrationsprozeß seinen Abschluß, und seit Caracalla war die gesamte Ziegelindustrie in staatlicher Hand.

Die hauptstädtische Architektur hatte in der Severischen Periode weitere repräsentative Leistungen zu verzeichnen. Erstaunlicherweise machte sich in Rom zu dieser Zeit noch kein Rückgang in der öffentlichen Bautätigkeit bemerkbar. Die Repräsentativfunktion der Staatsarchitektur war verhältnismäßig unabhängig von den allgemeinen ökonomischen Verhältnissen, da sie mit Hilfe des Staatsapparats nach dem Willen des Kaisers realisiert wurde. So konnte sich die staatliche Krise auf dem Bausektor erst in einem gewissen Zeitabstand auswirken.

Von den wichtigsten Baumaßnahmen dieser Periode seien erwähnt, die Erweiterung der Kaiserpaläste auf dem Palatin nach der Via Appia hin durch Vorsetzen einer monumentalen Fassade (des «Septizonium»), der Baubeginn der Severischen Thermen auf dem Palatin, die Errichtung des Serapis-Tempels auf dem Quirinal und vor allem die Vollendung der Thermen durch Caracalla.

Die gigantische Anlage Caracallas ist das besterhaltene Beispiel der Kaiserthermen. In der Tat bestand ein gewaltiger Unterschied zwischen den frühen öffentlichen Bädern, nach dem Vorbild des griechischen *gymnasion,* wie sie in Pompeji und Herculanum erhalten sind, und dem neuen Bautypus, der sich in Rom im Laufe der Kaiserzeit entwickelte. In den älteren Thermen lagen alle Räume hinter-

Nîmes. Pont-du-Gard. Einzigartiges Beispiel eines Aquädukts aus der Augusteischen Periode, der gleichzeitig als Straßenbrücke diente.

einander und standen in direkter Verbindung miteinander. Dieses einfache System war nur möglich, solange die Größe der Gebäude und die Zahl der Besucher in Grenzen blieben. Daher wurde es in den kleineren Städten auch noch beibehalten, als sich in der Hauptstadt der neue Bautyp bereits seit einiger Zeit durchgesetzt hatte. In Rom erforderte die wachsende Bevölkerungszahl nicht nur eine größere Zahl von öffentlichen Bädern, sondern auch ihre Erweiterung zu riesigen Badeanlagen, die große Mengen von Besuchern zu fassen vermochten und gleichzeitig nach außen hin einen repräsentativen Charakter trugen. Es handelte sich nicht nur um die Lösung einer urbanen, sondern auch einer monumentalen Aufgabe. Schon mit dem Amphitheater war der römischen Baukunst eine auf die örtlichen Bedürfnisse zugeschnittene großartige Schöpfung gelungen, die in Griechenland nicht ihresgleichen gehabt hatte. Wir kennen die Entstehungsgeschichte der Thermen ziemlich genau. Die frühesten öffentlichen Bäder größeren Ausmaßes entstanden in den ersten Jahrzehnten des 1. Jahrhunderts unter Agrippa auf dem Marsfeld. Sie wurden im Zuge der unter Augustus beginnenden urbanen Reorganisation Roms erbaut. In Zeichnungen aus der Renaissance sind uns die Pläne der Agrippa-Thermen erhalten. Trotz mehrfacher Restaurierung in der Kaiserzeit entsprachen sie noch dem Bautyp der «Kleinen Thermen», der sich vom griechischen *gymnasion* ableitete.

Den entscheidenden Wandel brachten sehr wahrscheinlich die Neronischen Thermen. Sie lagen ebenfalls auf dem Marsfeld, haben sich aber nur in wenigen monumentalen Resten und in Zeichnungen von Renaissancekünstlern erhalten. Bei ihrer Wiederherstellung durch Alexander Severus wurde ihre ursprüngliche Planung aller Wahrscheinlichkeit nach kaum verändert, wenn auch bei den Archäologen über diese Frage keine völlige Einigkeit herrscht. Hier finden wir zum ersten Mal das Schema der «Großen Thermen» in seinen wesentlichen Elementen verwirklicht. Seine Grundidee war die Verdoppelung der Nebenräume, die sich nunmehr in symmetrischen Flügeln zu beiden Seiten einer Hauptachse aufreihten. In ihrer Mitte entlang dieser zentralen Achse waren die Baderäume angeordnet: das *caldarium* (Heißwasserbad), das *tepidarium* (Warmwasserbad) und die *natatio* (das Schwimmbecken mit kaltem Wasser). Im Mittelpunkt der Gesamtanlage lag eine große rechteckige Halle, eine Art Basilika, die man rückblickend vielfach mit dem Tepidarium gleichgesetzt hat, jedoch zu Unrecht. In ihr kreuzten sich die beiden Hauptachsen der Anlage, sodaß von hier aus sämtliche Räume leicht erreichbar waren. Diese Raumdisposition gestattete einer großen Anzahl von Menschen, dem vorgeschriebenen Verlauf des traditionellen römischen Bades zu folgen, ohne daß sie die Seitenräume nochmals zu betreten brauchten. Die Badenden begannen weit hinten mit dem Schwitzbad, dann erfolgte der Abguß mit warmem Wasser und schließlich das Eintauchen in das kalte Wasser des Schwimmbeckens. So waren einerseits auf beiden Flügeln zahlreiche Räume zum Umkleiden und sonstigen Zwecken vorhanden, und man hatte anderseits vermieden, auch die Baderäume zu verdoppeln. Stattdessen waren sie außerordentlich vergrößert worden und reichten deshalb für die von beiden Seiten hereinströmenden Besucher aus. Nicht nur war dieser Plan rationeller und weniger kostspielig, er ermöglichte auch eine monumentale Gestaltung der Gesamtanlage. Die kleinen Baderäume des ursprünglichen Thermenschemas waren ersetzt durch ein organisches, achsenbezogenes System von Haupt- und Nebenräumen, das auch nach außen hin seine verschiedenen Funktionen eindrucksvoll manifestierte. Daß eine so einheitlich wirkende Schöpfung auf den Einfall einer begabten Persönlichkeit zurückgehen könnte, ist ein naheliegender Gedanke. Die Neronische Periode war ja nicht nur eine Epoche monumentaler Neubauten, sondern auch eine Zeit namhafter Architekten, wie eines Severus und Celer, der Baumeister der Domus Aurea. Mit ihrer Hilfe wurde auch die planvolle Stadterneuerung fortgesetzt. Die nach dem schweren Erdbeben von 64 entstandene *nova urbs,* von der die antiken Schriftsteller berichten, scheint nach besonders fortschrittlichen Grundsätzen wiederaufgebaut worden zu sein, und die Großen

Rom. Palatin. Bögen der Via Nova. 2. Jahrhundert. Dieser Bogendurchgang unterhalb der Straße bildete eine Erweiterung der «Domus Tiberiana» gegen das Forum hin.

Thermen waren nicht nur eine grandiose Architekturschöpfung, sondern auch eine Leistung ersten Ranges im Rahmen der städtischen Gesamtplanung Roms. Selbst wenn der Plan der Neronischen Thermen kein Originalentwurf sein sollte, so verschöbe sich damit die Erfindung dieses Bautyps nur um wenige Jahre, denn er erscheint erneut in den Titus-Thermen, die um 80 erbaut wurden. Als nächste entstanden die Trajans-Thermen, die dicht beim Colosseum und auf den Resten der Domus Aurea zwischen 104 und 109 errichtet wurden. Hier stehen wir dem endgültigen und ausgereiften Typus der Großen Thermen gegenüber, der in der Folgezeit kaum noch modifiziert wurde. Auch nach ihrer Größenordnung erreichten die Trajans-Thermen schon das Ausmaß der beiden folgenden monumentalen Thermenbauten Roms, der Caracalla-Thermen (212-216) und der Diokletians-Thermen (298-305), die jeweils im Abstand von ungefähr hundert Jahren folgten und bezeichnend für die Großzügigkeit der kaiserzeitlichen Architekturschöpfungen sind. In diesem Fall kennen wir auch den Namen ihres Baumeisters. Es war Apollodorus von Damaskus, der auch das Trajans-Forum erbaut hat.

Die Caracalla-Thermen sind ebenso wie die beiden obengenannten, weniger gut erhaltenen Thermen von einer großen Umfassungsmauer mit einer Exedra (vielleicht als Zuschauertribüne benutzt?) umgeben. Ihr Umfang beträgt 337 mal 328 Meter. Inmitten dieses Mauergevierts, das zum ersten Mal bei den Trajans-Thermen erscheint, befanden sich die eigentlichen Thermen im Gesamtumfang von 220 mal 114 Metern, die nach dem bereits geschilderten Grundrißschema erbaut waren. Der freie Raum zwischen den beiden Außenmauern war durch Gärten ausgefüllt. Außerdem befanden sich im hinteren Teil zwei Bibliotheken. Konstruktiv gesehen, gehörten die Caracalla-Thermen zu den bedeutendsten Schöpfungen der römischen Baukunst. Das große kreisförmige Caldarium war von einer Kuppel überwölbt, die mit ihrem Durchmesser von 34 Metern kaum dem des Pantheons nachstand. Überdies ergaben sich hier durch die großen Fensterdurchbrüche der Wände statische Probleme, die außerordentlich vielseitige technische Kenntnisse voraussetzen. Die große Halle war durch drei mächtige Kreuzgewölbe überdeckt. Heute stehen von dem ganzen Komplex nur noch die nackten Wände. Doch hat sich von der ursprünglichen Marmor-, Mosaik- und Skulpturendekoration genug erhalten, um erkennen zu lassen, daß die Funktionen von Thermen nicht nur rein nützliche waren. Ihr künstlerischer Hochstand entsprach dem der Kaiserpaläste. Die besten Mosaizisten und Bildhauer der Zeit wurden zu ihrer Ausschmückung herangezogen. Denken wir nur an repräsentative Skulpturen wie den «Farnesischen Stier» und den «Herkules Farnese» (heute im Nationalmuseum von Neapel), die zur Dekoration der Thermen dienten. Trotzdem waren ihre Besucher nur einfache römische Bürger, die gleichen Plebejer, für die der Staat die kostenlosen Getreidezuteilungen und die Zirkusvorführungen und Schauspiele im Amphitheater organisierte. Der Ausdruck «Villen der Armen», mit dem man die großen Badeanlagen des kaiserlichen Rom belegt hat, ist imgrunde nicht falsch. Nur handelte es sich hier nicht um rein soziale Einrichtungen; sie hatten auch ihre Propagandafunktion und dienten zum Beweis der kaiserlichen Freigebigkeit gegenüber dem einfachen Volk. Es sollte darüber nicht vergessen werden, daß im Gegensatz zu diesem Aufwand und Luxus die vielstöckigen Mietskasernen aus feuchten, halbdunklen Wohnungen bestanden, in denen sich die Familien zusammendrängten und notdürftig die Nacht verbringen konnten. Das tägliche Leben spielte sich in der Öffentlichkeit ab, während der schönen Jahreszeit auf den Foren, im Winter in den Thermen. Sie waren zahlreich und geräumig genug, um Tausende von Menschen in sich aufzunehmen, und boten außer dem Genuß des Badens viele andere Annehmlichkeiten, so zum Beispiel geheizte Räume, die es in Privathäusern nicht gab, Bibliotheken, Gärten und Vorführungen aller Art.

Macht man sich die Funktion von Bauten wie der Thermen des Caracalla in dieser Weise klar, so enthüllt sich einem ein wesentlicher Bereich des sozialen und politischen Lebens des römischen Imperiums, und man begreift die patriarchalische Bindung, die zwischen den unübersehbaren Massen der Plebejer und dem Kaiser bestand.

Ein weitgehend zutreffendes Spiegelbild der nichtoffiziellen Baukunst Roms

Römische Wasserleitungen

Agrippa aber fügte während seiner Aedilität noch die Aqua Virgo [Aquädukt] hinzu und bildete, durch Zusammenleitung und Verbesserung der andern, 700 offene Wasserbehälter, außerdem 500 Springbrunnen und 130 Wasserkasten, von denen mehrere sich auch durch äußere Pracht auszeichnen. Auf diese Werke erstellte er 300 eherne oder marmorne Bildsäulen und 400 Säulen von Marmor, und dies alles im Zeitraum eines Jahres. In der von ihm selbst gegebenen Übersicht dessen, was in seiner Aedilität geschehen, fügt er hinzu, daß er 59 Tage öffentliche Spiele angestellt und 170 freie Bäder gegeben habe, deren Zahl man jetzt in Rom bis ins Unendliche vermehrt hat. – An Kosten übertraf die vorerwähnten Wasserleitungen noch die neueste, welche von Kaiser Caligula angefangen und von Claudius vollendet wurde. Durch sie wurden nämlich die beiden Quellen Curtius und Cäruleus und der Anio zum zweiten Male vom vierzigsten Meilensteine her in solcher Höhe herbei geleitet, daß alle Berge der Stadt dadurch bewässert wurden. Die darauf verwendeten Kosten betrugen 350 Millionen Sesterzen. Erwägt man nun die Menge Wasser zum öffentlichen Bedarfe für Bäder, Fischbehälter, Wassergräben, Häuser, Gärten, städtische und wirkliche Landhäuser, die Entfernung der Quellen, die aufgeführten Bögen, die durchgrabenen Berge und die geebneten Täler, so wird man eingestehen, daß es auf dem ganzen Erdkreise nichts Bewunderungswürdigeres gegeben hat.

[Plinius der Ältere, Naturgeschichte, XXXVI, 24 (15)]

Folgende Seite:
Ostia. Theater. In seiner heutigen Form ist der Bau, der in der Augusteischen Periode entstand, eine Erweiterung des 2. Jahrhunderts, die unter Commodus begonnen und unter Septimius Severus fertiggestellt wurde, wie die Weihinschrift besagt. Das Fassungsvermögen des Theaters wurde damit von 3000 auf 4000 Zuschauer erhöht. Der hinter der Bühne anschließende Portikus, das sogenannte Kleine Forum der Korporationen, wurde zur gleichen Zeit erneuert.

zwischen dem 2. und 3. Jahrhundert kann uns Ostia vermitteln, das zu zwei Dritteln durch Ausgrabungen wieder ans Licht gekommen ist. Aufschlußreich ist, daß sich hier die Hadrianische Periode als die Zeit größter baulicher Aktivität erweist, da aus dieser Phase etwa 137000 Quadratmeter Neubaugebiet ausgegraben werden konnten. Aus der Periode von Antoninus Pius bis Commodus waren es nur 55000 Quadratmeter, und der Rückgang der Bautätigkeit zeigte sich am stärksten gegen Ende der Regierungszeit des Septimius Severus. Insgesamt kamen aus dem 3. Jahrhundert höchstens 37400 Quadratmeter neubebautes Gelände zutage, und diese Zahl ist noch vielsagender, wenn man bedenkt, daß es sich dabei nicht allein um Neubauten, sondern teilweise auch nur um wiederhergestellte Häuser handelte. Jedenfalls ist jetzt eine fühlbare Verminderung der Bautätigkeit festzustellen. In der Periode des Septimius Severus kommen einige öffentliche Bauten hinzu: etwa die Thermen von Porta Marina, der imposante Rundtempel und die Theatererweiterung. Doch um die Mitte des 3. Jahrhunderts hörte die Bautätigkeit gänzlich auf. Man hat jetzt den Eindruck völliger Stagnation, und dies entspricht auch der Situation in der nahen Hauptstadt.

Das zur Zeit des Augustus entstandene Theater in Ostia wurde gegen Ende des 2. Jahrhunderts erweitert und erhielt damit statt 3000 nahezu 4000 Sitzplätze. Obgleich es die Weihinschrift von 196 als Werk des Septimius Severus und des Caracalla ausweist, hatte der Umbau bereits unter Commodus stattgefunden. Gegen Ende des 2. Jahrhunderts suchte man angesichts des ungeheuren Bevölkerungszuwachses, der sich schon im Zeitalter Hadrians abzuzeichnen begann, das Fassungsvermögen der öffentlichen Gebäude allenthalben zu vergrößern. Um die gleiche Zeit wurde auch der «Große Platz der Korporationen» hinter dem Theater umgebaut und erweitert. Er bestand aus langen überdachten Ladenstraßen mit zahllosen Geschäftsräumen, in denen die Kontore der Schiffahrts- und Handelskompagnien aus sämtlichen großen Hafenstädten des Mittelmeers ihren Sitz hatten. Die in Mosaik eingelegten Inschriften vor diesen Niederlassungen unterrichten uns heute noch über die Herkunft der *navicularii* (der Schiffseigentümer) und *negotiatores* (der Handelsherren), die hier ihre Vertretungen hatten. Eine ganze Seite des Portikus war von den Handelsvertretungen der afrikanischen Städte eingenommen, ein schlüssiger Beweis für die wirtschaftliche Bedeutung der afrikanischen Provinzen in dieser Periode. Selten vermögen uns antike Baudenkmäler eine so lebendige und unmittelbare Vorstellung von der vielseitigen Wirtschaftsstruktur des römischen Imperiums zu vermitteln wie diese.

In Rom war der umfangreichste Baukomplex, der in der zweiten Hälfte des 3. Jahrhunderts entstand, ein militärischer, die Aurelianische Mauer. Seit den Anfängen der Republik hatte die Stadt eines Mauerkranzes zu ihrer Verteidigung nicht mehr bedurft. Durch die dauernden Eroberungen hatten sich die Grenzen des ehemaligen Stadtstaats über den gesamten Mittelmeerraum und weit nach Norden hin verschoben, und zur wirklichen Verteidigungslinie Roms war der Limes geworden, jenes großartige Befestigungswerk, das an den Grenzen des Imperiums aufgerichtet war. Die ersten Anzeichen einer unmittelbaren Gefahr für Rom machten sich unter Marc Aurel bemerkbar, als die Quaden und Markomannen bis nach Aquileia vordrangen. Die Einfälle der Alemannen, die von 258 an immer häufiger wurden, zeigten dann, wie leicht es war, tief nach Italien hinein vorzustoßen. So war die Hauptstadt mit einem Male zu einem Grenzposten geworden, und es erwies sich als notwendig, sie durch einen soliden Mauerring zu schützen.

Kaiser Aurelian (270-275), der diese mächtige Befestigungsmauer errichten ließ, mußte dabei auf die Mitwirkung von militärischen Spezialisten verzichten, denn sie waren gerade abwesend auf dem Feldzug gegen Palmyra. So wurden die städtischen Baukorporationen mit dieser Aufgabe betraut. Sie erledigten sie in der erstaunlich kurzen Zeit von vier Jahren, was ein untrügliches Zeichen dafür ist, daß man sich der Größe der Gefahr bewußt war. Die raschen Fortschritte des Baues erklären sich außerdem aus seiner verhältnismäßig einfachen Bauweise. Es handelte sich nur um eine sechs Meter hohe Mauer von dreieinhalb Metern Dicke. Überdies wurde vorhandenes Mauerwerk in die Befestigung einbezogen, so die Cestius-Pyramide, das Castrensische Amphitheater, ganze Häuserfassaden, Mausoleen und auch Teile von Aquädukten wie an der Porta Maggiore. Trotz

Rom. Die Katakombe der Priscilla an der Via Salaria wird wegen ihres Freskenschmucks als Cappella greca bezeichnet. 3. Jahrhundert.

dieser stellenweise provisorischen Ausführung hielt man die Befestigung wohl für ausreichend, um dem Ansturm der barbarischen Horden zu widerstehen, denen es, wie man wußte, an Belagerungsmaschinen fehlte. Solche Angriffe waren zwar durch ihren Überraschungseffekt gefährlich, aber eine längere Belagerung konnten die Barbaren mangels geeigneter Ausrüstung und technischen Nachschubs nicht durchhalten. Heute zeigt die Aurelianische Mauer die Spuren von zahlreichen Erneuerungen und Umbauten. Ihre grundlegendste Wiederherstellung fand unter Honorius zu Beginn des 5. Jahrhunderts statt. Nun verdoppelte man die Höhe der Mauer und versah sie mit quadratischen Türmen von dreißig Metern Höhe. Mehrere kleine Tore wurden als schwache Punkte der Verteidigung zugemauert und die Öffnungen anderer verkleinert.

Bis zum heutigen Tag ist die in ihrer Gesamtausdehnung von ungefähr 19 Kilometern größtenteils erhaltene Mauer die imposanteste Stadtbefestigung, die uns die antike Welt hinterlassen hat. Ihre Funktionsfähigkeit blieb vor allem durch ihren ununterbrochenen Gebrauch bis ins letzte Jahrhundert hinein erhalten. Von den zahlreichen Erneuerungen des Mittelalters, der Renaissance und der Neuzeit war die bedeutendste die Errichtung der mächtigen Bastion durch Giuliano da Sangallo. Zu den jüngeren und jüngsten historischen Ereignissen, die ihren Bestand bedrohten, gehörte die kurze Beschießung vor der Einnahme Roms im Jahre 1870 und der Kampf an der Porta San Paolo nach der Besetzung Roms durch die Truppen Hitlers am 8. September 1943.

Rom als Mittelpunkt der Welt

Die Urbs ist die erste Stadt, welche beweist, daß die Beredsamkeit ihre Grenzen hat; denn es ist nicht nur möglich, sie zu beschreiben, wie sie es verdient, sondern man kann sie auch nicht einmal, wie es sich gebührt, überblicken. Sie bedeckt die hohen Berggipfel, sie bedeckt das Mittelland, sie erstreckt sich aber auch bis zum Meere hinab, wo der allgemeine Stapelort ist und die öffentliche Verwaltungsaufsicht über die Landeserzeugnisse. Wo immer sich jemand in ihr befinden mag, so hindert ihn doch nichts, zugleich in ihrer Mitte zu sein. Sie breitet sich auch nicht bloß auf der Oberfläche aus, sondern sie steigt in einer wirklich ganz beispiellosen Höhe weit empor, daß man sie nicht sowohl mit dem Schnee, als mit den Berggipfeln selbst vergleichen darf.

Wirft man aber einen Blick auf die Stadt selbst und auf ihre Grenzen, so darf man sich nicht mehr wundern, daß der ganze Erdkreis von einer solchen Stadt beherrscht wird.

Nicht Meerklippen, nicht Chelidonische Inseln und Kyanische Felsen, auch nicht die Tagereise eines Pferdes gegen das Meer hin, begrenzen euer Reich, ihr regiert nicht innerhalb festgesetzter Grenzen, auch befiehlt euch kein anderer, wie weit ihr gebieten dürft; sondern so wie das Meer gleichsam einen Gürtel in der Mitte des Erdkreises bildet, so ist es nun auch auf eine gleiche Weise eurer Herrschaft untergeordnet. Um dasselbe herum liegen die Erdteile in einem großen Raume ausgebreitet, welche euch immer von dort aus etwas zusenden. Es wird aber von der ganzen Erde und dem Meere her alles herbeigeführt, was die Jahreszeiten erzeugen und was alle Gegenden, Flüsse, Seen und die Künste der Hellenen und Barbaren hervorbringen. Wenn daher jemand alle diese Erzeugnisse betrachten wollte, so müßte er entweder den ganzen Erdkreis durchreisen und auf diese Weise zu ihrer Anschauung gelangen, oder er müßte sich in dieser Stadt aufhalten. Alles, was nämlich bei allen andern Völkern wächst und verfertigt wird, ist hier immer im Überflusse vorhanden. Bedeutende Lastschiffe, die von allen Ländern her Waren bringen, kommen zu jeder Jahreszeit und in jedem neuen Spätherbste hierher, sodaß die Stadt einer gemeinsamen Werkstatt der Erde gleicht. So viele Schiffsladungen, die von den Indiern, oder auch von den glücklichen Arabern herkommen, kann man hier sehen, daß man vermuten möchte, man habe den dortigen Einwohnern die Bäume von Früchten ganz entblößt zurückgelassen, und jene Völkerschaften müßten hierher reisen, um das, was sie etwa von ihren Landeserzeugnissen nötig hätten, für ihren Bedarf zu fordern.

Was nun Hesiod von den Grenzen des Ozeans erzählt, daß ein Ort vorhanden sei, in welchem alles zusammenströme, um darin einzig und allein seinen Anfang und sein Ende zu finden, dieses läßt sich auf diese Stadt vollkommen anwenden: Alles trifft hier zusammen, Handel, Schiffahrt, Landbau, Reinigung der Metalle, Künste, so viele es deren gibt und gegeben hat, alles was erzeugt und von der Natur hervorgebracht wird.

[Aelius Aristides, Lobrede auf Rom]

Rom. Aurelianische Mauer. Porta San Sebastiano (die ehemalige Porta Appia). Zu Beginn des 5. Jahrhunderts wurde unter Honorius das aus dem 3. Jahrhundert stammende antike Stadttor erneuert.

Folgende Seite:
Ein Abschnitt der Aurelianischen Mauer. Sie wurde zwischen 270 und 275 durch Kaiser Aurelian erbaut und unter Arcadius und Honorius im Jahre 403 verstärkt. Die fast 19 Kilometer lange Stadtbefestigung ist vorzüglich erhalten. Im Abstand von 30 Metern folgen einander quadratische Verteidigungstürme.

Die Aurelianische Mauer darf auch insofern größtes Interesse beanspruchen, als sie ein zuverlässiges Beweisstück für die Ausdehnung der antiken Stadt bildet. Sie umschließt einen Bereich von etwa 1380 Hektar. Allerdings war dieser Raum nicht überall bebaut, da die Mauerführung auch durch strategische Gesichtspunkte bestimmt war. Immerhin ist aus ihrem Verlauf zu ersehen, welchen riesigen Umfang Rom im 3. Jahrhundert angenommen hatte. Bestimmte Punkte der Stadtmauer haben ein besonderes historisches Gewicht, so die heutige Porta San Sebastiano, die berühmte «Porta Appia» der Antike. Sie öffnet sich auf die Via Appia, jene bedeutungsvolle Straße, auf der die römische Expansion nach Süden und Osten durch die Jahrhunderte ihren Ausgang nahm. An ihr liegen jene für die römische Geschichte so bezeichnenden Denkmäler, vom Grabmal der Scipionen, der ersten und konsequentesten Verfechter des römischen Imperialismus, bis zu den großen Kaiservillen – wie der des Maxentius – und zu den frühesten christlichen Friedhöfen, den Katakomben. Daß die wichtigsten Katakomben gerade an der Via Appia angelegt wurden, unterstreicht die Bedeutung dieser religiösen Bewegung, die mit ihren revolutionären Vorstellungen über die Beziehungen zwischen den sozialen Klassen, über politische Macht und persönliche Verantwortung eine für die römische Staatsbürokratie höchst bedrohliche Kraft darstellte, bis es am Ende Konstantin durch einen der genialsten politischen Schachzüge der Geschichte gelang, das Christentum in seine Staatsidee einzubeziehen und es zur Teilhabe an der Macht zu veranlassen.

Kompromiß- und Reorganisationsversuche unter den Tetrarchen und Konstantin

Dem zunehmenden Verfall des Imperiums suchte der ausnehmend energische und kluge Diokletian entgegenzuwirken. Er veränderte die Staatsorganisation von Grund auf und schaffte die augusteische Verfassung ein für allemal ab. In der Erkenntnis, daß das riesige Imperium von einem einzigen Zentrum aus und durch ein einziges Oberhaupt nicht mehr zu kontrollieren war, gliederte er es in vier Teile, und fortan übernahmen zwei Herrscher die Regierung, er selbst und Maximian. Dabei beanspruchte Diokletian für sich die höhere Würde, die sich in seinem Beinamen «Iovius» ausdrückte, während sich der Mitkaiser nur als «Herculius» bezeichnen durfte. Zu Nebenkaisern ernannte er zwei jüngere Feldherrn, Galerius und Constantius Clorus, die im Falle der Abdankung der Kaiser die Herrschaft antreten und dann ihrerseits zwei neue Nachfolger bestimmen sollten. Dieses System hatte den Vorzug, daß der Herrschaftsbereich des Imperiums in vier leichter kontrollierbare Präfekturen gegliedert war, vor allem aber, daß die Nachfolge geklärt und eine gewisse Stabilität der kaiserlichen Macht gesichert war.
Auch die Präfekturen wurden in kleinere Gebietseinheiten unterteilt, zunächst in sechsundvierzig neue Provinzen, aus denen dann später neunundachtzig wurden. Diese waren in zwölf Diözesen zusammengefaßt. Damit wurde in der römischen Verwaltung das Prinzip der Hierarchie eingeführt, das auf einer Beamtenschaft verschiedener Rangstufen beruhte. Eine weitere Neuerung der Verwaltungsreform Diokletians war die scharfe Trennung zwischen dem zivilen und militärischen Machtbereich. Auch vor sehr tiefgehenden Eingriffen in die Wirtschaft scheute er nicht zurück. Sein berühmtes «Preisedikt» setzte im einzelnen die Preise für sämtliche Waren und Dienstleistungen fest und belegte die Übertreter dieser Vorschriften mit harten Strafen. Als Ganzes betrachtet, war seine Reform eine strenge und autoritäre Regelung für alle Lebensbereiche, die zwar noch unter Justinian in Kraft war, aber auf den Gebieten, die eine Einmischung dieser Art schlecht vertrugen, etwa dem der Wirtschaft und der Politik, sehr rasch versagte.
Eine nicht zu unterschätzende Konsequenz der Teilung des Imperiums war die Deklassierung Roms, das jetzt durch die vier neuen Hauptstädte Augusta Treverorum (Trier), Mediolanum (Mailand), Sirmium (Mitrovitza) und Nikomedia (Ismid) abgelöst wurde. Die repräsentativen öffentlichen Bauten wurden nunmehr an diesen vier Punkten des Imperiums erstellt, denn das Gesicht dieser Hauptstädte mußte sich ihrer neuen Funktion würdig erweisen. Trotzdem ging auch Rom nicht völlig leer aus. An monumentalen Bauten entstanden in dieser Zeit die mächtigen Diokletians-Thermen in einer Randzone des Quirinal. Nach ihrer Größenordnung übertrafen sie noch die Trajans- und Caracalla-Thermen, mit denen sie in ihrer Grundrißgestaltung übereinstimmten. Begonnen kurz nach 298, wurden sie zwischen März 305 und August 306 geweiht, wie aus zahlreichen Inschriften hervorgeht. Man hat nach den Ziegelstempeln festgestellt, daß die darin verbauten Backsteine nur aus drei Fabriken stammten, im Gegensatz zu der komplexen Situation des 2. Jahrhunderts, als noch zahlreiche Ziegeleien ihre Erzeugnisse für die großen öffentlichen Bauten lieferten. Überhaupt war die Backsteinherstellung in Rom nach den Severischen Kaisern stark zurückgegangen, wie unter anderm das bei der Aurelianischen Mauer verwendete Material beweist, das zum großen Teil von älteren Gebäuden stammt, die zu diesem Zweck niedergerissen worden waren. Für den umfangreichen Bau der Diokletians-Thermen mußten neue Ziegeleien begründet werden, die jetzt allerdings staatliche Unternehmen waren und dem Kaiser unterstanden. Diese Wiederbelebung war jedoch von kurzer Dauer, und nachdem im Jahre 330 die Hauptstadt nach Konstantinopel verlegt worden war, erfolgte ein erneuter Niedergang.
Im Zusammenhang mit der Bautätigkeit Diokletians ist auch die große Feuersbrunst von 283 zu erwähnen, der viele öffentliche Gebäude zum Opfer fielen. Danach schritt er zum Wiederaufbau der Curia Julia auf dem Forum und des

Das bunte Treiben in den römischen Bädern

Der mannigfaltigste Lärm umrauscht mich hier von allen Seiten: ich wohne gerade über dem Bade. Nun stelle Dir alle die verschiedenen Töne vor, die einen dazu bringen könnten, daß man seinen eigenen Ohren grollte. Wenn die Boxer sich üben und ihre mit Blei beschwerten Hände schwingen, wenn sie sich abarbeiten oder Arbeitende nachahmen, so vernehme ich ein Geächze und, so oft sie den angehaltenen Atem ausstoßen, das heftige Zischen desselben; wenn sichs fügt, daß ein plumper Salber sein Wesen treibt, der sich begnügt, auf die ganz gemeine Weise zu Werke zu gehen, so höre ich das Klatschen der Hand auf den nackten Schultern, was, je nachdem die Hand flach oder hohl auffällt, verschiedene Töne gibt. Kommt nun noch ein Ballschläger dazu und fängt an, seine Schläge zu zählen, so ist keines Bleibens mehr. Denke Dir ferner das viele Gezänke, das Geschrei, wenn ein Dieb erwischt wird, den Singsang Badender, die sich mit ihrer Stimme gefallen, das gewaltige Geplätscher des gepeitschten Wassers, so oft einer in das Bassin springt. Außer den Tönen, die doch wenigstens natürlich sind, stelle Dir die feine und schrillende Stimme vor, die ein Haarzupfer herauspreßt, um sich bemerklicher zu machen; er schweigt nicht eher, als bis er etwas zu zupfen hat, wo er denn den andern für sich schreien läßt. Vollends das Ausrufen der Kuchenbäcker, der Wurst- und Leckereienhändler und aller der Krämer und Garköche, die ihre Ware, jeder mit seiner eigentümlichen auffallenden Tonart, feilbieten.

[Seneca, Briefe an Lucilius, 56]

Rechts:
Spalato. Diokletians-Palast (um 300). Teil des mittleren Peristyls. Das riesige trapezförmige Gebäude mit seinen Abmessungen von 157,5 mal 151 mal 191 mal 192 Metern war rings umgeben von turmbewehrten Mauern. Hier lebte der Kaiser von seiner Abdankung im Jahre 305 bis zu seinem Tode im Jahre 316.

Unten:
Rom. Basis der Decennalien des Diokletian auf dem Forum von 303. Wiedergegeben ist die Seite mit dem Opfer von Schwein, Schaf und Stier (die suovetaurilia).

Portikus des Pompeius auf dem Marsfeld, die hinfort die von den kaiserlichen Beinamen abgeleiteten Namen «Iovius curia» und «Herculius porticus» trugen.
Der Galerius-Bogen als bedeutendstes Werk der römischen Staatsarchitektur dieser Zeit entstand weit entfernt von Rom in Saloniki. In Rom hat sich nur eine der Basen erhalten, die zur Feier des zehnten Jahrestags des Regierungsantritts Diokletians (der *decennalia)* auf der Rostra des Forums errichtet wurden. Zwei Seiten dieses Postaments mit der Darstellung der Viktorien und dem Opfer durch den Imperator zeigen den typischen Stil des 3. Jahrhunderts. Der Marmor ist vorzugsweise mit dem Drillbohrer bearbeitet, was jede Einzelheit stark hervortreten läßt und die plastische Geschlossenheit des Reliefs beeinträchtigt. Die beiden andern Seiten mit der Opferung von Schwein, Schaf und Stier (den *suovetaurilia)* und dem Zug der Senatoren sind von gleichmäßiger Plastizität. Ihr Meister hat auf eine so intensive Anwendung des Bohrers verzichtet. Ganz allgemein tendiert die Kunst der Tetrarchen-Zeit wieder zu einer stärker geschlossenen Oberflächengestaltung mit sparsamen und weniger tief eingeschnittenen Details. Vor allem macht sich das in der Porträtkunst bemerkbar, in der dieser Stil oft zu einer fast brutalen Expressivität geführt hat. Besonders geeignet für die neue Formensprache war der harte ägyptische Porphyr, ein Material, in dem unter anderm auch die berühmten Tetrarchen vor dem Markusdom in Venedig ausgeführt sind. Jüngst konnte man übrigens nachweisen, daß sie aus Konstan-

Rom. Maxentius-Basilika. Blick ins Innere. Der unter Maxentius zwischen 306 und 310 begonnene Bau wurde unter Konstantin zu Ende geführt. Der Haupteingang war ursprünglich auf der Ostseite, während die Westseite in einer Apsis endigte. Konstantin verlegte den Eingang auf die Südseite gegen die Via Sacra hin. In der Westapsis war die Kolossalstatue des Imperators aufgestellt, deren Fragmente heute im Hof des Konservatorenpalasts zu sehen sind. Von dem Bau blieb nur die Nordseite weitgehend intakt, während sich von der Südseite und dem mächtigen Kreuzgewölbe nichts erhalten hat.

Rom. Maxentius-Basilika. Teilstück.

Der Besuch Constantius II. in Rom

Nach seinem Einzug in Rom, der Heimstatt des Reichs und aller Tugenden, kam der Kaiser zur Rednertribüne. Da setzte ihn das Forum, das die ehemalige Macht so deutlich erkennen läßt, in Erstaunen. Nach welcher Seite er auch den Blick wandte, blendete ihn die Menge der Wunderdinge. An den Adel richtete er in der Kurie eine Rede, an das Volk eine solche von einer Rednertribüne aus, und als er im Palatium mit vielfachen Gunstbeweisen empfangen wurde, genoß er die Freude, die er sich gewünscht hatte. Wenn er Reiterspiele veranstaltete, erfreute er sich vielfach an den Späßen des Volks. Es wurde nicht übermütig, wich aber auch nicht von seinem angeborenen Freimut ab, und er selbst wahrte auch mit Achtung das schuldige Maß. So ließ er die Wettkämpfe nicht wie in anderen Städten nach seinem Gutdünken abbrechen, sondern überließ dies, wie es Sitte ist, den verschiedenen Zufällen. Dann besichtigte er zwischen den Gipfeln der sieben Berge die Teile der Stadt an den Hängen und in der Ebene, sowie die Wohnviertel in den Vororten und glaubte, daß das, was er zuerst gesehen hatte, alles andere übertreffe: der Iuppitertempel auf dem Capitol, der den andern Tempeln so überlegen war wie die göttlichen Dinge den weltlichen überlegen sind; die Thermen, so groß wie ganze Provinzen; das riesige, ganz mit Travertin belegte Amphitheater, dessen Größe das menschliche Auge kaum zu erfassen vermag, das ein ganzes Wohnquartier ausfüllende Pantheon mit einer Kuppel von eindrucksvoller Höhe; und die hohen Säulen, die sich auf besteigbaren Basen erheben und die Statuen der vorangegangenen Kaiser tragen; der Tempel der Venus und Roma und das Friedensforum; das Theater des Pompejus; das Odeon; das Stadion und die andern Sehenswürdigkeiten der Stadt. Wahrhaftig, als er zum Trajansforum kam, einem in der Welt einmaligen Baukomplex, wie ich glaube, bewundernswert selbst in den Augen der Götter, verhielt er gebannt seinen Schritt, wobei sein Blick auf unvergleichlichen Bauten ruhte, die kaum zu beschreiben sind und nie wieder von Menschen erschaffen werden. Somit auf jede Hoffnung verzichtend, etwas Ähnliches hervorzubringen, sagte er, er wolle nur die Reiterstatue Trajans nachahmen, die in der Mitte des Platzes stand . . . Vieles andere betrachtete der Kaiser noch mit ehrerbietiger Bewunderung, nur beklagte er sich über die öffentliche Meinung als schwächlich und übelwollend; denn sie übertreibe stets alles, sei jedoch unfähig zu schildern, was es in Rom gebe. Lange überlegte er, was er tun könne; endlich beschloß er, die Monumentalbauten dadurch zu vermehren, daß er im Circus Maximus einen Obelisken aufstellen ließ.

[Ammianus Marcellinus, Römische Geschichte, XVI, 10; 13-17]

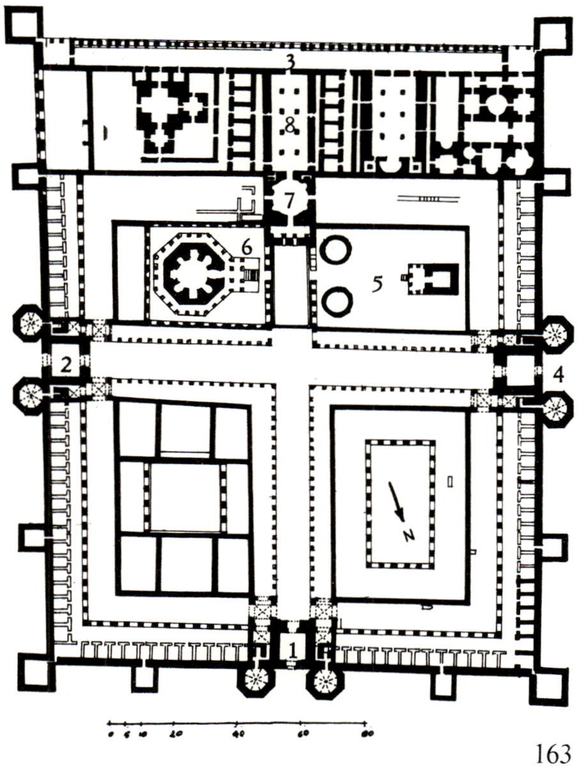

Spalato (Split).
Plan des Diokletians-Palasts:
1 Porta Aurea
2 Porta Argentea
3 Porta Bronzea
4 Porta Ferrea
5 Heiligtum und Tempel des Jupiter
6 Heiligtum und Mausoleum des Domitian
7 Vestibül
8 Sogenanntes «Tablinum»

tinopel hierherkamen, da man dort den Fuß ausgegraben hat, der bei einem der Tetrarchen fehlt.
Die hierarchische und gleichsam soldatische Strenge der Persönlichkeit Diokletians kennzeichnet die gesamten Kulturäußerungen dieser Periode. Am eindrucksvollsten ist sie verkörpert in Spalato, der verhältnismäßg guterhaltenen Residenz des Kaisers, die er sich als Alterssitz für die Zeit nach seiner Abdankung erbauen ließ. Nichts ist so aufschlußreich wie ein Vergleich zwischen diesem geschlossenen, strukturbetonten Baukomplex, der eher einem mittelalterlichen Kastell als einem Kaiserpalast gleicht, und der Hadrians-Villa mit ihrer lockeren, offenen und vielgestaltigen Bauweise. Über den Gegensatz der beiden Persönlichkeiten ihrer Erbauer hinaus sind diese beiden Bauten ein Spiegelbild zweier Epochen.
Die Bautätigkeit in Rom nahm unter Maxentius einen lebhaften Aufschwung, da er es zur Residenz wählte. Im Laufe seiner kurzen Regierungszeit (306-312) gelang es diesem vom Unglück verfolgten Herrscher, eine ganze Reihe von bedeutenden Bauwerken zu errichten, die zum Teil auch zu Ende geführt werden konnten und noch verhältnismäßig gut erhalten sind. Vor allem konzentrierte er seine Bautätigkeit auf das Forum. Hier entstand die umfangreiche Basilika, die später von Konstantin beendet wurde, und in ihrer unmittelbaren Nachbarschaft der kleine Tempel, in dem man fälschlich ein Denkmal für den frühverstorbenen und dann vergöttlichten Kaisersohn Romulus erkennen wollte. Die Basilika ist mit ihren mächtigen Gewölben, die den wenige Jahre früheren in den Diokletians-Thermen nicht nachstehen, ein Beweis für die erstaunlichen technischen Fähigkeiten der römischen Baumeister dieser Periode. Wiederaufgebaut wurde auch der aus der Periode Hadrians stammende Venus-Tempel. Wahrscheinlich erhielt er jetzt erst die beiden einander gegenüberliegenden Apsiden als Standort für die Götterstatuen sowie seine großartige Deckenwölbung.
Maxentius war der Persönlichkeit Hadrians, der zweihundert Jahre vor ihm regiert hatte, insofern verwandt, als er es ebenfalls vorzog, in einer über ein weites Gelände verteilten Gartenresidenz zu wohnen. Er ließ sie an der Via Appia erbauen, und vermutlich bedeckte sie einen Teil der Grundmauern des «Pagus Triopius» von Herodes Atticus. Der ganze Komplex bestand aus drei nach verschiedenen Richtungen hin orientierten großen Bauteilen, die um ein Zentrum gruppiert waren: aus der eigentlichen Villa, dem großen Mausoleum des Romulus mit dem es umgebenden vierfachen Säulenportikus und dem Zirkus. Das Mausoleum als charakteristisches Beispiel eines im 4. Jahrhundert weitverbreiteten Grabmaltyps ist ein Rundbau und besteht aus zwei Teilen, einem Untergeschoß, das einen Mittelpfeiler und die Nischen für die Sarkophage enthält, und einem von einer Kuppel überwölbten Obergeschoß, auf dessen Umgang die Kulthandlungen für die Verstorbenen stattfanden. Der anschließende Zirkus stand insofern in innerem Zusammenhang mit dem Mausoleum, als er hier noch seine ursprüngliche Funktion als Schauplatz der mit jeder Beisetzung verbundenen feierlichen Spiele erfüllte.
Durch eine glückliche Fügung ist dieses Baudenkmal in gutem Erhaltungszustand auf uns gekommen. Es bildet vor allem deshalb ein bedeutsames geschichtliches Beweisstück, weil von anderen Bauten dieser Gattung nur wenig hinterblieben ist und sich vor allem vom Circus Maximus fast nichts erhalten hat. Im Maxentius-Zirkus lassen sich noch die acht *carceres* erkennen, die Wagenschuppen, aus denen die Quadrigen hervorkamen. Ihre Zahl entsprach den vier *factiones* (Mannschaften), auf die sich die Sympathien der Zuschauer verteilten. Jede dieser Mannschaften war für zwei Quadrigen verantwortlich. Die Carceres waren auf einer leicht abschüssigen Fläche fächerförmig angeordnet, damit die Chancen der Quadrigen beim ersten Durchgang die gleichen waren. Die rechte Spur der Bahn war etwas breiter als die übrigen, um zu Anfang das Überholen von mehreren Wagen in den Augenblicken zu erleichtern, wo sich noch nicht klar herausgestellt hatte, welcher der schnellste war. Aus dem gleichen Grund begann auch die gerade Strecke des Zirkus erst in beträchtlicher Entfernung (etwa 200 Meter) vom Start. Wir wissen, daß insgesamt sieben Runden vorgeschrieben waren, woraus sich ergibt, daß die Rennstrecke drei römische Meilen oder ungefähr 4,5 Kilometer betrug.

Umgebung von Rom. Zirkus des Maxentius. Blick auf die carceres, die Wagenschuppen, von denen aus die Quadrigen starteten, sowie auf die beiden Zieltürme. Der Zirkus, den Maxentius in Verbindung mit seiner Villa und dem Mausoleum für seinen frühverstorbenen Sohn Romulus an der Via Appia erbaute, stand an der gleichen Stelle wie ehemals die Villa des Herodes Atticus. Sie blieb unvollendet. Die Arbeiten wurden unterbrochen, als Maxentius an der Milvischen Brücke von Konstantin besiegt wurde und gleich danach starb.

Das Edikt der Kaiser Gratian und Valentinian zum Schutz der antiken Bauwerke

Keiner der Präfekten der Stadt und der übrigen Beamten in leitender, einflußreicher und angesehener Position sollte an der Errichtung neuer Gebäude in der ehrwürdigen Stadt Rom teilnehmen; er widme sich der Sorge um die alten Baudenkmäler. Wer es unternehmen will, neue Bauten in der Stadt zu errichten, der mag dies tun auf eigene Kosten, mit eigenen Mitteln, ohne das vorhandene Alte zu beeinträchtigen, ohne die Fundamente der Monumentalbauten zu gefährden, ohne Steine aus öffentlichen Bereichen wegzunehmen, ohne Marmorstücke aus den Ruinen ausgeplünderter Tempel sich anzueignen.

[Codex Theodosianus]

Rom. Sogenannter Tempel des Romulus an der Via Sacra. Der kleine Achteckbau aus dem Anfang des 4. Jahrhunderts besitzt noch seine ursprüngliche Bronzetür. Heute ist er zu einem Teil der Kirchen Sante Cosma und Damiano geworden.

Rom. Tempel der Venus und Roma. Die Cella nach der Seite des Forums hin, in die wir hier blicken, ist die besser erhaltene der beiden Cellae. Sie enthielten die Statuen der Göttinnen. Die reiche Fußboden- und Wanddekoration mit den Porphyrsäulen sowie die Kassettendecke gehen auf die Zeit des Maxentius zurück, als der hadrianische Bau nach einer Feuersbrunst im Jahre 307 erneuert wurde.

Zahlreiche antike Sulpturen wurden zum Schmuck des Maxentius-Zirkus von überallher zusammengetragen. Meist stammten sie aus abgerissenen oder ihres Schmuckes beraubten Gebäuden. Unter anderm stand hier einst der Obelisk, den Bernini später im Brunnen der Piazza Navona wiederverwandt hat. Die darauf befindliche Inschrift in Hieroglyphen enthält den Namen «Domitian». Es handelt sich also ursprünglich um ein Werk aus der Domitians-Zeit. Mit großer Wahrscheinlichkeit gehörte es zum Isis- und Serapis-Tempel, der auf dem Marsfeld in der Nähe des Pantheons stand. Diesem Bereich entstammten wohl auch die kleineren Obelisken, die im Maxentius-Zirkus ausgegraben wurden. Das Hin und Her dieser Kunstwerke in verschiedenen Zeiten und zu unterschiedlichen Zwecken ist ein interessantes Studium für sich. Die Neigung, dekorative Einzelteile der Bauten der Vergangenheit wiederzuverwenden, zeugt nicht nur für den Niedergang der römischen Bildhauerwerkstätten und für ihre Unfähigkeit, erstrangige Kunstwerke hervorzubringen, sondern auch für einen Eklektizismus, der für eine Stadt mit so großen künstlerischen Traditionen ein schlechtes Zeichen war. Er ist aber begreiflich, weil sich Rom jetzt am äußeren Rand der eigentlichen Lebenszentren des Imperiums befand. Tatsächlich hatte es auch im administrativen und politischen Bereich seine Funktion als Hauptstadt verloren. Der Rückzug in die nostalgische Bewunderung der Leistungen der großen Vergangenheit war die typische Haltung einer Periode, der es an Vitalität fehlte. Das Gefühl unvermeidlicher Dekadenz führte zu dem Versuch, das Vergangene um jeden Preis wiederzubeleben und der Nachwelt möglichst viel davon zu bewahren. Hieraus erklärt sich auch das starke Interesse dieser Periode für Kompendien, Kommentare und Anthologien. Sie bilden für uns eine reiche Quelle der Information und

Rom. Vierseitiger Bogen des Forum Boarium. Konstantinische Periode.

Inventarium der Stadt Rom im 4. Jahrhundert n. Chr.

2	Tempel des Iuppiter Capitolinus
2	Zirkusse
2	Amphitheater
2	Kolosse
2	historische Säulen
2	Marktplätze
3	Theater
4	Gladiatorenkasernen
2	Naumachien (Wasserreservoirs für Seeschlacht-Darstellungen)
15	Nymphäen
22	große Reiterdenkmäler
80	goldene Götterstatuen
74	elfenbeinerne Götterstatuen
36	Torbogen aus Marmor
37	Tore
423	Straßen
423	Götternischen
46602	einfache Wohnhäuser
1790	aufwendige Wohnhäuser
290	Lagerhäuser
856	öffentliche Bäder
1352	Brunnen
254	Backöfen
46	Bordelle
104	öffentliche Latrinen
10	Polizeistationen der Prätorianer
4	städtische Wachen
7	Feuerwachen und 14 Bereitschaftsposten
2300	Ölverteilungsstellen

[Aus den Regionalkatalogen zur Zeit Konstantins]

Inschrift auf dem Konstantinsbogen

Dem Kaiser Caesar Flavius Constantinus Maximus, Sohn des Publius Augustus, der aufgrund göttlicher Eingebung und der Größe seines Geistes den Staat von einem Tyrannen befreite und dessen ganze Gefolgschaft mit gerechten Waffen schlug, widmen Senat und Volk von Rom diesen Triumphbogen.

Rom. Konstantins-Bogen, errichtet nach der Schlacht gegen Maxentius im Jahre 312 und zwischen 315 und 316 geweiht. Er ist der besterhaltene der drei in Rom hinterbliebenen antiken Triumphbogen. Seine Reliefs entstammen verschiedenen Perioden. Auf der Attika befinden sich zu beiden Seiten der Inschrift vier Reliefs aus der Zeit des Commodus (vier weitere auf der andern Seite). Sie stellen Episoden aus dem Leben Marc Aurels dar. Die vier Statuen dakischer Krieger gehören noch der Periode Trajans an, ebenso auch die auf unserem Bilde nicht sichtbaren Reliefs auf den Schmalseiten der Attika und auf dem Mittelgewölbe. Die vier Tondi mit Jagd- und Opferszenen (vier weitere auf der andern Seite) stammen von einem Bau aus der Zeit Hadrians. Im Zeitalter Konstantins entstanden lediglich die Reliefbänder über den kleineren Bogen sowie die Reliefs in den Bogenzwickeln und auf den Säulenbasen.

stammen fast alle aus dem 4. Jahrhundert. In diesem Licht muß auch die Wiedergeburt des heidnischen Götterglaubens gesehen werden, die im 4. Jahrhundert inmitten des bereits festgegründeten christlichen Imperiums einen breiten Raum einnahm.

Das bekannteste Beispiel für den römischen Eklektizismus, der sich in Darstellungsmotiven verschiedenster Herkunft äußert, ist der Konstantins-Bogen. Doch ehe wir uns seiner äußeren Erscheinung zuwenden, soll er als eine der bedeutendsten Hinterlassenschaften des antiken Rom in seinen historischen Rahmen gestellt werden. Er wurde nach dem Sieg Konstantins über Maxentius an der Milvischen Brücke im Jahre 312 zur Erinnerung an den damit verbundenen Triumph vom römischen Senat errichtet. Die Weihe dürfte 315 stattgefunden haben. Schon 313 hatten Konstantin und Licinius bei ihrem Zusammentreffen in Mailand den Christen die freie Religionsausübung zugestanden. Die Inschrift auf dem Bogen, die von einem der «göttlichen Eingebung» zu verdankenden Sieg spricht, hat zur Glaubwürdigkeit der Legende beigetragen, daß Konstantin sich seit der Schlacht an der Milvischen Brücke zum Christentum bekannt habe. In Wirklichkeit könnten die beiden auf dem Bogen eingelassenen Tondi von Sol und Luna, deren heidnischer Inhalt keinem Zweifel unterliegt, schon genügen, um das Gegenteil zu beweisen. Das Interesse Konstantins für die Christen hatte vor allem politische Gründe. Dadurch daß er ihnen die Ausübung ihres Kultes gestattete, gelang es ihm, die Anhänger einer Religion, die sich immer stärker ausbreitete, auf die Seite des Staates zu ziehen.

Die im Zeitalter Konstantins auf dem Bogen entstandenen Reliefs stellen verschiedene Episoden des Kriegs gegen Maxentius dar und gehören stilistisch zu den gleichen volkstümlichen Darstellungen, wie sie bereits in kleineren Friesen dieser Gattung, etwa auf dem Titus- oder Septimius Severus-Bogen, anzutreffen waren. Sie zeigen eine starke Vereinfachung, große Erzählfreude, geringes Interesse für die Perspektive und bei der Wiedergabe von Personen die Bevorzugung der Frontalansicht sowie eine hierarchische Größenordnung. Solche Stileigentümlichkeiten sind jetzt verallgemeinert und systematisch durchgeführt. In diesen Darstellungen vollzieht sich die endgültige Abwendung von dem Formenkanon der Antike, die sich schon in der Kunst der Tetrarchen-Zeit angekündigt hatte. Es sind Arbeiten, die bereits eine stärkere Verwandtschaft zur romanischen Kunst des 12. Jahrhunderts aufweisen als zu der klassisch bestimmten, zeitlich viel näheren Kunst des mittleren Imperiums.

Der Konstantins-Bogen ist eine der letzten offiziellen Kunstäußerungen Roms. Im Jahre 330 verließ der kaiserliche Hof Rom und verlegte seinen Sitz nach Byzanthion, das von jetzt an Konstantinopel hieß. An die Stelle der offiziellen Staatsarchitektur trat jetzt die kirchliche Baukunst, die sich allerdings so reich entfaltete, daß sie in wenigen Jahrzehnten das Gesicht Roms veränderte. Für die Gotteshäuser des christlichen Kultus wurde die Form der heidnischen Basilika übernommen: ein großer Saal, der durch Säulenreihen in drei oder fünf Schiffe geteilt war und in einer Apsis endigte. Neben diesem Grundtyp und gleichzeitig mit ihm entstanden die mit einer Kuppel bedeckten Rundbauten, die vor allem für die Grabeskirchen übernommen wurden. Dazu gehörte die Kirche der Gordiani an der Via Prenestina, die Kirche Santa Helena an der Via Labicana, die Kirche Santa Constantina (heute Santa Costanza) an der Via Nomentana, letztere mit einer auf einer Doppelkolonnade ruhenden Kuppel und mit gewölbtem Umgang. Außerordentlich stark verbreitete sich in jenen Jahren die Kunst des Wandmosaiks. Nach relativ bescheidenen Anfängen in der frühen und mittleren Kaiserzeit wurde es mit der Ausbreitung des Christentums zu einer der wesentlichen künstlerischen Ausdrucksformen der Zeit. Santa Costanza bietet hierfür eines der schönsten Beispiele.

Trotz der immer stärkeren Ausbreitung der christlichen Kultur lebte aber in Rom noch lange eine heidnische Geistesströmung fort. Sie war getragen von den großen Familien der römischen Aristokratie, unter denen die Symmachi eine führende Rolle spielten. Hier handelte es sich um die Manifestation eines Intellektualismus auf konservativer Grundlage, den eine Klasse verfocht, die zwar bis zum Ende des Jahrhunderts politisch einflußreich blieb, aber dennoch zum Untergang bestimmt war. Ihr Programm des zähen Festhaltens an der römischen Über-

Der Sieg Kaiser Konstantins an der Milvischen Brücke

Wie nun Konstantin auf den Thron gekommen war und sehen mußte, daß die Hauptstadt der ganzen Welt, die Herrscherin des römischen Reiches, der Knechtschaft eines Tyrannen unterworfen war, traf er die notwendigen Rüstungen zum Sturze der Tyrannenherrschaft.

Er bedachte aber wohl, daß er einer mächtigeren Hilfe bedürfe, als sie Heere ihm zu bieten imstande wären, darum suchte er an Gott einen Helfer. Da er nun ernst bedachte, welchen Gott er annehmen solle, kam ihm der Gedanke, daß ehedem, als mehrere Männer die Herrschaft ergriffen hatten, die einen davon, die ihre Hoffnung auf mehrere Götter gesetzt und diese mit Weinspenden, Opfern und Weihegeschenken geehrt hatten erst durch gefällige Weissagungen und glückverheißende Orakelsprüche getäuscht wurden, dann aber ein unglückliches Ende fanden, ohne daß einer von ihren Göttern ihnen hilfreich zur Seite gestanden wäre.

Sein Vater habe den entgegengesetzten Weg eingeschlagen, ihren Irrtum verworfen und Gott selber, den über der Welt thronenden Herrn, in seinem ganzen Leben geehrt und an ihm einen Retter und Schützer des Reiches und einen Spender alles Guten gefunden.

Da nun Konstantin dieses alles in seinem Geiste überlegte, hätte er es für eine Torheit gehalten, die Götter, die es gar nicht gibt, in so alberner Weise zu verehren und auch noch nach einem solch augenscheinlichen Beweise vom Irrtum sich berücken zu lassen; er glaubte vielmehr nur den Gott seines Vaters verehren zu müssen.

Er rief also in seinen Gebeten diesen Gott an und flehte inständig zu ihm, er möge ihm offenbaren, wer er sei, und ihm zu dem bevorstehenden Unternehmen hilfreich seine Rechte reichen. Während der Kaiser aber so betete und eifrig darum flehte, erschien ihm ein ganz unglaubliches Gotteszeichen.

Um die Stunde der Mittagszeit, da sich der Tag schon neigte, habe er, so sagte der Kaiser, mit eigenen Augen oben am Himmel über der Sonne das Siegeszeichen des Kreuzes, aus Licht gebildet, und dabei die Worte gesehen: «Durch dieses siege!» Staunen aber habe bei diesem Gesichte ihn und das ganze Heer ergriffen, das ihm eben auf seinem Marsche folgte und dieses Wunder schaute...

Nachdem dann der Kaiser gleich bei Tagesanbruch aufgestanden war, berief er Künstler zu sich, die sich auf die Bearbeitung von Gold und Edelsteinen verstanden, setzte sich mitten unter sie, beschrieb ihnen die Gestalt des Zeichens und gab ihnen den Auftrag, dasselbe in Gold und Edelsteinen genau nachzubilden.

Ein langer goldüberzogener Lanzenschaft trug eine Querstange und hatte somit die Gestalt des Kreuzes; am oberen Rande des Ganzen war ein kunstvoll geflochtener Kranz aus Gold und Edelsteinen befestigt, in dem das Zeichen für den Namen des Erlösers angebracht war, zwei Buchstaben, die als Anfangsbuchstaben den Namen Christi bezeichneten, indem das P in der Mitte durch das X gekreuzt wurde. Dieses heilbringende Zeichen gebrauchte nun der Kaiser stets als Schutzmittel gegen jede Macht, die sich ihm feindlich entgegenstellte, und er befahl, daß das Abbild desselben allen seinen Heeren vorangetragen werde.

Konstantin traf alle Vorbereitungen und Rü-

Rom. Wandgemälde des 3. Jahrhunderts aus einem Gebäude auf dem Palatin, das als Sitz der Herolde diente.

stungen zum Sturze der Tyrannei. Nachdem er sich also unter den Schutz Gottes, des höchsten Herrn, gestellt, seinen Christus um Hilfe und Beistand angerufen und das heilbringende Zeichen, an der Spitze seiner Trabanten und seiner Leibwache gestellt hatte, zog er mit seinem ganzen Heere heran, um den Römern die von ihren Ahnen ererbte Freiheit wiederzubringen. Schon war er Rom selber ganz nahe. Da hat aber Gott selbst den Tyrannen Maxentius wie an Fesseln weit vor die Tore der Stadt heraus gezogen. Wie er dereinst zur Zeit des Moses und des gottesfürchtigen Volkes der Hebräer «die Streitwagen des Pharao und seine Heeresmacht ins Meer geschleudert und seine auserlesenen Führer zu Roß ins Rote Meer versenkt hat», gerade so ist auch Maxentius mit seiner Leibwache und seinen Trabanten «in die Tiefe versunken gleich einem Steine», als er fliehend vor der Macht Gottes, der mit Konstantin kämpfte, über den vor ihm liegenden Fluß setzen wollte. Über diesen hatte er nämlich eine feste Schiffsbrücke schlagen lassen und sich so das Werkzeug zu seinem eigenen Untergang geschaffen, während er doch gehofft hatte, dadurch den gottgeliebten Kaiser vernichten zu können.
Es senkte sich die Brücke und die Schiffe versanken zumal samt der Mannschaft in die Tiefe, und zwar zu allererst der unselige Tyrann selber, dann auch seine Leibwache und seine Trabanten.

[Eusebius, Das Leben des Kaisers Konstantin, I, 25-39]

lieferung hatte seine historische Berechtigung. Die Gelehrten, die in dieser Richtung wirkten, haben uns die bereits erwähnten Kompendien hinterlassen. Zu ihnen gehörten Servius, der Kommentator des Vergil, und Macrobius, ein bedeutender Autor und Philosoph. Die Mitglieder dieser heidnischen Kreise waren auch um die Erhaltung der römischen Kunstschätze und großen Bauten bemüht. Noch zwischen 393 und 394 ließ Numerius Proiectus, der Präfekt für die Lebensmittelvorräte, den Herkules-Tempel in Ostia wiederherstellen, obgleich Theodosius bereits 391 die Schließung aller heidnischen Tempel angeordnet hatte. Auch die griechischen Meisterwerke, die sich in Rom befanden, wurden vermutlich in jenen Jahren mit den Namen der berühmten Bildhauer versehen, die sie geschaffen hatten. Für uns ist dies häufig die einzige Quelle, aus der wir ihre Namen kennen. In der Erkenntnis der akuten Krise und im Angesicht des Verfalls der antiken Kultur war man bemüht, aus dem allgemeinen Schiffbruch soviel wie möglich zu retten. Auch die kultivierte Schicht unter den Christen, vom hl. Hieronymus bis zu Cassiodorus, teilte diesen Standpunkt und nahm an der Rettungsaktion teil, sodaß die Antike durch das ganze Mittelalter hindurch nicht in Vergessenheit geriet, womit letztlich der Weg gebahnt wurde für ihre Wiedererweckung in der Renaissance.
Trotzdem war jedoch der Unterschied zwischen den heidnisch und den christlich gesinnten Angehörigen der führenden Schicht grundlegend. Jene waren in jeder Hinsicht konservativ, während diese einen Kompromiß zwischen der antiken Kultur und der christlichen Lehre versuchten. Der Gegensatz entzündete sich eines Tages sehr heftig an einem Standbild der Siegesgöttin, das seit Augusteischer Zeit im Senat aufgestellt war. Symmachus und Ambrosius waren die Anwälte einer leidenschaftlichen Polemik über die Berechtigung der Statue an diesem Ort. Symmachus wollte sie weiterhin dort wissen, da sie durch die Tradition geheiligt war. Ambrosius verlangte, daß sie als heidnisches Symbol beseitigt würde. Die Briefe der beiden Persönlichkeiten an Kaiser Valentinian II., die sich erhalten haben, sind zum Verständnis der besonderen geschichtlichen Situation dieses Augenblicks von hohem dokumentarischem Wert. Nach Lage der Dinge

ging natürlich Ambrosius aus dieser Auseinandersetzung als Sieger hervor, und die heidnische Statue wurde beseitigt.

Während allenthalben christliche Kirchen entstanden, geriet das antike Rom immer mehr in Verfall. Vergeblich suchten die Kaiser dem Abbruch ehrwürdiger Baudenkmäler Einhalt zu gebieten. Mehrere Erlasse darüber sind uns erhalten. Auch ihre Wiederherstellungsversuche waren ohne größeren Erfolg. Während Rom zur Zeit des Besuchs Constantius II. noch in altem Glanz dastand, sodaß der Kaiser davon tief beeindruckt war, folgte im 5. Jahrhundert ein Desaster dem andern. Die Verstärkung der Stadtmauer unter Honorius vermochte im Jahre 410 die Goten unter Alarich nicht davor zurückzuhalten, Rom zu erobern und zu plündern. Die Schäden mögen vielleicht garnicht so besonders groß gewesen sein, aber der Schrecken über dieses Unglück war ungeheuer, wie aus den Aufzeichnungen verschiedener zeitgenössischer Schriftsteller hervorgeht. Schwerwiegender war die Plünderung Roms durch die Vandalen im Jahre 455. Unter Theoderich wurde das Werk des Wiederaufbaus erneut in Angriff genommen; berühmte Bauten – wie das Colosseum – konnten wiederhergestellt werden. Doch der Gotische Krieg mit den einander folgenden Belagerungen, Plünderungen und Massakern versetzte der Stadt den Todesstoß. Jetzt wurden auch die Aquädukte so weitgehend zerstört, daß die großen Bäder und Brunnenanlagen ohne Wasser blieben und die Trinkwasserversorgung gefährdet war. Eine der wichtigsten Lebensadern der Stadt ist damit getroffen worden. Die wenigen verbliebenen Bewohner lebten zwischen lauter Ruinen im Innern eines verlassenen Bezirks, den einst die Aurelianische Mauer geschützt hatte.

Der Bevölkerungsschwund, die Verlassenheit und die Unsicherheit der nahen Campagna, in der die Villenbewohner von Malaria und Briganten bedroht waren, machten das Leben in und um Rom immer unerträglicher und prägten das Gesicht der Stadt für lange Zeit.

Rom. Sogenannter Tempel der Minerva Medica aus dem Beginn des 4. Jahrhunderts. Vermutlich handelt es sich um das Nymphäum der Villa der Licinii. Der Grundriß dieses Gebäudes ist ein mit Nischen versehenes Zehneck. Seine Rundkuppel mit ihrem Durchmesser von 25 Metern zählt zu den größten des antiken Rom und ist ein aus Backstein gemauertes Kreuzrippengewölbe. Diese im Vergleich zur Pantheonkuppel fortgeschrittene Technik nähert sich schon den Wölbemethoden der byzantinischen Periode.

Seite 171:
Mausoleum der Villa der Gordiani an der Via Prenestina. Typisches Beispiel eines monumentalen Grabmals aus dem 4. Jahrhundert. Es besteht aus einem Untergeschoß mit der eigentlichen Grabstätte und einem oberen Saal für die Bestattungsriten und die Opferfeiern des Totenkults.

Seite 172:
Rom. Santa Costanza. Detail des Deckenmosaiks im Umgang der Kirche, dem ehemaligen Mausoleum der Constantina aus dem 4. Jahrhundert. Die Kunst des Wandmosaiks, die schon in Republikanischer Zeit bekannt war, breitete sich aus, bis sie in der Byzantinischen Periode zur vorherrschenden Kirchendekoration wurde.

Seite 173:
Wandmosaik mit der Darstellung eines Schiffs im Hafen. 1. bis 2. Jahrhundert. Rom, Antiquario Comunale.

Seite 174:
Ostia. Polychromes Mosaik mit Monatsdarstellung. 4. Jahrhundert.

Anhang

Das Schicksal der antiken Baudenkmäler im Mittelalter und in der Neuzeit

Von der Zeit seiner Stadtgründung an bis heute war Rom ununterbrochen bewohnt. Naturgemäß führte dies zu einer beständigen Veränderung seines Stadtbilds und einzelner Bauten, ein Verwandlungsprozeß, in dem sich die verschiedenen Etappen rückblickend schwer gegeneinander abgrenzen lassen. Zweifellos war dieses Phänomen auch schon kennzeichnend für das antike Rom, und hier traten solche Veränderungen durch den gelegentlichen Einsturz von Gebäuden, durch Brände und Überschwemmungen noch stärker in Erscheinung.
Alles in allem bildete jedoch das Ende der antiken Welt eine fühlbare Zäsur. Wir erleben nicht nur eine qualitative, sondern auch eine funktionale Veränderung der Stadt, wenn diese auch nur schrittweise vor sich geht. Der ökonomisch-soziale Strukturwandel Roms im hohen Mittelalter ist grundlegend. Hier manifestierte sich die Rückkehr von einer weltoffenen antiken Großstadt zu dem bescheidenen autarken Status eines Stadtstaats. Damit verbunden war ein starker Bevölkerungsschwund, und wenn Rom trotzdem durch das ganze Mittelalter hindurch eine der Metropolen Europas geblieben ist, so vor allem durch die Gegenwart des Papsttums. Seine Einwohnerzahl ging so weit zurück, daß sie im Jahre 1377, als der Papst aus dem Exil in Avignon zurückkehrte, kaum 17000 Seelen betrug. In dieser Periode waren große Bezirke innerhalb der Aurelianischen Mauer landwirtschaftlich genutzt – die Überlieferung spricht von drei Vierteln –, und die einzige Besiedlung von einiger Bedeutung bestand in Kirchen und Klöstern. Als natürliche Folge dieser tiefgehenden Veränderung standen nun zahllose öffentliche Gebäude des kaiserlichen Rom leer. Nicht nur waren sie für die Verwaltung eines unvergleichlich größeren Gemeinwesens, sondern vor allem auch als repräsentative Bauten einer Weltstadt gedacht. Durch den rein parasitären und repräsentativen Charakter der Stadt, die ihren riesigen Bevölkerungsstatus nur zu halten vermocht hatte, wenn sie ständig Zuzug aus den Provinzen erhielt, war ihr innerer Zusammenbruch und Verfall nur noch unabwendbarer geworden. Das empfindliche Wirtschaftsgefüge der Stadt und ihres Hinterlands machte es unmöglich, daß Rom in so geringen Dimensionen auf die Dauer seinen baulichen Bestand wahren konnte.
So waren die antiken Bauten unvermeidlich dem allmählichen Verfall ausgesetzt. Die Stadt hatte keine Verwendung mehr dafür und auch nicht die Mittel, sie zu erhalten. Was in besserem Erhaltungszustand auf uns gekommen ist, sind ausnahmslos jene Bauwerke, die einen neuen Verwendungszweck fanden. Das typische Beispiel dafür ist das Pantheon, das zu Beginn des 7. Jahrhunderts in eine Kirche umgewandelt wurde.
Von hier aus bis zur Benutzung antiker Bauwerke als Steinbrüche für neue Häuser war es nur noch ein kleiner Schritt. Tatsächlich zeigen viele mittelalterliche Gebäude deutliche Merkmale dieser Entstehungsweise. Allerdings sei hier ausdrücklich betont, daß die damals hervorgerufenen Schäden im ganzen als verhältnismäßig gering zu betrachten sind. Am Ende des Mittelalters war das antike Rom noch weit besser erhalten als heute. Die größten Zerstörungen entstanden erst, was man eigentlich kaum vermutet, als das Interesse für die Antike in der Renaissance wiederauflebte. Um diese Zeit hatte Rom einen starken Bevölkerungszuwachs zu verzeichnen, und dies führte trotz aller Proteste gegen das Niederreißen antiker Gebäude und trotz aller Versuche, sie zu erhalten, zu einem gründlichen Ruin dessen, was von der antiken Stadt hinterblieben war.
Das Ergebnis dieser tausendjährigen Geschichte ist der besondere Charakter, den die antiken Monumente heute zeigen. Eingebaut in die Behausungen aller möglichen Epochen und den unterschiedlichsten Funktionen dienend, sind sie ein erstaunlicher Beweis für die geschichtliche Kontinuität dieser Stadt. Ein Gebäude wie das Tabularium auf dem Kapitol, der Sitz des Staatsarchivs in der Republikanischen Periode, beherbergt auch noch in unseren Tagen Amtsstellen der städti-

schen Verwaltung. Schon dies allein genügt, um die enge geschichtliche Verbindung zwischen dem heutigen Rom und seiner historischen Vergangenheit zu dokumentieren.

Auffallend für den fremden Besucher Roms ist auf den ersten Blick der große Höhenunterschied zwischen dem Niveau der antiken Bauten und dem heutigen Straßenniveau. Er beträgt etwa zwei Meter bei dem Platz vor dem Pantheon und erhöht sich auf nahezu achtzehn Meter am Fuß des Quirinals an der Kreuzung zwischen der Via Quattro Fontane und der Via Nazionale. Diese merkwürdige Erscheinung macht sich überall bemerkbar und erklärt sich aus der fortgesetzten Anhäufung von Schutt, der aus zusammengestürzten Gebäuden stammte oder sich durch die jahrhundertelange Einwirkung des Wassers dort angesammelt hatte und schließlich auch bei Aushub- und sonstigen Bauarbeiten hinterblieben war. Eine Erhöhung des Bodenniveaus läßt sich bereits in der Antike erkennen. Die archaischen Baudenkmäler des Forum Romanum, die man unter dem Namen Lapis Niger zusammengefaßt hat, liegen etwa zwei Meter tiefer als die Bauten des Augusteischen Zeitalters. Begreiflicherweise ging diese Materialablagerung viel langsamer vor sich und war weniger sichtbar in den Perioden intensiven staatlichen Lebens und fortschrittlicher Zivilisation, vor allem als die Pflasterung der Straßen üblich wurde. Das feste Pflaster einer Straße blieb lange Zeitabschnitte in Gebrauch, und durch seine unumgängliche Instandhaltung konnte sich auf die Dauer nichts ablagern. Im Gegensatz dazu brachten die Perioden des Bevölkerungsrückgangs, in denen viele Häuser leerstanden und allmählich zerfielen, eine verhältnismäßig rasche Erhöhung des Straßenniveaus. Der liegengebliebene Schutt verfestigte sich nach und nach unter der Einwirkung von Regen, Wind und Erosion, bis neue menschliche Behausungen über den antiken Resten erbaut wurden. Auch an den Stellen, wo das Leben sich kontinuierlich fortsetzte, wie es in gewissen Zonen des Marsfelds offenbar der Fall gewesen ist, wo die moderne Straßenführung auf das gewissenhafteste der antiken Bauplanung folgt, läßt sich eine Niveauerhöhung feststellen. Doch ist sie lange nicht so stark. Dies hängt damit zusammen, daß man bei der Wiederbebauung der Grundstücke den Schutt zu beseitigen und die alten Grundmauern als Fundamente zu benutzen pflegte. Wie verbreitet diese Erscheinung war, kann man bei einem Besuch der Keller der antiken Quartiere Roms feststellen, die fast sämtlich noch in altrömischer Mauertechnik ausgeführt sind.

Diese allgemeinen Beobachtungen lassen sich vervollständigen durch eine Darstellung der konkreten historischen Entwicklung, welche über eine Reihe von Episoden, die nur teilweise bekannt sind, zur heutigen Situation geführt hat.

Vorweg muß gesagt werden, daß die Legende von der Zerstörung Roms durch die Einfälle der Barbaren weitgehend ihre Glaubwürdigkeit verloren hat. Das Werk der systematischen Zerstörung von monumentalen antiken Anlagen wie des Circus Maximus lag vollständig außerhalb der Absichten, aber auch außerhalb der Möglichkeiten dieser kriegerischen Horden. Tatsächlich hielten sie sich ja nur wenige Tage in der Stadt auf, sodaß sie sich auf Plünderungen kostbarer Gegenstände beschränkten und dieses oder jenes Gebäude niederbrannten. Auch die andere traditionelle Behauptung, die Christen seien für die Zerstörung des antiken Rom verantwortlich zu machen, hat nicht die geringste geschichtliche Grundlage. Vorkommnisse wie die Zerstörung des Serapis-Tempels in Alexandria, die von den Christen im Jahre 391 herbeigeführt wurde, sind in Rom keineswegs bezeugt. In Wirklichkeit geht der Verfall der antiken Stadt vor allem auf das Konto ihrer eigenen Bewohner, und hier handelt es sich um ein Zerstörungswerk von langer Dauer, an dem mit mehr oder weniger schwerwiegenden Folgen alle Generationen teilhatten, die einander bis heute auf diesem Boden gefolgt sind.

Die Zerstörung ging in gleichem Schritt mit der Wiederverwendung des Bau-

materials vor sich, und die Stadt fuhr fort, sich selbst zu verschlingen, um in neuen Formen wiederzuerstehen. Schon zu Beginn des 4. Jahrhunderts war es, wie schon dargelegt ist, üblich, antike Dekorationselemente in neuen Bauten zu verwenden, wofür vor allem der Konstantins-Bogen, aber auch die Maxentius-Villa und der Maxentius-Zirkus typische Beispiele sind.
Die erste Plünderung, der Rom anheimfiel, war der Gallier-Einfall im Jahre 390 v. Chr. Der Einfall der Goten unter Alarich erfolgte 800 Jahre später im Jahre 410. Beide stellten vor allem eine Bedrohung von Leben und Eigentum der Einwohner dar. Zwei Briefe des hl. Gregorius berichten über dieses letzte Ereignis und bilden ein wertvolles Zeugnis eines Zeitgenossen. Nach einem Forschungsbericht des Archäologen Lanciani haben neuere, auf die Wohnbezirke der Patrizier in der späten Kaiserzeit konzentrierte Grabungen auf dem Aventin und Caelius ergeben, daß dort zu Beginn des 5. Jahrhunderts eine Feuersbrunst gewütet hat und die Häuser nicht wiederaufgebaut wurden. Wie wir wissen, fand das Haus des Valerius Severus, des Präfekten von Rom im Jahre 386, als es im Jahre 404 zum Verkauf stand, keinen Käufer, da man anscheinend vor der Größe der Liegenschaft und den entsprechend hohen Kosten zurückscheute. Aber schon wenige Jahre danach, um 417, wurde es zu einem niedrigen Preis verkauft, da es inzwischen geplündert und von den Barbaren teilweise zerstört worden war.
Auch manche öffentlichen Gebäude auf dem Aventin, wie die Decianischen Thermen, trugen schwere Schäden davon. Eine Inschrift berichtet von ihrer Wiederherstellung im Jahre 414, vier Jahre nach der Plünderung Roms.
Im Fall einer Belagerung pflegte man die wertvollsten Schätze zu vergraben. Manche dieser Wertstücke, die durch den Tod ihrer Besitzer weiterhin in ihrem Versteck blieben, kamen in späterer Zeit wieder ans Tageslicht. Der bekannteste dieser Funde ist der «Schatz der Proiecta», der aus einer größeren Anzahl wertvoller Silbergegenstände bestand und auf dem Esquilin gefunden wurde. Er befindet sich heute größtenteils im British Museum. Die Eigentümerin des Schatzes war die Gattin des Turcius Asterius Secundus, des Präfekten von Rom im Jahre 362, wie aus einer Inschrift hervorgeht.
Die zunehmende Unsicherheit auf dem Lande führte im Laufe des 5. Jahrhunderts dazu, daß die Katakomben nicht mehr benutzt wurden und man dazu überging, die Toten innerhalb der Aurelianischen Mauer zu begraben. Größere Verluste an Kunstschätzen entstanden auch bei der Plünderung durch die Vandalen im Jahre 455. Unter anderm wurden der Tempel des Iuppiter Capitolinus und die Kaiserpaläste auf dem Aventin geplündert. Zahlreiche Statuen gelangten bei dieser Gelegenheit nach Karthago und dienten hier zum Schmuck der Residenz des Königs Geiserich. Dort raubte sie dann hundert Jahre später Belisarius und entführte sie nach Konstantinopel. Anscheinend befanden sich darunter auch die Beutestücke aus dem Judäischen Krieg, die Vespasian auf dem Friedensforum hatte aufstellen lassen.
Unter Theoderich (500-520) erlebte Rom eine Zeit der Erholung. Die Kaiserpaläste auf dem Palatin und zahlreiche andere Bauten wurden wiederinstandgesetzt, darunter auch das Theater des Pompeius und das Colosseum. Die wichtigsten Zeugnisse über diese Arbeiten sind die Briefe des Cassiodorus an die Magistrate der Stadt, die genaue Vorschriften über die Art der Wiederherstellung und Behandlung der noch vorhandenen Kunstwerke enthalten. Zahlreiche Mauersteine mit dem Namen Theoderichs und die Inschriften der erneuerten Gebäude bestätigen, was wir aus den Texten wissen. Auf diese letzte Phase des Wiederaufbaus folgte dann unmittelbar der Ruin. Im Krieg zwischen Byzanz und den Goten erlitt die Stadt ununterbrochene Belagerungen und Zerstörungen. Es war die Zeit des endgültigen Übergangs zum Mittelalter. Wie der Geschichtsschreiber Procopius berichtet, wurden im Verlauf der Belagerung durch Witigis (537-538) Teile

der Aquädukte zerstört, die in der Folgezeit nicht mehr wiederaufgebaut wurden. Wenn auch das Wasser wie bisher durch unterirdische Zuleitungen wie die Aqua Virgo, die Aqua Appia und den Anienus Vetus nach Rom hineinfloß, so waren doch sämtliche große Thermen unbenutzbar geworden und in Zukunft dem unaufhaltsamen Verfall ausgesetzt. Eine weitere Folge der mangelhaften Wasserversorgung war der Auszug der Bewohner aus den höhergelegenen Teilen der Stadt, wohin das Wasser nun nicht mehr gelangte.

Die Beschreibung, die uns Procopius in seinem Buch über den «Vandalen- und Gotenkrieg» hinterlassen hat, zeigt, daß ein Großteil der berühmten Baudenkmäler und ihr Reliefschmuck noch wohl erhalten war. Sehr aufschlußreich ist in diesem Zusammenhang eine Episode, die sich vor dem Hadrians-Mausoleum abgespielt hat, das im vorausgehenden Jahrhundert als vorgeschobenes Bollwerk in die Stadtbefestigung einbezogen worden war. Als die Verteidiger der Mauer von den Goten angegriffen wurden, die in der Nähe von San Pietro ein Lager bezogen hatten, schlugen sie die Angreifer in die Flucht, indem sie die zahlreichen Statuen auf sie herabstürzten, mit denen das Mausoleum geschmückt war.

Das Ende des 6. Jahrhunderts und die Folgezeit waren gekennzeichnet durch die völlige Bevölkerungsleere der die Stadt umgebenden Campagna, die durch Räuber, Malaria und nicht zuletzt durch die plündernden Langobarden unbewohnbar geworden war. Trotzdem entstand im Jahre 608 ein letztes Monument auf dem Forum. Es ist die Phokas-Säule, die der Präfekt Smaragdus zu Ehren jenes byzantinischen Kaisers stiftete, der das Pantheon der Kirche geschenkt hatte. Von nun an wurde es immer mehr üblich, heidnische Tempel in Kirchen umzuwandeln, was die Christen bis dahin vermieden hatten. In jenen Jahren scheinen die Kaiserpaläste auf dem Palatin noch in gutem Zustand gewesen zu sein, denn als Heraclius 629 in Rom zum Kaiser gekrönt wurde, fand die Krönungszeremonie allem Anschein nach in der Aula Regia der Domus Flavia statt. Der Kaiser schenkte aus diesem Anlaß dem Papst die vergoldeten Bronzeziegel vom Dach des Venus-Tempels, und fortan dienten sie zum Schmuck der Peterskirche. Nach Lanciani kann dies zum Beweis dafür dienen, daß der Venus-Tempel in dieser Zeit noch gut erhalten war.

Das äußere Bild der Stadt im 9. Jahrhundert wird uns in einem Reiseführer für Rompilger näher geschildert, der den Namen «Itinerarium von Kloster Einsiedeln» trägt. Wie alle derartigen Führer ist das Buch in Tagesrundgänge eingeteilt, in denen auf die rechts und links der Straße liegenden Bauwerke hingewiesen wird. Es sind noch sämtlich die Bauten der Kaiserzeit. In der Karolingischen Periode hatte sich Rom also im großen und ganzen noch sein ursprüngliches Gesicht bewahrt. Aufschlußreich ist ein Vergleich dieser Angaben mit denen eines Pilgerführers aus dem 12. Jahrhundert, den ein Kanonikus namens Benedetto verfaßt hat, sowie mit einem etwas späteren, der die Bezeichnung «Mirabilia» (die Wunder Roms) trägt. Es ist kaum glaublich, wie anders diese Angaben nun lauten. Über den in der Zwischenzeit eingetretenen starken baulichen Verfall hinaus verkörpert sich darin ein kultureller Tiefstand ohnegleichen. Die meisten antiken Namen der Gebäude und Straßen sind inzwischen unbekannt, oder sie werden völlig mißverstanden. Phantastische Ortsbeschreibungen wechseln mit moralisierenden Fabeln, wie sie für das Mittelalter typisch sind. Das Itinerarium der Karolingischen Periode stellt tatsächlich den letzten Versuch dar, den interessierten Reisenden auf möglichst viele aus der Antike hinterbliebene Bauten hinzuweisen, auch wenn sie großenteils schon totes Kulturgut geworden sind. Ein paar hundert Jahre später war dieses Wenige verfallen und vergessen.

Die wichtigsten Ereignisse, die sich in den folgenden dreihundert Jahren vollziehen, beginnen mit dem Angriff der Sarazenen im Jahre 846. Allerdings führte er

nicht zur Eroberung der Stadt, sondern lediglich zur Verwüstung der Vorstädte. Unter anderm wurden die Kirchenschätze von San Pietro und San Paolo geraubt. Im Jahre 1084 erfolgte dann die Plünderung Roms durch die Normannen unter Robert Guiscard. Von allen Zerstörungen, die Rom über sich ergehen lassen mußte, war dies eine der unheilvollsten. Das Marsfeld und der Caelius wurden völlig verwüstet. Die Kirche San Clemente erfuhr eine so weitgehende Zerstörung, daß sie beim Wiederaufbau auf den Trümmern ihres ehemaligen Bestands einige Meter höher zu stehen kam. Noch heute verkörpert dieses ehrwürdige Gebäude mit seinen drei übereinanderliegenden Bauphasen, der römischen mit dem Mithräum, der des Urchristentums und der des 12. Jahrhunderts, eine eindrucksvolle Synthese von zwei Jahrtausenden römischer Geschichte.
Allmählich wurden die antiken Bauten neuen Zwecken zugeführt. Vielfach dienten sie den mächtigsten der römischen Familien als festungsartige Wohnpaläste und wurden mit diesem Ziel umgebaut. Den Frangipani gehörte das Colosseum und ein Großteil des Aventin, die Savelli ließen sich im Marcellus-Theater nieder, die Orsini im Pompeius-Theater, die Colonna im Trajans-Forum sowie im Serapis-Tempel auf dem Quirinal. Das Grabmal der Caecilia Metella wurde zu einem Befestigungsturm des Kastells der Caetani. Zu dieser Zeit wirkte Rom, ebenso wie die andern größeren Städte Italiens wie eine Ansammlung kleiner Burgen, die alle von einem Turm überragt waren. In einer Exedra des Friedensforums stand die «Tor de'Conti», deren sich Dante und Petrarca als des höchsten in Rom existierenden Befestigungsturms erinnerten, ehe er 1348 zusammenstürzte.
Im zwölften Jahrhundert, das als Beginn der «römischen Renaissance» gilt, fing man an, die künstlerische Ausbeutung der antiken Bauwerke systematisch zu betreiben. Zu dieser Zeit wuchs das Interesse für alte Marmordekorationen aller Art wie Kapitelle, Reliefs und Inschriften, die sich zum Schmuck neuer Gebäude wachsender Beliebtheit erfreuten. Wer die Kirchen Roms auch nur oberflächlich kennt, weiß, wie häufig man antike Marmorreste darin findet, vor allem römische Säulen, Kapitelle und Inschriftentafeln. Die Bildhauerwerkstätten, die nun eine lebhafte Tätigkeit entfalteten, insbesondere die Familien der Cosmaten und der Vassalletto, hatten in jenen Jahren große Aufträge für die Erneuerung der römischen Kirchen, wozu sie sich mit Vorliebe antiker Marmore bedienten. Lanciani hat geschätzt, daß im Fußboden einer verhältnismäßig kleinen Kirche wie Sante Quattro Coronati etwa zweihundert antike Inschriften eingelassen sind und nahezu tausend in San Paolo fuori le Mura. Im übrigen war die Vorliebe für antike Hinterlassenschaften nicht auf Rom allein beschränkt. Der Export solcher Altertümer über das Meer erwies sich als sehr einträglich und erlebte seine Hochblüte. Er hatte schon unter Theoderich begonnen, der die Säulen der kaiserlichen Wohnung auf dem Pincio nach Ravenna abtransportieren ließ. In Karolingischer Zeit verwendete man zum Schmuck des Aachener Münsters ebenfalls Marmorsäulen aus römischen Bauten. Besonders im späten Mittelalter verbreitete sich diese Unsitte allenthalben. Für die im Jahre 1063 begonnene Kathedrale von Pisa benutzte man antikes Baumaterial aus Rom und Ostia, das anscheinend auf dem Seeweg herangeführt wurde. Wir finden hier eine Weihinschrift für den «Genius der Kolonie Ostia». Außerdem stammt ein Großteil der Sarkophage auf dem berühmten Friedhof in Pisa ohne Zweifel aus Rom. Auch in der wesentlich späteren Kathedrale von Orvieto stoßen wir auf das gleiche Phänomen, das überdies durch zeitgenössische Quellen belegt ist. Hierfür plünderte man das Hadrians-Mausoleum, den Octavia-Porticus, den Isis-Tempel auf dem Marsfeld, den Isis-Tempel in Veji sowie die Domitians-Villa am Albanersee.
Eine weitere weniger ins Auge fallende, aber nicht geringer zu veranschlagende Zerstörung wurde durch die zahllosen Kalköfen verursacht, die das, was an Marmorresten der Wiederverwendung nicht würdig erschien, zu Kalk brannten. So

verschwanden ohne Spur aus dem Innern der antiken Gebäude sämtliche monumentalen Wandverkleidungen aus Travertin und Marmor. Diese Kalköfen waren über die ganze Stadt verteilt. Auch zwischen den Grabstätten der Scipionen hat man eine solche Anlage gefunden. Doch ihr Hauptzentrum war das Marsfeld im Gebiet zwischen der heutigen Via delle Botteghe Oscure und der Largo Argentina. Stadtpläne aus der Zeit um 1500 zeigen die Kalköfen in voller Aktion, und die Ortsbezeichnungen bewahrten noch lange die Erinnerung an ihre zerstörerische Tätigkeit, wie etwa die heute nicht mehr vorhandene Kirche von Santa Nicola de Calcarario, die aus dem Tempel A von Largo Argentina entstanden war, sowie die Kirche von Santa Quaranta de Calcarario und von Santa Lucia de Calcarario. Grabungen im Heiligen Bezirk von Largo Argentina haben eine Unzahl von Marmorfragmenten, darunter Teile von Skulpturen, Säulenbasen und Inschriften, zutagegefördert, die zweifellos aus der näheren Umgebung (unter anderm auch von Grabdenkmälern) stammten und als Material für die Kalkherstellung hier zusammengetragen worden waren. Auf diese Weise verschwanden unersetzliche Marmorarbeiten aus dem Zeitalter der Republik und der Kaiserzeit.

Während der Zeit des päpstlichen Exils in Avignon wurde in Rom wenig gebaut. Eine der seltenen Bauschöpfungen von einiger Bedeutung war die große Treppe von Santa Maria in Aracoeli, von deren marmornen Stufen 124 dem Serapis-Tempel auf dem Quirinal entnommen waren. Ganz allgemein dürfen wir jedoch annehmen, daß die antiken Bauten in jenen Jahren am wenigsten zu leiden hatten.

Diese Sachlage änderte sich in grundlegender Weise in den beiden folgenden Jahrhunderten. Die Renaissance des 15. und 16. Jahrhunderts war für das antike Rom eine Periode der Erholung. Unter dem Einfluß von Päpsten wie Sixtus IV., Julius II. und Leo X. wurden Erneuerungsarbeiten in großem Stil durchgeführt und die Struktur der Stadt einer revolutionären Neugestaltung unterzogen. Wie es häufig der Fall ist, hatte die erhöhte Bautätigkeit jedoch auch diesmal beachtliche Zerstörungen zur Folge. Rom erweiterte sich nach den Zonen hin, in denen die antiken Lebensbereiche lagen, und man benutzte auch weiterhin Material aus antiken Bauten, um neue zu errichten. Trotz des wiedererwachten Interesses für die klassische Welt nahmen die Zerstörungen ihrer Baudenkmäler unbehindert ihren Fortgang, wobei auch alle Proteste der gebildeten Zeitgenossen nichts fruchteten. In Lancianis Geschichte der Ausgrabungen sind zahlreiche Dokumente aus dieser Zeit aufgeführt. Besonders eindrucksvoll ist die große Zahl der «Grabungslizenzen» für Unternehmer, die auch die noch intakten Gebäude abrissen, um billiges Baumaterial zu gewinnen. Die Liste der auf diese Art zugrundegerichteten antiken Bauten ist zu lang, um hier aufgeführt zu werden. Es mag genügen, an die folgenden zu erinnern: Unter Sixtus IV. ein Rundtempel des Herkules und zwei kaiserzeitliche Triumphbogen auf dem Forum Boarium; unter Alexander VI. ein großes Grabmonument in Pyramidenform ähnlich der Cestius-Pyramide sowie Teile der Diokletians-Thermen und des Forum Transitorium; unter Nikolaus V. der Venus- und Roma-Tempel bis auf die Grundmauern und die Bögen des Gracian, Valentinian und Theodosius; unter Sixtus V. das Septizonium, ein Nymphäum des Kaisers Septimius Severus. Auch die Zerstörung des Colosseums nahm ununterbrochen ihren Fortgang. Unter anderm wurde dieses Material zum Bau des Palazzo della Cancelleria benutzt. In einem Dokument von 1452 sind hierzu sehr eindrucksvolle Zahlen überliefert. In diesem Jahr fuhr ein einziger Unternehmer, ein Lombarde namens Giovanni Paglia, innerhalb von neun Monaten 2522 Wagenladungen Travertin vom Colosseum ab. In einem anderen Fall wurde die Zerstörung wie durch ein Wunder verhütet. Ein Brief des Baumeisters Domenico Fontana an Papst Sixtus V. vom 4. Januar 1588 ersucht um die Erlaubnis, den Bogen der Argentari abzureißen, um aus diesem

Material das Fundament für den aus dem Circus Maximus stammenden Obelisken zu bauen, der vor San Giovanni im Lateran aufgestellt werden sollte. Durch einen Zufall wurde diese Basis dann aus anderem Marmor erbaut, und der Bogen war gerettet. Das Pontifikat Sixtus V. war von diesem Blickpunkt aus gesehen einer der verheerendsten Zeitabschnitte. Außer dem durch Domenico Fontana zwischen 1588 und 1589 abgerissenen Septizonium (als gewissenhafter Baumeister gibt er seinem päpstlichen Auftraggeber die Abbruchkosten mit 905 Scudi an) hatten besonders die Diokletians-Thermen, die 2660000 Kubikmeter Mauerwerk einbüßten, und der Claudische Aquädukt viel zu leiden. Und sogar mittelalterliche Bauten fielen dem allgemeinen Abbruch zum Opfer wie das Patriarchium des Lateran, der ursprüngliche Sitz des Papstes und wohl das bedeutendste frühchristliche Baudenkmal Roms.
Der Bildhauer Flaminio Vacca berichtet in seinen Memoiren über die antiken Entdeckungen zu seinen Lebzeiten, daß die Kapitelle vom Tempel des Iuppiter Capitolinus um 1500 wiederaufgefunden worden und als Postamente für die Statuen der Cappella Cesi in Santa Maria del Popolo wiederverwandt worden seien.
Eine weitere Ursache der Zerstörung war das ständig wachsende private Interesse für die Antike in der Renaissance. Die Grabungen, die der Papst, die Kardinäle und die Renaissancefürsten vornehmen ließen, um ihren Sammlungen antiker Kunstschätze weitere hinzuzufügen, hinterließen an den antiken Gebäuden nicht wiedergutzumachende Schäden.
In den folgenden Jahrhunderten besserte sich nicht viel. Erst im Laufe des 18. Jahrhunderts trat mit dem Entstehen der archäologischen Wissenschaft eine Wende ein. In jenen Jahren nahm Winckelmann seine Studien des klassischen Altertums auf, und die Ausgrabungen von Herculanum und Pompeji begannen. Bald nach 1800 wurden die großen Stützkonstruktionen errichtet, die das Colosseum vor dem drohenden Zusammenbruch bewahrten und seiner systematischen Beraubung ein für allemal ein Ende setzten. In den gleichen Jahren begannen in Rom die ersten wissenschaftlichen Grabungen, als bedeutungsvollste die Ausgrabung des Forums. Sie erreichten unter der Leitung von Archäologen wie Visconti, Fea, Nibby und Canina ein beachtliches Niveau. Ein Einzelfall mag jedoch verdeutlichen, welch weiter Abstand zwischen der gelehrten Einsicht in die hohe kulturelle Bedeutung der antiken Vergangenheit und den Vorstellungen der Zeitgenossen noch vorhanden war. Im Jahre 1870 begann Papst Pius IX. mit der Niederlegung der Porta Tiburtina in der Aurelianischen Mauer, die unter Honorius erbaut worden war. Er beabsichtigte, das Material für eine Säule zu verwenden, die er vor der Kirche San Pietro in Montorio errichten lassen wollte. Zum Glück wurden die Arbeiten durch den Einzug der italienischen Befreiungsarmee in Rom unterbrochen.
In den letzten hundert Jahren lassen sich drei Phasen der Denkmalpflege unterscheiden: die Periode zwischen 1870 und dem Ersten Weltkrieg, die faschistische Periode und die Zeit nach dem Zweiten Weltkrieg. Alle drei Phasen haben eines gemeinsam, die unaufhaltsame Ausdehnung der Stadt, die sich mit einer systematischen, modernen Stadtplanung nicht vereinen ließ. Aus der Sicht der Bewahrung der antiken Baudenkmäler war die erste Phase die am wenigsten bedrohliche. Bald nach der Einnahme von Rom wurde die «Commissione Archeologica Comunale» geschaffen, die sich außerordentliche Verdienste um die Erhaltung und das Studium der römischen Altertümer erworben hat, wenn diese durch die Erschließung neuer Wohnviertel ans Licht kamen, vor allem auf dem Esquilin und dem Quirinal. Die zwanzigjährige Periode des Faschismus war für die Erhaltung der antiken Baudenkmäler eine Katastrophe. Die römischen Altertümer wurden skrupellos zu Propagandazwecken mißbraucht, blieben aber in Wirk-

lichkeit weitgehend unberücksichtigt. Zwei Beispiele unter vielen mögen dies illustrieren. Das eine ist die völlig unnütze Zerstörung der Meta sudante, der großartigen Fontäne am Colosseum, das andere der Bau der Via dell' Impero, die einen der Hügel des antiken Rom, die Velia, und andere antike Wohnquartiere bedeckte oder vielmehr zum Verschwinden brachte und daneben nicht einmal das Verdienst hatte, die Kaiserforen wieder ans Licht zu bringen. Tatsächlich ist der heute freigelegte Teil der Foren nicht größer als vor diesen Arbeiten. Der Rest wurde in aller Eile wieder zugeschüttet und unter der sehr breiten Straße begraben. Die Archäologen hatten nicht einmal genug Zeit, um eine genaue Reliefkarte aufzunehmen. Im Grunde fehlte es dieser Periode an echtem Respekt vor der geschichtlichen Vergangenheit. Sie wurde nur in bezug auf bestimmte praktische Ziele gesehen und sollte angeblich «neue Wertmaßstäbe» setzen. Diese politisch-praktische Bewertung der antiken Bauten führte zur «Isolierung» des Kapitols, wodurch wertvolle Wohnkomplexe des Mittelalters und der Renaissance der Zerstörung anheimfielen, und zur «Freilegung» des Augustus-Mausoleums, wodurch die Stadt unter anderm eine ihrer repräsentativsten Straßen verlor. Aus solchen «ästhetischen», praktischen und keineswegs historischen oder wissenschaftlichen Gesichtspunkten heraus wurden zum Beispiel auch die Backsteinbauten der Kaiserzeit niedergelegt, die den freien Platz zwischen den aus der Republikanischen Zeit stammenden Tempeln der Largo Argentina einnahmen. Was blieb, war eine gähnende Leere, und die Säulen standen nun völlig isoliert da. Die nicht ausgeführten Projekte waren noch ehrgeiziger und rücksichtsloser. Unter anderm war geplant, das Theater des Pompeius freizulegen und den Corso Rinascimento bis zum Ponte Sisto zu verlängern. Dann wurden die Arbeiten jedoch durch Krieg und Umsturz unterbrochen. Die Bilanz, die man für dieses Regime ziehen kann, auf dessen politischem Programm die Wiederbelebung der großen römischen Vergangenheit stand, war recht mager.

Die Zeit nach dem Zweiten Weltkrieg führte zur Erkenntnis der historischen und künstlerischen Bedeutung der römischen Baudenkmäler, die nicht so zweckbedingt war wie die vorausgehende, aber nun kam die Bedrohung ihres Bestands von einer andern Seite her. Die Bauspekulation, die in Rom schon von dem Augenblick an wie eine ansteckende Krankheit grassiert hatte, als es zur Hauptstadt eines Weltreichs wurde, erreichte nun unvorstellbare Ausmaße. Hatte sie in der Zeit König Umbertos und des Faschismus zum Ruin des historischen Stadtkerns geführt, so griff sie jetzt auf die Vorstadtumgebung über und suchte sich durch unmäßige Preissteigerungen jeden Quadratmeter Baulands zu bemächtigen. Die großen Konsularstraßen und die sie umgebenden Grabdenkmäler, die antiken Villen und Aquädukte, nicht zu reden vom Erholungs- und Schönheitswert der freien Landschaft, wurden systematisch zerstört. Nur wenige Reste entgingen diesem allgemeinen Prosperitätswahn. Nachdem die echten Monumente dahin waren, suchte man sie durch andere römische Überreste zu ersetzen. Bei dieser «Romanisation der Peripherie» wurden die Magazine der Stadt von ihren Architraven und Säulen entleert, weil man es für verdienstlich hielt, sie auf den Verkehrsinseln der Außenviertel aufzustellen.

Befinden wir uns an einem Wendepunkt, wie er immer wieder in der Geschichte eintritt? Wiederholt ist auf ein Wiedererwachen des historisch-kritischen Gewissens der Elite eine Periode stärkerer Zerstörungen gefolgt. Diese Erscheinung darf als Beweis dafür gelten, daß in einem gewissen Stadium ökonomisch fortgeschrittener Gesellschaften die Spezialisierung und Zerstückelung der Funktionen notwendigerweise eine Kluft zwischen Theorie und Praxis erzeugt und letztlich einen unheilbaren Bruch zwischen Kultur und sozialer Wirklichkeit herbeiführen muß.

Zeittafel

Datum	Baudenkmäler	Historische Ereignisse
800 v. Chr.	Reste von Hütten der Eisenzeit auf dem Palatin. Nekropolen des Forums.	753 v. Chr. Traditionelles Datum der Gründung Roms.
750 v. Chr.		ca. 755 v. Chr. Gründung von Cumae als erster griechischer Kolonie im Westen.
700 v. Chr.	Orientalisierende Grabkammern der Etrusker in Cerveteri und Praeneste.	Erste legendäre Könige Roms: Romulus, Numa Pompilius, Tullius Hostilius, Ancus Marcius.
650 v. Chr.	Bau der ersten Brücke über den Tiber, des Pons Sublicius, der Überlieferung nach von Ancus Marcius erbaut.	616 v. Chr. Legendäre Ankunft des Tarquinius Priscus in Rom. Beginn der etruskischen Herrschaft über die Stadt. Etruskische Könige Roms: Tarquinius Priscus 616-579 v. Chr. Servius Tullius 579-534 v. Chr. Tarquinius Superbus 534-509 v. Chr.
600 v. Chr.	Erste Anlage des Circus Maximus.	
550 v. Chr.	Bau des Diana-Tempels auf dem Aventin und des Tempels der Fortuna und der Mater Matuta auf dem Forum Boarium unter Servius Tullius. Erste Servianische (?) Mauer. Bau der Cloaca Maxima zur Zeit des Tarquinius Superbus. 509 v. Chr. Weihe des Tempels des Iuppiter Capitolinus.	509 v. Chr. Ende der Königsherrschaft und Beginn der Republik.
500 v. Chr.	493 v. Chr. Weihe des Tempels der Ceres, Liber und Libera, eines Werks griechischer Künstler in Rom.	
450 v. Chr.	431 v. Chr. Weihe des Apollo-Tempels.	
400 v. Chr.	378 v. Chr. Wiederaufbau der sogenannten Servianischen Mauer.	396 v. Chr. Einnahme von Veji, der Rom dicht benachbarten Etrusker-Stadt, durch die Römer. 390 v. Chr. Einnahme und Plünderung Roms durch die Gallier.
350 v. Chr.	Tempel C von Largo Argentina. 312 v. Chr. Via Appia (von Rom nach Capua). Appianischer Aquädukt. 304-303 v. Chr. Fabius Pictor malt den Salus-Tempel aus. Tomba François in Vulci (benannt nach dem Entdecker der Grabkammer im 19. Jahrhundert).	343-341 v. Chr. Erster Samniten-Krieg. 326-304 v. Chr. Zweiter Samniten-Krieg. (Kriege um die Vorherrschaft in Campanien)

Datum	Baudenkmäler	Historische Ereignisse
300 v.Chr.	um 270 v.Chr. Italischer Tempel von Paestum. Grabmal der Scipionen an der Via Appia.	298-290 v.Chr. Dritter Samniten-Krieg. 281-272 v.Chr. Krieg gegen Tarent und Pyrrhus.
250 v.Chr.		264-241 v.Chr. Erster Punischer Krieg (gegen die Karthager um den Besitz von Sizilien). 218-202 v.Chr. Zweiter Punischer Krieg (gegen Hannibal). 211 v.Chr. Einnahme von Syrakus, der Bundesgenossin der Karthager. 209 v.Chr. Einnahme des von Hannibal besetzten Tarent.
200 v.Chr.	um 190 v.Chr. Ankunft der ersten hellenistischen Künstler aus Kleinasien in Rom. 180-145 v.Chr. Tätigkeit der ersten attischen Künstler in Rom. Nach 177 v.Chr. Terrakotten von Luni.	190 v.Chr. Schlacht von Magnesia gegen Antiochus III. von Syrien.
150 v.Chr.	«Haus des Fauns» in Pompeji. Erste Phase der «Villa der Mysterien» in Pompeji (?). 146-102 v.Chr. Tätigkeit des griechischen Baumeisters Hermodoros von Salamis in Rom. Rundtempel auf dem Forum Boarium. Tempel der Fortuna Primigenia in Praeneste (Palestrina). «Haus der Greifen» in Rom.	146 v.Chr. Zerstörung von Korinth und Karthago im Dritten Punischen Krieg. 102-101 v.Chr. Marius besiegt die Kimbern und Teutonen.
100 v.Chr.	Ara des Domitius Enobarbus. 80-78 v.Chr. Bau des «Tabularium» (des römischen Staatsarchivs auf dem Kapitol). Tempel des Herkules in Tivoli. Tempel des Iuppiter Anxur in Terracina. Kleines Theater und Amphitheater in Pompeji. 55 v.Chr. Weihe des Theaters des Pompeius in Rom.	91-88 v.Chr. Soziale Auseinandersetzungen mit den italischen Verbündeten, die das Bürgerrecht beanspruchen. 88-82 v.Chr. Bürgerkrieg zwischen Marius und Sulla, in dem Sulla obsiegt.
50 v.Chr.	54-46 v.Chr. Caesar-Forum. Beginn der Arretinischen Keramikfabrikation. 40-30 v.Chr. Grabmal des Bäckers Eurysaces an der Porta Maggiore in Rom. 9 v.Chr. Weihe der Ara Pacis. 2 v.Chr. Weihe des Augustus-Forums. Bau der Villa von Sperlonga. Bau der Villen von Capri.	48 v.Chr. Ermordung des Pompeius. 44 v.Chr. Ermordung Caesars. 31 v.Chr. Schlacht von Actium zwischen Octavian und Antonius, der mit der ägyptischen Königin Kleopatra verbündet ist, um die Herrschaft in Rom.
Zeitenwende		Julisch-Claudische Kaiser: 23-14 v.Chr. Imperium des Augustus, 15 n.Chr. - 37 n.Chr. Tiberius, 37 n.Chr. - 41 n.Chr. Caligula, 41 n.Chr. - 54 n.Chr. Claudius, 54 n.Chr. - 68 n.Chr. Nero.

Datum	Baudenkmäler	Historische Ereignisse
50 n. Chr.	64-68 n. Chr. Domus Aurea. Baumeister Severus und Celer. Pictor Fabullus. 80 n. Chr. Flavisches Amphitheater (Colosseum). Thermen des Titus. Domitians-Palast auf dem Palatin. Titusbogen.	64 n. Chr. Feuersbrunst in Rom. 69 n. Chr. Galba, Otho, Vitellus. Flavier: 69-79 n. Chr. Vespasian, 79-82 n. Chr. Titus, 82-96 n. Chr. Domitian, 96-98 n. Chr. Nerva, 98-117 n. Chr. Trajan.
100 n. Chr.	112-113 n. Chr. Weihe des Trajans-Forums, der Trajans-Säule und des wiederaufgebauten Caesar-Forums. 118-128 n. Chr. Pantheon. 125-135 n. Chr. Villa Hadriana.	Antoninische Kaiser: 117-138 n. Chr. Hadrian, 138-161 n. Chr. Antoninus Pius.
150 n. Chr.	Tempel des Gottkaisers Hadrian. Grabmale an der Via Latina. «Pagus Triopius», Villa des Herodes Atticus an der Via Appia. Säule des Marc Aurel. 196 n. Chr. Wiedererstellung des Theaters in Ostia.	161-180 n. Chr. Marc Aurel, 180-193 n. Chr. Commodus.
200 n. Chr.	203 n. Chr. Bogen des Septimius Severus. 204 n. Chr. Bogen der Argentari. 212-216 n. Chr. Thermen des Caracalla.	Severische Dynastie: 193-211 n. Chr. Septimius Severus, 211-217 n. Chr. Caracalla, 217-218 n. Chr. Macrinus, 218-222 n. Chr. Heliogabal, 222-235 n. Chr. Alexander Severus.
250 n. Chr.	270-274 n. Chr. Bau der Aurelianischen Mauer.	235-284 n. Chr. Periode der Soldatenkaiser (21 Imperatoren). 284-305 n. Chr. Diokletian. Teilung des Imperiums unter vier Tetrarchen.
300 n. Chr.	Diokletians-Palast in Spalato. 303 n. Chr. Basis der Decennalien des Diokletian. Circus und Villa des Maxentius. Sogenannter «Tempel des Romulus» auf dem Forum. Maxentius-Basilika. 312-315 n. Chr. Konstantins-Bogen. Vierseitiger Bogen des Forum Boarium. Mausoleum der Constantina (Santa Costanza).	306-337 n. Chr. Konstantin. 312 n. Chr. Schlacht an der Milvischen Brücke zwischen Konstantin und Maxentius. 313 n. Chr. Edikt von Mailand, das den Christen Religionsfreiheit gewährte. 330 n. Chr. Verlegung der Hauptstadt nach Konstantinopel. 476 n. Chr. Zusammenbruch des Weströmischen Imperiums. Romulus Augustulus als letzter Kaiser wird vom Heruler-König Odoaker abgesetzt.

Literaturhinweise

Allgemeines historisches Schrifttum

Frank, T.: *An Economic Survey of Ancient Rome.* New Jersey 1933-1940.

Gianelli, G. und Mazzarino, S.: *Trattata di Storia romana.* 2 Bde. Rom 1953-1956.

Mommsen, T.: *Römisches Staatsrecht.* Bd. I-III, 3. Auflage. Berlin 1887.

Römische Geschichte. Bd. I-VIII, 9. Auflage. Berlin 1903-1904 und 1921.

Rostovcev, M.: *Storia economica e sociale dell'Imperio romano.* Florenz 1953.

Storia economica e sociale del mondo ellenistico. Florenz 1966.

Sanctis, G. de: *Storia dei Romani.* Bd. I-IV. 1907 ff.

Allgemeines kunsthistorisches Schrifttum

Becatti, G.: *L'arte romano.* Mailand 1962.

L'arte classica. Florenz 1965.

Bianchi Bandinelli, R.: *Roma. La fine dell'arte antica.* Mailand 1970.

Roma. L'arte romano nel centro del potere. Mailand 1969.

Frova, A.: *L'arte di Roma e del mondo romano.* Turin 1961.

Kraus, T. und andere: *Das römische Weltreich.* In: Propyläen-Kunstgeschichte, II. Berlin 1967.

Architektur

Boethius, A. und Ward Perkins, J. B.: *Etruscan and Roman Architecture.* Harmondsworth 1970.

Crema, L.: *L'architettura romana.* Turin 1959.

MacDonald, W. L.: *The Architecture of the Roman Empire.* Bd. I. New Haven 1965.

Rivoira, G. T.: *Architettura romana.* Mailand 1921.

Shoe, L. T.: *Etruscan and Republican Roman Mouldings.* In: Memoirs of the American Academy in Rome, XXVIII. Rom 1965.

Ingenieurkunst

Choisy, A.: *L'art de bâtir chez les Romains.* Paris 1873.

Cozzo, G.: *Ingegneria romana.* Rom 1928. Neudruck 1970.

Bautechnik

Blake, M. E.: *Ancient Roman Construction in Italy from the Prehistoric Period to Augustus.* Washington 1947.

Roman Construction in Italy from Tiberius through the Flavians. Washington 1959.

Bloch, H.: *I bolli laterizi e la storia dell'edilizia romana.* Rom 1947.

Frank, T.: *Roman Buildings of the Republic.* Rom 1924.

Lugli, G.: *La tecnica edilizia romana.* Rom 1957.

Wandmalerei

Beyen, H. G.: *Die pompejanische Wanddekoration.* 2 Bde. Den Haag 1938-1960.

Borda, M.: *La pittura romana.* Mailand 1958.

Skulptur

Strong, E.: *La scultura romana da Augusto a Costantino.* Florenz 1923-1926.

Topographie

Carettoni, G., Colini, A. M., Gozzi, L. und Gatti, G.: *La pianta marmorea di Roma antica.* Rom 1960.

Castagnoli, F. und andere: *Topografia e urbanistica di Roma.* Bologna 1958.

Homo, L.: *Rome impériale et l'urbanisme dans l'Antiquité.* Paris 1951.

Lugli, G.: *I monumenti antichi di Roma e suburbio.* 3 Bde. und Ergänzungsband. Rom 1931-1940.

Roma antica. Il centro monumentale. Rom 1946.

Itinerario di Roma antica. Mailand 1970.

Lanciani, R.: *Forma Urbis Romae.* Mailand 1893-1901.

Nash, E.: *Pictorial Dictionary of Ancient Rome.* 2 Bde. 2. Ausgabe. New York - Washington 1968.

Platner, S. B. und Ashby, T.: *A Topographical Dictionary of Ancient Rome.* Oxford 1929.

Pompeji und Herculanum

Della Corte, M.: *Case ed abitanti di Pompei.* 2. Ausgabe. Pompeji 1954.

Etienne, R.: *La vie quotidienne à Pompéi.* Paris 1966.

Maiuri, A.: *L'ultima fase edilizia di Pompei.* Rom 1942.
Ercolano (Itinerari dei Musei e Monumenti d'Italia). 4. Ausgabe. Rom 1954.
Pompei (Itinerari dei Musei e Monumenti d'Italia). 7. Ausgabe. Rom 1958.

Ostia

Calza, G. und Becatti, G.: *Ostia* (Itinerari dei Musei e Monumenti d'Italia). 6. Ausgabe. Rom 1964.
Meiggs, R.: *Roman Ostia.* Oxford 1960.
ohne Autor: *Scavi di Ostia.* Viele Bände seit 1953.

Enzyklopädien und Lexika

Dizionario dell'antichità classica. Bologna 1970.
Enciclopedia dell'Arte Antica, Classica e Orientale. Istituto della Enciclopedia Italiana. Bd. I-VII. Rom 1958-1966.
Hiltbrunner, O.: *Kleines Lexikon der Antike.* Bern 1946.

Zu den einzelnen Kapiteln

Kapitel I

Alföldi, A.: *Early Rome and the Latins.* Ann Arbor 1963.
Gjerstad, E.: *Early Rome.* 4 Bde. Lund 1953-1966.
Heurgon, J.: *Rome et la Méditerranée Occidentale.* Paris 1969.
Müller-Karpe, H.: *Vom Anfang Roms.* Heidelberg 1959.
Zur Stadtwerdung Roms. Heidelberg 1962.
Scullard, H. H.: *Le città etrusche e Roma.* Mailand 1969.

Kapitel II

Becatti, G.: *Arte e gusto negli scrittori latini.* Florenz 1951.
Bianchi Bandinelli, R. und andere: *Sculture municipali dell'area sabellica tra l'età di Cesare e quella di Nerone.* In: Studi miscellanei, 10. Rom 1966.
Coarelli, F.: *L'ara di Domizio Enobarbo.* In: Dialoghi di archeologia II, 3. Seite 302 ff. 1969.
Degrassi, A.: *Epigraphica IV.* In: Memorie dell'Accademia dei Lincei XIV, 2. Seite 111 ff. 1969.
Delbrück, R.: *Hellenistische Bauten in Latium.* 2 Bde. Straßburg 1907-1912.
Fasolo, F. und Gullini, G.: *Il santuario della Fortuna Primigenia a Palestrina.* 2 Bde. Rom 1953.
Fuchs, W.: *Die Vorbilder der Neuattischen Reliefs.* Berlin 1959.
Gallini, C.: *Protesta e integrazione nella Roma antica.* Bari 1970.
Jucker, H.: *Vom Verhältnis der Römer zur bildenden Kunst der Griechen.* Frankfurt 1950.
Kähler, H.: *Das Fortunaheiligtum von Palestrina - Praeneste.* In: Annales Sarav., 7. Seite 189 ff. 1968.
La Penna, A.: *Sallustio e la rivoluzione romana.* Mailand 1968.
Schweitzer, B.: *Die Bildniskunst der römischen Republik.* Weimar 1948.
Vessberg, O.: *Studien zur Kunstgeschichte der römischen Republik.* Lund - Leipzig 1941.
Zevi, F.: *Considerazioni sull'elogio di Scipione Barbato.* In: Studi miscellanei, 15. Seite 63 ff. Rom 1970.
Verschiedene Verfasser: *Les origines de la République romaine.* In: Entretiens de la fondation Hardt, XIII. Vandoeuvres - Genève 1966.

Kapitel III

Becatti, G.: *La colonna coclide istoriata.* Rom 1960.
Bianchi Bandinelli, R.: *Il Maestro delle imprese di Traiano.* In: Storicità dell'arte classica. 2. Ausgabe. Florenz 1950.
Blanckenhagen, P. H. von: *Flavische Architektur und ihre Dekoration.* Berlin 1940.
Carandini, A.: *Vibia Sabina.* Florenz 1968.
Colini, A. M.: *Stadium Domitiani.* Rom 1943.
Colini, A. M. und andere: *La colonna di Marco Aurelio.* Rom 1955.
Fine Licht, K. de: *The Rotunda in Rome.* Kopenhagen 1968.
Hamberg, G.: *Studies in Roman Imperial Art.* Uppsala 1945.
Kähler, H.: *Hadrian und seine Villa bei Tivoli.* Berlin 1950.
La Penna, A.: *Orazio e l'ideologia del principato.* Turin 1963.
Lehmann-Hartleben, K.: *Die Trajansäule.* Berlin 1926.
Magi, F.: *I rilievi flavi del palazzo della Cancelleria.* Rom 1946.
Moretti, G.: *Ara Pacis Augustae.* Rom 1948.
Rakob, F.: *La Piazza d'Oro in der Villa Hadriana bei Tivoli.* Karlsruhe 1967.

Scott Ryberg, J.: *Panels Reliefs of Marcus Aurelius.* New York 1967.
Simon, E.: *Ara Pacis Augustae.* Tübingen 1967.
Symes, R.: *La rivoluzione romana.* Turin 1962.
Toynbee, J. M. C.: *The Hadrianic School.* Cambridge 1934.

Kapitel IV
Bianchi Bandinelli, R.: *Organicità e astrazione.* Mailand 1956.
Archeologia e Cultura. Mailand - Neapel 1961.
Brilliant, R.: *The Arch of Septimius Severus in the Forum Romanum.* In: Memoirs of the American Academy in Rome, XXIX. Rom 1967.
Carandini, A.: *Ricerche sullo stile e la cronologia dei mosaici della villa di Piazza Armerina.* In: Studi miscellanei, 7. Rom 1964.
Franchi, L.: *Ricerche sull'arte severiana in Roma.* In: Studi miscellanei, 4. Rom 1964.
Jones, A. H. M.: *The Later Roman Empire.* 3 Bde. Oxford 1964.
Mazzarino, S.: *La fine del mondo antico.* Mailand 1959.
L'Orange, H. P. und Gerkan, A. V.: *Der spätantike Bildschmuck des Konstantinbogens.* Berlin 1939.
Pallottino, M.: *L'arco degli Argentari.* Rom 1946.
Richmond, J. A.: *The City Wall of Imperial Rome.* Oxford 1930.

Zur Geschichte der römischen Monumente von der Antike bis heute
Castagnoli, F., Cecchelli, C., Giovannoni, G. und Zocca, M.: *Topografia e Urbanistica di Roma.* Rom 1958.
Cederna, A.: *I vandali in casa.* Bari 1956.
Mirabilia Urbis. Turin 1965.
Insolera, I.: *Roma moderna, un secolo di urbanistica.* 2. Ausgabe. Turin 1963.
Lanciani, R.: *The Ruins and Excavations of Ancient Rome.* London 1897.
The Destruction of Ancient Rome. New York 1899.
Storia degli scavi. 4 Bde. veröffentlicht. Rom 1902-1912.
Lugli, G.: *La trasformazione di Roma pagana in Roma cristiana.* In: Memorie dell'Accademia dei Lincei VII, 4. Seite 3 ff. 1949.
Quilici, L.: Siehe die zahlreichen Artikel in: Archeologica 37, 39 und 42 von 1967.

Namenregister